1 MONTH OF
FREE
READING

at

www.ForgottenBooks.com

By purchasing this book you are eligible for one month membership to ForgottenBooks.com, giving you unlimited access to our entire collection of over 1,000,000 titles via our web site and mobile apps.

To claim your free month visit:

www.forgottenbooks.com/free596413

ISBN 978-0-656-82834-0
PIBN 10596413

For support please visit www.forgottenbooks.com

DES PLUS ILLUSTRES

HILOSOPHES

DE L'ANTIQUITÉ,

vec leurs Dogmes, leurs Syſtêmes, leur Morale,
& leurs Sentences les plus remarquables;

TRADUITES DU GREC DE DIOGENE LAERCE.

Auxquelles on a ajouté la Vie de l'AUTEUR, celles
d'ÉPICTETE, de CONFUCIUS, & leur Morale,
& un Abrégé hiſtorique de la Vie des
Femmes Philoſophes de l'Antiquité :

AVEC PORTRAITS.

TOME SECOND.

A AMSTERDAM,
Chez J. H. SCHNEIDER.
M. D. CC. LVIII.

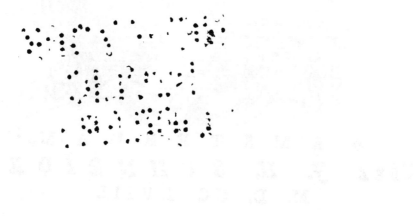

TABLE

Des noms des Philofophes contenus
dàns le Second Volume.

TABLE

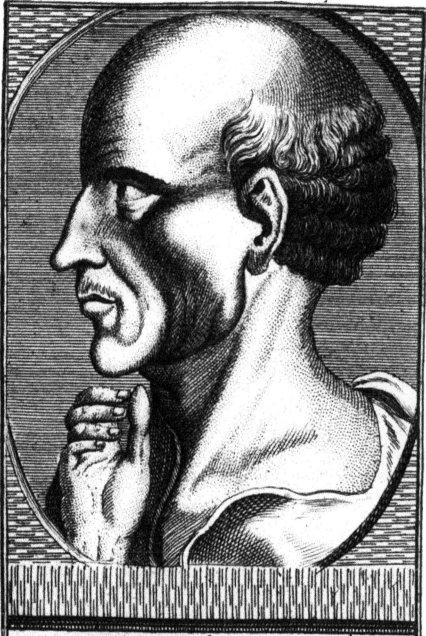

ANTISTHENES

Princeps Cynicæ sectae

Apud Ladium Pasqualinum in Amethysto

LIVRE VI.

✱✱✱✱✱✱✱✱✱✱✱✱✱✱✱✱✱✱✱✱✱✱✱✱✱✱✱✱✱✱✱✱✱

ANTISTHENE.

Ntifthene, fils d'un homme qui portoit le même nom, étoit d'Athenes.
On dit pourtant qu'il n'étoit point
, né d'une Citoyenne de cêtte ville ;
& comme on lui en faifoit un reproche, *La mere des Dieux*, repliqua-t-il, *eſt bien de Pbry-
gie.* On croit que la fienne étoit de Thrace ;
& ce fut ce qui donna occafion à Socrate de dire,
après qu'Antifthene fe fut extrêmement diftingué
à la bataille de Tanagre, qu'il n'auroit pas montré tant de courage s'il eût été né de pere &
de mere, tous deux Athéniens ; & lui-même, pour
fe moquer des Athéniens qui faifoient valoir leur
naiſſance, difoit que la qualité de naturels du

pays leur étoit commune avec les limaçons & les fauterelles.

Le Rhéteur Gorgias fut le premier maître que prit ce Philofophe; de-là vient que fes Dialogues fentent l'Art Oratoire, fur-tout celui qui eft intitulé *De la vérité*, & fes *Exhortations*.

Hermippe rapporte qu'il avoit eu deffein de faire dans la folemnité des Jeux Ifthmiques l'éloge & la cenfure des Athéniens, des Thébains & des Lacédémoniens; mais que voyant un grand concours à cette folemnité, il ne le fit pas. Enfin il devint difciple de Socrate, & fit tant de progrès fous lui, qu'il engage, ceux a qui venoient prendre fes leçons, à devenir fes condifciples auprès de ce Philofophe. Et comme il demeuroit au Pyrée, il faifoit tous les jours un chemin de quarante ftades pour venir jufqu'à la ville entendre Socrate. Il apprit de lui la patience, & ayant conçu le défir de s'élever au-deffus de toutes les paffions, il fut le premier auteur de la Philofophie Cynique. Il prouvoit l'utilité des travaux par l'exemple du grand Hercule parmi les Grecs, & par celui de Cyrus parmi les étrangers.

Il définiffoit le Difcours, *La fcience d'exprimer ce qui a été & ce qui eft.* Il difoit auffi *qu'il fouhaitoit plutôt d'être atteint de folie que de la volupté*; & par rapport aux femmes, *qu'un homme ne doit avoir de commerce qu'avec celles qui lui en fauront gré.* Un jeune-homme du Pont, qui vouloit se rendre son disciple, lui ayant demandé de quelles choses il avoit besoin pour cela, *D'un livre neuf*, dit-il, *d'un style* (1) *neuf*, & *d'une tablette neuve*, voulant dire qu'il avoit principalement besoin d'esprit (2). Un autre, qui cherchoit à se marier, l'ayant consulté, il lui répondit *que s'il prenoit une femme qui fût belle, elle ne seroit point à lui seul; & que s'il en prenoit une laide, elle lui deviendroit bientôt a charge.* Ayant un jour entendu Platon parler mal de lui, il dit, *qu'il lui arrivoit, comme aux Rois, d'être blâmé pour avoir bien fait.* Comme on l'initioit aux mysteres d'Orphée, & que le Prêtre lui disoit que ceux, qui y étoient initiés, jouissoient d'un grand bonheur aux Enfers, *Pourquoi ne meurs-tu donc pas,* lui repliqua-t-il? On lui reprochoit qu'il n'étoit point né de deux personnes libres: *Je ne suis pas né non plus*, repartit-il, *de deux lutteurs, & cependant je ne laisse pas de savoir la lutte.* On lui demandoit aussi pourquoi il avoit si peu de disciples : *C'est que je ne les fais pas entrer chez moi avec une verge d'argent* (3), répondit il.

In-

(1) Sorte de poinçon dont les Anciens se servoient pour écrire.

(2) C'est un jeu de mots, qui consiste en ce que le terme Grec, qui signifie ici *neuf* ou *nouveau*, peut aussi signifier *& d'esprit.*

(3) Cela veut dire que les choses les plus cheres étoient le plus estimées. Les Cyniques ne prenoient point d'argent de leurs disciples. *Casaubon.*

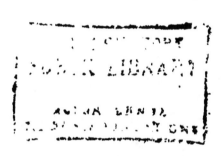

DES PLUS ILLUSTRES

HILOSOPHES

DE L'ANTIQUITÉ,

vec leurs Dogmes, leurs Syſtêmes, leur Morale,
& leurs Sentences les plus remarquables;

TRADUITES DU GREC DE DIOGENE LAERCE.

Auxquelles on a ajouté la Vie de l'AUTEUR, celles
d'EPICTETE, de CONFUCIUS, & leur Morale,
& un Abrégé hiſtorique de la Vie des
Femmes Philoſophes de l'Antiquité:

AVEC PORTRAITS.

TOME SECOND.

A AMSTERDAM,
Chez *J. H. SCHNEIDER.*
M. D. CC. LVIII.

d'autre secours que d'une ame telle que celle de Socra·
te ; que son objet sont les choses mêmes, & qu'elle
n'a besoin, ni de beaucoup de paroles, ni d'une grande
science : Que le sage se suffit d'autant plus à lui·
même, qu'il participe à tous les biens que les au·
tres possedent : Que c'est un bien d'être dans l'ob·
scurité, & qu'elle a les mêmes usages que le tra·
vail : Que le sage ne se régle pas dans la pratique
des devoirs civils par les loix établies, mais par
la vertu ; qu'il se marie dans la vue d'avoir des
enfans, choisissant pour cet effet une femme dont
les agrémens puissent lui plaire ; qu'il peut aussi
former des liaisons de tendresse, sachant seul quel
en doit être l'objet (1).

Diocles lui attribue aussi ces maximes : Que
rien n'est étrange, ni extraordinaire pour le sage :
Que les gens d'un bon caractere sont ceux qui mé·
ritent le plus d'être aimés : Que ceux, qui recherchent
les bonnes choses, sont amis les uns des autres : Qu'il
faut avoir pour compagnons de guerre des gens qui
soient à la fois courageux & justes : Que la Vertu
est une arme qui ne peut être ravie : Qu'il vaut
mieux avoir à combattre avec un petit nombre de
gens courageux contre une troupe de gens lâches &

sans

---

(1) Il ne s'agit point ici de l'amour des femmes ;
on ne peut douter pourtant qu'il ne s'agisse d'une tendresse honnête. Voici donc un de ces endroits des anciens
Auteurs, qui prouve que le terme de l'original ne doit
pas toujours être interprété dans un sens odieux.

fans cœur, que d'avoir à fe défendre avec une pareille
troupe contre un petit nombre des premiers : Qu'il
faut prendre garde de ne pas donner prife à fes ennemis, parce qu'ils font les premiers qui s'apperçoivent
des fautes qu'on fait : Que la vertu des femmes
confifte dans les mêmes chofes que celle des hommes :
Que les chofes, qui font bonnes font auffi belles, &
que celles, qui font mauvaifes, font honteufes : Qu'il
faut regarder les actions vicieufes comme étant
étrangeres à l'homme : Que la prudence eft plus affu-
rée qu'un mur, parce qu'elle ne peut ni crouler, ni
être minée : Qu'il faut élever dans fon ame une for-
tereffe, qui foit imprenable.

Antifthene enfeignoit dans un College appellé
Cynofarge, pas loin des portes de la ville ; &
quelques-uns prétendent que c'eft de là que la
Secte Cynique a pris fon nom. Lui-même étoit
furnommé d'un nom qui fignifioit un *Chien fimple*,
& au rapport de Diocles, il fut le premier qui
doubla fon manteau, afin de n'avoir pas befoin
d'autre habillement. Il portoit une beface &
un bâton ; & Néanthe dit, qu'il fut auffi le
premier qui fit doubler fa vefte. Soficrate, dans
fon troifieme Livre des *Succeffions*, remarque que
Diodore Afpendien ajouta à la beface & au bâton
l'ufage de porter la barbe fort longue.

Antifthene eft le feul des difciples de Socrate, qui ait été loué par Théopompe. Il dit, qu'il
étoit d'un efprit fin, & qu'il menoit, comme il

vouloit, ceux qui s'engageoient en difcours avec
lui. Cela paroît auffi par fes Livres, & par le Feftin de Xénophon. Il paroît auffi avoir été le
premier Chef de la Secte Stoïque, qui étoit la plus
auftere de toutes; ce qui a donné occafion au
Poëte Athénée de parler ainfi de cette Secte:

O vous! auteurs des Maximes Stoïciennes; vous,
dont les faints ouvrages contiennent les plus excellen-
tes vérités, vous avez raifon de dire que la vertu
eft le feul bien de l'ame: c'eft elle qui protege la
vie des hommes, & qui garde les cités. Et s'il y en
a d'autres qui regardent la volupté corporelle comme
leur dernière fin, ce n'eft qu'une des Mufes qui le
leur a perfuadé (1).

C'eft Antifthene qui a ouvert les voies à Diogene pour fon fyftême de la tranquillité, à Crates pour celui de la continence, à Zénon pour
celui de la patience; de forte qu'il a jetté les fondemens de l'édifice. En effet Xénophon dit qu'il
étoit fort doux dans la converfation, & fort retenu fur tout le refte.

On divife fes ouvrages en dix volumes. Le
premier contient les piéces fuivantes: *De la Dic-*
tion, ou des figures du difcours. Ajax, ou la haran-
gue d'Ajax. Ulyffe, ou de l'Odyffée. L'Apologie
d'Orefte. Des Avocats. L'Ifographie, ou Défias;
autrement Ifocrate; piéce contre ce qu'Ifocrate a
écrit

(1) Voyez la note fur ces vers dans la Vie de Zénon.

écrit fur *le manque de témoins*. Le tome II. contient les ouvrages fuivans : *De la Nature des Animaux. De la Procréation des Enfans, ou des Nôces ; autrement l'Amoureux. Des Sophiftes. Le Phyfiognomonique. Trois Difcours d'exhortation fur la Juftice & la Valeur. De Théognis, quatrieme & cinquieme difcours.* Les piéces du tome III. font intitulées : *Du Bien. De la Valeur. De la Loi, ou de la Police. De la Loi, ou de l'honnête & du jufte. De la Liberté & de la Servitude. De la Confiance. Du Curateur, ou de la foumiffion. De la Victoire ; difcours æconomique.* Le tome IV. contient *le Cyrus, le grand Hercule ; ou de la Force.* Le V. traite *de Cyrus, ou de la Royauté ; & d'Afpafie.* Les piéces du tome VI. font intitulées : *De la Vérité. De la Difcuffion ; difcours critique. Sathon, de la Contradiction, trois difcours. Du Langage.* Le VII. tome traite, *De l'Erudition, ou des Noms ; cinq livres. De la Mort. De la Vie & de la Mort. Des Enfers. De l'Ufage des Noms ; piéce intitulée autrement, Le Difputeur. Des Demandes & des Réponfes. De la Gloire & de la Science ; quatre livres. De la Nature, deux livres. Interrogation fur la Nature, deuxieme livre. Des Opinions, ou le Difputeur. D'apprendre des queftions.* Les piéces du tome VIII. font intitulées : *De la Mufique. Des Interprêtes. D'Homere. De l'Injuftice & de l'Impiété. De Calchas. De l'Emiffaire. De la Volupté.* Dans le tome IX. il eft parlé : *De l'Odyffée. Du Bâton. De Minerve,*

*autrement de Télémaque: D'Hélene, & de Pénélope.
De Protée. Du Cyclope, ou d'Ulysse, De l'Usage
du Vin, ou de l'Yvrognerie; autrement du Cyclope:
De Circé. D'Amphiaraüs. D'Ulysse & de Pénélope:
Du Chien.* Le tome X. traite: *D'Hercule, ou de
Midas. D'Hercule, ou de la Prudence & de la
Force. Du Seigneur, ou de l'Amoureux. Des Seig-
neurs, ou des Emiffaires; De Ménexene, ou de l'Em-
pire. D'Alcibiade. D'Archélaüs, ou de la Royauté.*

Ce font-là les ouvrages d'Antisthene, dont le
grand nombre a donné occasion à Timon de le
critiquer, en l'appellant un ingénieux Auteur
de bagatelles. Il mourut de maladie, & l'on dit
que Diogene vint alors le voir, en lui demandant
s'il avoit besoin d'un ami. Il vint aussi une fois
chez lui, en portant un poignard; & comme Antisthene lui eut dit, *Qui me délivrera de mes
douleurs?* Ceci, dit Diogene, en lui montrant le
poignard: à quoi il répondit, *Je parle de mes
douleurs, & non pas de la vie;* de sorte qu'il semble que l'amour de la vie lui ait fait porter sa
maladie impatiemment. Voici une épigramme
que j'ai faite sur son sujet.

*Durant ta vie, Antisthène, tu faisois le devoir
d'un chien & mordois, non des dents, mais par tes
discours qui censuroient le vice. Enfin tu meurs
de consomption. Si quelqu'un s'en étonne, & demande pourquoi cela arrive: Ne faut-il pas quelqu'un qui serve de guide aux Enfers?*

Il y a eu trois autres Antifthenes; l'un, difciple d'Héraclite; le fecond, natif d'Ephefe; le troi-
fième de Rhodès : ce dernier étoit hiftorien.

Après avoir parlé des difciples d'Ariftippe,
& de ceux de Phœdon, il eft tems de paffer aux
difciples d'Antifthene, qui font les Cyniques &
les Stoïciens.

DIOGENE.

Diogene fils d'Icefe, Banquier, étoit de Sino‑
pe. Diocles dit que fon pere, ayant la ban‑
que publique & altérant la monnoie, fut obli‑
gé de prendre la fuite; & Eubulide, dans le livre
qu'il a écrit touchant Diogene, rapporte que
ce Philofophe le fit auffi, & qu'il fut chaffé avec
fon pere; lui-même s'en accufe dans fon livre, in‑
titulé *Pardalis*. Quelques-uns prétendent qu'ayant
été fait maître de la monnoie, il fe laiffa porter à
altérer les efpeces par les ouvriers, & vint à Del‑
phes ou à Delos, patrie d'Apollon, qu'il inter‑
rogea pour favoir s'il feroit ce qu'on lui confeil‑
loit, & que n'ayant pas compris qu'Apollon, en
confentant qu'il changeât la monnoie, avoit parlé
allégoriquement (1), il corrompit la valeur de l'ar‑
gent, & qu'ayant été furpris, il fut envoyé en exil.
D'autres difent qu'il fe retira volontairement,
craignant les fuites de ce qu'il avoit fait. Il y en
a auffi qui difent qu'il altéra de la monnoie
qu'il avoit reçue de fon pere; que celui-ci mou‑
rut en prifon, & que Diogene prit la fuite &
vint à Delphes, où ayant demandé à Apollon,
non

___

(1) L'oracle, qu'il reçut, étoit: *Change la monnoie*; ex‑
preffion allégorique qui fignifie, *Ne fuis point la coutume.*
Ménage.

DIOGENES CYNICVS.
Dolio et fortunæ contemptu celebris.
Ex Bibliotheca. Fulvii Vrsini in marmore.

non pas s'il changeroit la monnoie, mais par quel moyen il se rendroit plus illustre, il reçut l'oracle dont nous avons parlé.

Etant venu à Athenes, il prit les leçons d'Antisthene; & quoique celui-ci le rebutât d'abord, ne voulant point de disciples, il le vainquit par son assiduité. On dit qu'Antisthene menaçant de le frapper à la tête avec son bâton, il lui dit: *Frappes, tu ne trouveras point de bâton assez dur pour m'empêcher de venir t'écouter.* Depuis ce tems-là il devint son disciple, & se voyant exilé de sa patrie, il se mit à mener une vie fort simple. Théophraste, dans son livre intitulé *Mégarique*, raconte là-dessus, qu'ayant vu une souris qui couroit, & faisant réflexion que cet animal ne s'embarrassoit point d'avoir une chambre pour coucher, & ne craignoit point les tenebres, ni ne recherchoit aucune des choses dont on souhaite l'usage, cela lui donna l'idée d'une vie conforme à son état. Il fut le premier, selon quelques-uns, qui fit doubler son manteau, n'ayant pas le moyen d'avoir d'autres habillemens, & il s'en servit pour dormir. Il portoit une beface, où il mettoit sa nourriture, & se servoit indifféremment du premier endroit qu'il trouvoit, soit pour manger, soit pour dormir, ou pour y tenir ses discours; ce qui lui faisoit dire, en montrant le Portique de Jupiter, le Pompée, que les Athéniens lui a-bâti un endroit pour passer la journée. Il se servoit aussi

auffi d'un bâton lorfqu'il étoit incommodé, & dans la
fuite il le portoit par-tout, auffi bien que la beface,
non à la vérité en ville, mais lorfqu'il étoit en voyage, aïnfi que le rapporte Olympiodore, Patron des é-
trangers à Athenes (1), & Polyeucte Rhéteur, auffi
bien que Lyfanias, fils d'Æfchrion. Ayant écrit à
quelqu'un de vouloir lui procurer une petite maifon, & celui-là tardant à le faire, il choifit pour
fa demeure un tonneau, qui étoit dans le temple de la mere des Dieux. L'été il fe vautroit
dans le fable ardent, & l'hyver il embraffoit des
ftatues de neige, s'exerçant par tous ces moyens
à la patience. Il étoit d'ailleurs mordant & mé-
prifant: il appelloit l'école d'Euclide *un lieu
de colere*, & celle de Platon; *un lieu de con-
fomption*. Il difoit que *les Jeux Dyonifiaques é-
toient d'admirables chofes pour les fous*, & que
*ceux, qui gouvernent le peuple, ne font que les
miniftres de la populace*. Il difoit auffi que lorf-
*qu'il confidéroit la vie, & qu'il jettoit les yeux fur
la police des gouvernemens, la profeffion de la Médecine & celle de la Philofophie, l'homme lui paroiffoit le plus fage des animaux; mais que lorfqu'il confidéroit les interprètes des fonges, les dé-
vins & ceux qui employoient leur miniftere, ou l'attachement qu'on a pour la gloire & les richeffes*,
                                                    rien:

─────────────────

(1) C'étoit une charge à Athenes. *Voyez le Thréfor
d'Etienne au mot de l'original.*

rien ne lui sembloit plus insensé que l'homme. Il répétoit souvent qu'il faut se munir dans la vie, *ou de raison, ou d'un licou.* Ayant remarqué un jour dans un grand festin que Platon ne mangeoit que des olives, *Pourquoi,* lui demanda-t-il, *sage comme vous êtes, n'ayant voyagé en Sicile que pour y trouver de bons morceaux, maintenant qu'on vous les présente, n'en faites-vous point usage?* Platon lui répondit: *En vérité, Diogene, en Sicile même je ne mangeois la plupart du tems que des olives. Si cela est,* repliqua-t-il, *qu'aviez-vous besoin d'aller à Syracuse? Le pays d'Athenes ne porte-t-il point assez d'olives?* Phavorin, dans son *Histoire diverse,* attribue pourtant ce mot à Aristippe. Une autre fois mangeant des figues, il rencontra Platon, à qui il dit qu'il pouvoit en prendre sa part; & comme Platon en prit & en mangea, Diogene lui dit: *qu'il lui avoit bien dit d'en prendre, mais non pas d'en manger.* Un jour que Platon avoit invité les amis de Denys, Diogene entra chez lui, & dit, en foulant ses tapis, *Je foule aux pieds la vanité de Platon:* à quoi celui-ci répondit, *Quel orgueil ne fais-tu-point voir, Diogene, en voulant montrer que tu n'en as point!* D'autres veulent que Diogene dit, *Je foule l'orgueil de Platon,* & que celui-ci répondit, *Oui, mais avec un autre orgueil.* Sotion, dans son quatrieme livre, rapporte cela avec une injure, en disant que *le Chien* tint ce discours à Platon. Diogene ayant un jour

prié

prié ce Philofophe de lui envoyer du vin, &
en même tems des figues, Platon lui fit porter
une cruche pleine de vin : fur quoi Diogene lui
dit, *Si l'on vous demandoit combien font deux &
deux, vous répondriez qu'ils font vingt. Vous ne
donnez point fuivant ce qu'on vous demande, &
vous ne répondez point fuivant les queftions qu'on
vous fait*, voulant par-là le taxer d'être grand parleur. Comme on lui demandoit dans quel endroit
de la Grece il avoit vu les hommes les plus courageux, *Des hommes ?* dit-il ? *je n'en ai vu nulle
part ; mais j'ai vu des enfans à Lacédémone* (1). Il
traitoit une matière férieufe, & perfonne ne s'ap-
prochoit pour l'écouter. Voyant cela, il fe mit à
chanter ; ce qui ayant attiré beaucoup de gens
autour de lui, il leur reprocha, *qu'ils recherchoient
avec foin ceux qui les amufoient de bagatelles, &
qu'ils n'avoient aucun empreffement pour les chofes
férieufes*. Il difoit auffi, *qu'on fe difputoit bien
à qui fauroit le mieux faire des foffes & ruer* (2) ;
*mais non pas à qui fe rendroit le meilleur & le plus
fage*. Il admiroit les Grammairiens, *qui recherchoient avec foin quels avoient été les malheurs d'U-
lyffe, & ne connoiffoient pas leurs propres maux* ;
les Muficiens, *qui accordoient foigneufement les*

cor-

<hr>

(1) Cela regarde le courage des enfans, qui fe faifoient battre à l'envi devant l'autel de Diane. *Ménage.*

(2) Cela porte fur les jeux de combats, où l'on fe
donnoit des coups de pied, & où l'on faifoit des foffes
pour les vaincus. *Ménage.*

cordes·de leurs instrumens , & ne penſoient point à
mettre de l'accord dans leurs mœurs ; les Mathématiciens, qui obſervoient le ſoleil & la lune , & ne
prenoient pas garde aux choſes qu'ils avoient devant
les yeux ; les Orateurs, qui s'appliquoient à parler
de la juſtice , & ne penſoient point à la pratiquer ;
les Avares, qui parloient de l'argent avec mépris,
quoiqu'il n'y eût rien qu'ils aimaſſent plus. Il con-
damnoit auſſi ceux, qui, louant les gens de bien comme fort eſtimables en ce qu'ils s'élevoient au deſſus
de l'amour des richeſſes , n'avoient eux-mêmes rien
de plus à cœur que d'en acquérir. Il s'indignoit de
ce qu'on faiſoit des ſacrifices aux Dieux pour en
obtenir la ſanté , tandis que ces ſacrifices étoient
accompagnés de feſtins nuiſibles au corps. Il s'é-
tonnoit de ce que des eſclaves , qui avoient des
maîtres gourmans , ne vouloient pas leur part des mêts
qu'ils leur voyoient manger. Il louoit également
ceux qui vouloient ſe marier, & ceux qui ne ſe ma-
rioient point ; ceux qui voyageoient ſur mer, & ceux
qui ne le faiſoient pas ; ceux qui ſe deſtinoient au
gouvernement de la République, & ceux qui faiſoient le contraire ; ceux qui élevoient des enfans, &
ceux qui n'en élevoient point ; ceux qui cherchoient
le commerce des Grands, & ceux qui l'évitoient (1).
Il diſoit auſſi, qu'il ne faut pas tendre la main à ſes
amis avec les doigts fermés.

Mé-

(1) Ce paſſage eſt obſcur dans l'original ; & les Inter-
prétes ne diſent pas grand'choſe pour l'éclaircir.

Ménippe (1), dans *l'Encan de Diogene*, rapporte
que lorſqu'il fut vendu comme captif, on lui demanda ce qu'il ſavoit faire, & qu'il répondit, *qu'il
ſavoit commander à des hommes*, ajoutant, en s'a-
dreſſant au crieur, qu'il eût à crier, *Si quelqu'un
vouloit s'acheter un maître*. Comme on lui défendoit de s'aſſeoir, *Cela ne fait rien*, dit-il, *on vend
bien les poiſſons de quelque maniere qu'ils ſoient
étendus*. Il dit encore, *qu'il s'étonnoit de ce que quand
on achete un pot ou une aſſiette, on l'examine de toutes les manieres; au-lieu que quand on achetoit un
homme, on ſe contentoit d'en juger par la vue*. Xéniade l'ayant acheté, il lui dit, *que quoiqu'il fût
ſon eſclave, c'étoit à lui de lui obéir, tout comme
on obéit à un Pilote ou à un Médecin, quoiqu'on les
ait à ſon ſervice*.

Eubulus rapporte, dans le livre intitulé *L'Encan
de Diogene*, que ſa maniere d'inſtruire les enfans
de Xéniade étoit de leur faire apprendre, outre
les autres choſes qu'ils devoient ſavoir, à aller à
cheval, à tirer de l'arc, à manier la fronde, &
à lancer un dard. Il ne permettoit pas non plus,
lorſqu'ils étoient dans l'école des excercices, que
leur maître les exerçât à la maniere des Athletes,
mais ſeulement autant que cela étoit utile pour
les animer, & pour fortifier leur conſtitution. Ces
enfans ſavoient auſſi par cœur pluſieurs choſes qu'ils

a

---

(1) Ménage croit qu'il faut corriger *Ménippe*.

avoient apprifes des Poëtes , des autres Ecrivains, & de la bouche de Diogene même , qui ré-
duifoit en abrégé les explications qu'il leur en donnoit , afin qu'il leur fût plus facile de les retenir. Il leur faifoit faire une partie du fervice do-
meftique , & leur apprenoit à fe nourrir légerement
& à boire de l'eau. Il leur faifoit couper les cheveux jufqu'à la peau, renoncer à tout ajuftement,
& marcher avec lui dans les rues fans vefte , fans
fouliers, en filence, & les yeux baiffés; il les menoit auffi à la chaffe.   De leur côté ils avoient
foin de ce qui le regardoit, & le recommandoient
à leur pere & à leur mere.

Le même Auteur, que je viens de citer, dit qu'il
vieillit dans la maifon de Xéniade, dont les fils
eurent foin de l'enterrer. Xéniade lui ayant demandé , *comment il foubaitoit d'être enterré*, il
répondit, *le vifage contre terre ;* & comme il lui
demanda la raifon de cela, *Parce*, dit-il, *que dans
peu de tems les chofes, qui font deffous, fe trouveront
deffus*, faifant allufion à la puiffance des Macédoniens, qui, de peu de chofe qu'ils avoient été,
commençoient à s'élever. Quelqu'un l'ayant me-
né dans une maifon richement ornée, & lui ayant
défendu de cracher, il lui cracha dans le vifage,
difant *qu'il ne voyoit point d'endroit plus fale où
il le pût faire :* d'autres pourtant attribuent cela
à Ariftippe. Un jour il crioit, *Hommes , appro-
chez ;* & plufieurs étant venus, il les repouffa avec
fon

fon bâton, en difant, *J'ai appellé des hommes*, *&*
non pas des excrémens : cela eft rapporté par Hécaton au premier livre de fes *Chries* (1). On attribue auffi à Alexandre d'avoir dit, *que s'il n'étoit pas*
né Alexandre, il auroit voulu être Diogene. Ce Philofophe appelloit pauvres, non pas les fourds &
les aveugles ; mais *ceux qui n'avoient point de be-*
face. Métrocle, dans fes *Chries*, rapporte qu'é-
tant entré un jour, avec les cheveux à moitié coupés, dans un feftin de jeunes gens, il en fut battu ; & qu'ayant écrit leurs noms, il fe promena
avec cet écriteau attaché fur lui, fe vengeant par-
là de ceux qui l'avoient battu, en les expofant à
la cenfure publique. Il difoit *qu'il étoit du nombre*
des chiens qui méritent des louanges, & que cé-
pendant ceux, qui faifoient profeffion de le louer, n'ai-
moient point à chaffer avec lui. Quelqu'un fe vantoit en fa préfence de furmonter des hommes
aux Jeux Pythiques : *Tu te trompes*, lui dit-il, *c'eft*
à moi de vaincre des hommes ; pour toi, tu ne fur-
montes que des efclaves. On lui difoit qu'étant âgé,
il devoit fe repofer le refte de fes jours : *Hé quoi?*
répondit-il, *fi je fourniffois une carriere, & que je*
fuffe arrivé près du but, ne devrois-je pas y tendre
avec encore-plus de force, au-lieu de me repofer?
Quelqu'un l'ayant invité à un régal, il refufa d'y
al-

_____

(1) Sorte de difcours, roulant fur une fentence, ou fur
quelque trait d'hiftoire.

aller, *parce que le jour précédent on ne lui en avoit point su gré.* Il marchoit nuds pieds fur la neige, & faifoit d'autres chofes femblables, que nous avons rapportées. Il effaya même de manger de la chair crue, mais il ne continua pas. Ayant trouvé un jour l'Orateur Démofthene, qui dînoit dans une taverne; & celui-ci fe retirant, Diogene lui dit, *Tu ne fais, en te retirant, qu'entrer dans une taverne plus grande.* Des étrangers fouhaitant de voir Démofthene, il leur montra fon doigt du milieu tendu, en difant, *Tel eft celui qui gouverne le peuple d'Athenes* (1). Voulant corriger quelqu'un qui avoit laiffé tomber du pain , & avoit honte de le ramaffer, il lui pendit un pot de terre au cou, & dans cet équipage le promena par la Place Céramique (2). Il difoit, *qu'il faifoit comme les maîtres de mufique, qui changeoient leur ton pour aider les autres à prendre celui qu'il falloit.* Il difoit auffi que *beaucoup de gens paffoient pour fous à caufe de leurs doigts, parce que fi quelqu'un portoit le doigt du milieu tendu, on le regardoit comme un infenfé; ce qui n'arrivoit point, fi on portoit le petit doigt tendu.* Il fe plaignoit de ce que les chofes précieufes coûtoient moins que celles qui ne l'étoient pas tant,

di-

---

(1) C'eft-à-dire qu'il étoit fou, comme cela eft expliqué quelques lignes plus bas.

(2) On dit qu'on appelloit ainfi plufieurs endroits d'Athenes, & entre autres un endroit où on enterroit ceux qui étoient morts à la guerre. *Voyez le Tréfor d'Etienne.*

difant, *qu'une ftatue coûtoit trois mille piéces , &*
qu'une mefure (1) *de farine ne coûtoit que deux piè-*
ces de cuivre.

Il dit encore à Xéniade , lorfque celui-ci l'eut
acheté , *qu'il prît garde de faire ce qu'il lui or-*
donneroit; & Xéniade lui ayant répondu, *Il me*
fémble que les fleuves remontent vers leur fource (2) ,
Si étant malade , repliqua Diogene, *vous aviez*
pris un Medecin à vos gages, au lieu d'obéir à
fes ordres, lui répondriez-vous que les fleuves remon-
tent vers leur fource ? Quelqu'un voulant apprendre de lui la Philofophie , il lui donna un
mauvais poiffon à porter, & lui dit de le fuivre.
Le nouveau difciple, honteux de cette premiere
épreuve, jetta le poiffon & s'en fut. Quelque tems
après , Diogene le rencontra , & fe mettant à
rire, *Un mauvais poiffon,* lui dit il, *a rompu no-*
tre amitié. Diocles raconte cela autrement.
Il dit que quelqu'un ayant dit à Diogene, *Tu*
peus nous commander ce que tu veus , le Philofophe lui donna un demi-fromage à porter; &
que comme il refufoit de le faire, Diogene ajouta, *Un demi-fromage a rompu notre amitié.* Ayant
vu un enfant qui buvoit de l'eau en fe fervant du
creux

---

(1) Il y a dans le Grec *un Chenix*; mefure fur laquelle
on n'eft pas d'accord. *Voyez le Threfor d'Etienne.*

(2) C'eft un proverbe, qui fignifie ici, *Il me femble que*
les efclaves commandent à leurs maîtres. Voyez les Proverbes d'Erafme, pag. 719.

creux de fa main, il jetta un petit vafe qu'il portoit pour cela dans fa beface, en difant, *qu'un
enfant le furpaſſoit en ſimplicité.* Il jetta auſſi fa
cuilliere, ayant vu un autre enfant; qui, après a-
voir caſſé fon écuelle, ramaſſoit des lentilles avec
un morceau de pain qu'il avoit creufé.

Voici un de fes raifonnemens: *Toutes choſes
appartiennent aux Dieux. Les ſages ſont amis des
Dieux. Les amis ont toutes choſes communes; ainſi
toutes choſes font pour les ſages.* Zoïle de Perge
rapporte, qu'ayant vu une femme qui fe proſter-
noit d'une maniere deshonnête devant les Dieux,
& voulant la corriger de fa fuperſtition, il s'approcha d'elle & lui dit, *Ne crains-tu point, dans
cette poſture indécente, que Dieu ne foit peut-
être derriere toi; car toutes choſes font pleines de
ſa préfence.* Il confacra à Efculape un tableau,
repréfentant un homme qui venoit frapper des
gens qui fe proſternoient le vifage contre terre (1). Il avoit coutume de dire, *que toutes les
imprécations, dont les Poëtes font uſage dans leurs
tragédies, étoient tombées ſur lui, puiſqu'il n'avoit
ni ville, ni maiſon, & qu'il étoit hors de ſa patrie,
pauvre, vagabond, & vivant au jour la journée,*
ajoutant qu'il oppoſoit à la fortune le courage, aux
loix la nature, la raifon aux paſſions. Pendant que
dans

(1) On dit que parmi les rites d'adoration étoit celui
de fe mettre le vifage contre terre, en étendant tout le
corps. *Mer. Cafaubon.*

dans un lieu d'exercice, nommé *Cranion* (1), il
fe chauffoit au foleil, Alexandre s'approcha & lui
dit, qu'il pouvoit lui demander ce qu'il fouhaitoit.
Je fouhaite, repondit-il, *que tu ne me faffes point
d'ombre ici.* Il avoit été préfent à une longue
lecture, & celui qui lifoit, approchant de la fin du
livre, montroit aux affiftans qu'il n'y avoit plus
rien d'écrit. *Courage, amis,* dit Diogene, *je
vois terre.* Quelqu'un, qui lui faifoit des Syllogif-
mes, les ayant conclus par lui dire qu'il avoit des
cornes; il fe toucha le front & répondit, *C'eft
pourtant de quoi je ne m'apperçois point.* Un autre
voulant lui prouver qu'il n'y avoit point de mouvement, il fe contenta pour toute réponfe de fe
lever & de fe mettre à marcher. Quelqu'un dif-
couroit beaucoup des Phénoménes céleftes; *En
combien de jours,* lui dit-il, *es-tu venu du Ciel?*
Un Eunuque, de mauvaifes mœurs, ayant écrit
fur fa maifon, „Que rien de mauvais n'entre ici":
Et comment donc, dit Diogene, *le maître du logis
pourra t-il y entrer?* S'étant oint les pieds, au-lieu
de la tête, il en donna pour raifon que *lorfqu'on
s'oignoit la tête, l'odeur fe perdoit en l'air; au-lieu que
des pieds elle montoit à l'odorat.* Les Athéniens
vouloient qu'il fe fît initier à quelques myfteres,
& lui difoient, pour l'y engager, que les Inf-
tiés préfidoient fur les autres aux Enfers. *Ne
fe-*

(1) Nom d'un lieu d'exercice à Corinthe.

seroit-il pas ridicule, repondit-il, *qu'Agéfilas &*
Epaminondas croupiffent dans la boue, & que quel-
ques gens du commun fuffent placés dans les Iles
des bienheureux, parce qu'ils auroient été initiés ?
Il vit des fouris grimper fur fa table, *Voyez ,*
dit-il, *Diogene nourrit auffi des Parafites.* Platon lui ayant donné le titre de fa Secte, qui é-
toit celui de *Chien,* il lui dit : *Tu as raifon ;*
car je fuis retourné auprès de ceux qui m'ont ven-
du (1). Comme il fortoit du bain, quelqu'un lui
demanda s'il y avoit beaucoup d'hommes qui fe la-
voient ; il dit que *non.* ,, Y a-t-il donc beaucoup
,, de gens, reprit l'autre ?'' *Ouï,* dit Diogene. Il
avoit entendu approuver la définition que Platon
donnoit de l'homme, qu'il appelloit un *Animal*
à deux pieds, fans plumes. Cela lui fit naître la
penfée de prendre un Coq, auquel il ôta les
plumes, & qu'il porta enfuite dans l'école de
Platon, en difant : *Voilà l'homme de Platon*; ce
qui fit ajouter à la définition de ce Philofophe,
que *l'homme eft un Animal à grands ongles.* On
lui demandoit quelle heure convient le mieux
pour dîner. *Quand on eft riche,* dit-il, *on dîne*
lorfqu'on veut, & quand on eft pauvre, lorfqu'on
le peut. Il vit les brebis des Mégariens, qui

é-

(1) C'eft une raillerie qui faifoit allufion à ce que
Platon, après avoir été vendu par Denys, étoit retourné
en Sicile.

étoient couvertes de peaux (1), pendant que
leurs enfans alloient nuds; il en prit occasion de dire, *qu'il valoit mieux être le bouc des Mégariens que
leur enfant.* Quelqu'un l'ayant heurté avec une
poutre, & lui disant ensuite de prendre garde, *Est-
ce,* repondit-il, *que tu veus me frapper encore?*
Il appelloit ceux, qui gouvernent le peuple, des
Ministres de la populace ; & nommoit les couronnes des *ampoulles de la gloire.* Une fois il
alluma une chandelle en plein jour, disant *qu'il
cherchoit un homme.* Il se tenoit quelquefois
dans un endroit, d'où il faisoit découler de l'eau
sur son corps; & comme les assistans en avoient
pitié, Platon, qui étoit présent, leur dit, *Si
vous avez pitié de lui, vous n'avez qu'à vous retirer,* voulant dire que ce qu'il en faisoit, étoit
par vaine gloire. Quelqu'un lui ayant donné un
coup de poing, *En vérité,* dit-il, *je pense à une
chose bien importante que je ne savois pas; c'est que
j'ai besoin de marcher avec un casque.* Un nommé Midias lui ayant donné des coups de poing,
en lui disant qu'il y avoit trois mille piéces, toutes comptées pour sa récompense, Diogene prit le
lendemain des courroies, comme celles des com-
battans du Ceste, & lui dit, en le frappant, *Il
y a trois mille piéces comptées pour toi.* Lysias,
Apo-

---

(1) Cela se faisoit, afin que la laine fût plus douce.
Note de **Ménage,** *qui cite* **Varron.**

Apothicaire, lui demanda s'il croyoit qu'il y eût des Dieux: *Comment*, dit-il, *ne croirois-je pas qu'il y en a, puisque je crois que tu es l'ennemi des Dieux?* Quelques-uns attribuent pourtant ce mot à Théodore. Ayant vu quelqu'un qui recevoit une aspersion religieuse, il lui dit: *Pauvre malheureux! ne vois-tu pas que comme les aspersions ne peuvent pas réparer les fautes que tu fais contre la Grammaire, elles ne répareront pas plus celles que tu commets dans la vie?* Il reprenoit les hommes, par rapport à la priere, de ce qu'ils *demandoient des choses qui leur paroissoient être des biens, au lieu de demander celles qui sont des biens réels.* Il disoit de ceux qui s'effrayent des songes, qu'*ils ne s'embarrassent point de ce qu'ils font pendant qu'ils sont éveillés, & qu'ils donnent toute leur attention aux imaginations qui se présentent à leur esprit pendant le sommeil.* Un Héraut ayant, dans les Jeux Olympiques, proclamé Dioxippée Vainqueur d'hommes, Diogene répondit, *Celui, dont tu parles, n'a vaincu que des esclaves; c'est à moi de vaincre des hommes.*

Les Athéniens aimoient beaucoup Diogene. On conte qu'un garçon ayant brisé son tonneau, ils le firent punir, & donnerent un autre tonneau au Philosophe. Denys le Stoïcien rapporte qu'ayant été pris après la bataille de Chéronée & conduit auprès de Philippe, ce Prince lui demanda qui il étoit, & qu'il répondit, *Je suis*

l'es-

l'efpion de ta cupidité; ce qui émut tellement Philippe, qu'il le laiſſa aller. Un jour Alexandre
chargea un nommé *Athlias* de porter à Athenes
une lettre pour Antipater. Diogene, qui étoit
préſent, dit qu'on pouvoit dire de cette lettre
*qu'Athlias l'envoyoit d'Athlias par Athlias à Ath-
lias* (1). Perdicéas l'ayant menacé de le faire
mourir s'il ne ſe rendoit auprès de lui, il répondit *qu'il ne feroit rien de fort grand par-là;
puiſqu'un eſcarbot, ou l'herbe Phalange pouvoient
faire la même choſe.* Bien au contraire il renvoya pour menace à Perdicéas, qu'*il vivroit plus
heureux, s'il vivoit ſans voir Diogene.* Il s'écrioit
ſouvent que *les Dieux avoient mis les hommes en
état de mener une vie heureuſe; mais que le moyen
de vivre ainſi n'étoit pas connu de ceux qui aiment
les tartes, les onguens, & autres choſes ſemblables.* Il dit à un homme qui ſe faiſoit chauffer
par ſon Domeſtique, *qu'il ne ſeroit heureux que
lorſqu'il ſe feroit auſſi moucher par un autre; ce qui
arriveroit, s'il perdoit l'uſage des mains.* Il vit
un jour les Magiſtrats, qui préſidoient aux choſes ſaintes (2), accuſer un homme d'avoir vo-
lé une phiole dans le Thréſor; ſur quoi il dit,

que

(1) Jeu de mots ſur *Athlios*, terme Grec, qui ſignifie
miſérable.
(2) Gr. *Les Hiéromnémones.* Etienne dit qu'on appelloit ſpécialement ainſi les députés de chaque ville au Conſeil des Amphictyons.

que les grands voleurs accusoient les petits. Voyant
aussi un garçon qui jettoit des pierres contre une
potence , *Courage ,* lui dit-il , *tu atteindras au
but.* De jeunes-jeunes , qui étoient autour de
lui , lui dirent , qu'ils auroient bien soin qu'il ne
les mordît pas. *Tranquilisez-vous , mes enfans , leur*
dit-il , *les Chiens ne mangent point de betteraves* (1).
Il dit aussi à un homme qui se croyoit relevé par
la peau d'un lion dont il étoit couvert, *Cesses de
deshonorer les enseignes de la vertu.* Quelqu'un
trouvoit que Callisthene étoit fort heureux d'ê-
tre si magnifiquement traité par Alexandre : *Au
contraire ,* dit-il , *je le trouve bien malheureux de
ne pouvoir dîner & souper que quand il plaît à
Alexandre.* Lorsqu'il avoit besoin d'argent ,
il disoit *qu'il en demandoit à ses amis , plutôt comme une restitution que comme un présent.* Un
jour qu'étant au Marché , il faisoit des gestes indécens , il dit *qu'il seroit à souhaiter qu'on pût ainsi appaiser la faim.* Une autre fois il vit un
jeune garçon qui alloit souper avec de grands
Seigneurs ; il le tira de leur compagnie , & le recon-
duisit chez ses parens , en leur recommandant de
prendre garde à lui. Un autre jeune homme ,
qui étoit fort paré , lui ayant fait quelque question , il dit : *qu'il ne lui répondroit pas qu'il ne
lui*

(1) La betterave passoit pour l'emblême de la fadeur.
Ménage.

lui eût fait connoître s'il étoit homme, ou femme.
Il vit auffi un jeune homme dans le bain, qui
verfoit du vin d'une phiole dans une coupe,
dont l'écoulement rendoit un fon (1). *Mieux
tu réuffis,* lui dit-il, *moins tu fais bien.* Etant à
un fouper, on lui jetta des os comme à un
chien : il vengea cette injure, en s'approchant
de plus près de ceux qui la lui avoient faite, &
en faliffant leurs habits. Il appelloit les Orateurs & tous ceux qui mettoient de la gloire à
bien dire, *des gens trois fois hommes,* en prenant cette expreffion dans le fens de *trois fois*
malheureux. Il difoit qu'un riche ignorant res-
femble *à une brebis, couverte d'une toifon d'or.*
Ayant remarqué fur la maifon d'un gourmand
qu'elle étoit à vendre : *Je favois bien,* dit-il,
qu'étant fi pleine de crapule, tu ne manquerois pas
de vomir ton maître. Un jeune homme fe plaignoit qu'il étoit obfedé par trop de monde; *Et*
toi, lui dit-il, *ceffes de donner des marques de tes*
mauvaifes inclinations. Etant un jour entré dans
un bain fort fale, *Où fe lavent,* dit-il, *ceux qui*
fe font lavés ici ? Tout le monde méprifoit un
homme qui jouoit groffiérement du luth, lui
feul, lui donnoit des louanges; & comme on lui
en demandoit la raifon, il répondit que c'étoit

par-

(1) Efpece de jeu dont les jeunes-gens tiroient un au-
gure fur le fuccès de leurs inclinations. *Aldebrandin &*
le Thréfor d'Etienne.

parce que quoiqu'il jouât mal de cet inftrument, il aimoit mieux gagner fa vie de la forte que fe mettre à voler. Il faluoit un joueur de luth, que tout le monde abandonnoit, en lui difant, *Bon jour, Coq*; & cet homme lui ayant demandé pourquoi il l'appelloit de ce nom, il lui dit que c'étoit *à caufe qu'il éveilloit tout le monde par fa mélodie.* Ayant remarqué un jeune garçon qu'on faifoit voir, il remplit fon giron de lupins (1), & fe pla-ça vis-à-vis de lui: fur quoi le monde, qui étoit là, ayant tourné la vue fur Diogene, il dit qu'il s'étonnoit de ce qu'on quittoit l'autre objet pour le regarder. Un homme, fort fuperftitieux, le menaçoit de lui caffer la tête d'un feul coup. *Et moi*, lui dit-il, *je te ferai trembler en éter-nuant de ton côté gauche.* Hégéfias lui ayant de-mandé l'ufage de quelqu'un de fes écrits, il lui dit: *Si tu voulois des figues, Hegéfias, tu n'en prendrois pas de peintes; tu en cueillerois de véri-tables. Il y a donc de la folie en ce que tu fais de négliger la véritable maniere de t'exercer l'efprit pour chercher la fcience dans les Livres.* Quel-qu'un lui reprochoit qu'il étoit banni de fon pays: *Miférable!* dit-il, *c'eft-là ce qui m'a rendu Philofophe.* Un autre lui difant pareillement, „Ceux de Synope t'ont chaffé de leur pays", il ré-pondit, *Et moi je les ai condamnés à y refter.* Il vit

un

(1) Légume amer, un peu plus gros qu'un pois.

un jour un homme, qui avoit été vainqueur aux Jeux Olympiques, menant paître des brebis, & lui dit, *Brave homme, vous êtes bientôt paſſé d'O-lympe à Nemée* (1). On lui demandoit ce qui rendoit les Athletes ſi inſenſibles: il répondit, *C'eſt qu'ils ſont compoſés de chair de bœuf & de pour-ceau.* / Une autre fois il exigeoit qu'on lui éri-geât une ſtatue; & comme on vouloit ſavoir le ſujet d'une pareille demande, il dit, *Je m'accou-tume par-là à ne point obtenir ce que je ſouhaite.* La pauvreté l'ayant obligé d'abord à demander de l'aſſiſtance, il dit à quelqu'un qu'il prioit de ſubvenir à ſes beſoins: *Si tu as donné à d'autres, donnes-moi auſſi; & ſi tu n'as encore donné à per-ſonne, commences par moi.* Un Tyran lui deman-da quel airain étoit le meilleur pour faire des ſtatues: *Celui,* dit-il, *dont on a fait les ſtatues d'Harmodius & d'Ariſtogiton* (2). Etant interro-gé de quelle maniere Denys ſe ſervoit de ſes amis, *Comme on ſe ſert des bourſes,* dit-il. *On les ſuſpend quand elles ſont pleines, & on les jette quand el-les ſont vuides.* Un nouveau marié avoit écrit ſur ſa maiſon, *Hercule, ce glorieux Vainqueur, fils de Jupiter, habite ici; que rien de mauvais n'y entre.* Diogene y mit cette autre inſcription: *Troupes auxiliaires après la guerre finie.* Il appel-
lois

(1) Jeu de mots, qui ſignifie, *vous êtes paſſé des Jeux Olympiques dans les Pâturages.*
(2) Libérateurs d'Athenes.

loit l'amour de l'argent *la Métropole de tous les maux.* Un diffipateur mangeoit des olives dans une taverne, Diogene lui dit, *Si tu avois toujours dîné ainfi, tu ne fouperois pas de même.* Il appelloit les hommes vertueux *les Images des Dieux;* & l'amour, *l'Occupation de ceux qui n'ont rien à faire.* On lui demandoit quelle étoit la condition la plus miférable de la vie: il répondit que c'étoit celle *d'être vieux & pauvre.* Un autre lui demanda quelle étoit celle de toutes les bêtes qui mordoit le plus dangereufement: *C'eft,* dit-il, *le calomniateur parmi les bêtes fauvages, & le flatteur parmi les animaux domeftiques.* Une autre fois voyant deux Centaures qui étoient fort mal repréfentés, *Lequel,* dit-il, *eft le plus mauvais?* Il difoit qu'*un difcours, fait pour plaire, étoit un filet enduit de miel;* & que *le ventre eft, comme le gouffre Charybde, l'abyme des biens de la vie.* Ayant appris qu'un nommé Didyme avoit été pris en adultere, *Il eft digne,* dit-il, *d'être pendu de la maniere la plus honteufe.* ,, Pour-,, quoi, lui dit-on, l'or eft-il fi pâle?" *C'eft,* répondit-il, *parce que beaucoup de gens cherchent à s'en emparer.* Sur ce qu'il vit une femme qui étoit portée dans une litiere, il dit *qu'il faudroit une autre cage pour un animal fi farouche.* Une autre fois il vit un efclave fugitif qui étoit fur un puits, & lui dit, *Jeune homme, prends garde de tomber.* Voyant dans un bain un jeune garçon qui

avoit dérobé des habits, il lui demanda s'*il étoit
là pour prendre des onguens, ou d'autres vêtemens ?*
Sur ce qu'il vit des femmes qui avoient été pen-
dues à des oliviers, *Quel bonheur !* s'écria-t-il,
si tous les arbres portoient des fruits de cette espece.
Il vit aussi un homme qui déroboit des habits
dans les sépulchres, & lui dit, *Ami, que cher-
ches-tu ici ? Viens-tu dépouiller quelqu'un des morts*
(1) ? On lui demandoit s'il n'avoit ni valet, ni
servante. *Non*, dit-il : ,, Qui est celui, reprit-on;
,, qui vous enterrera lorsque vous serez mort ?''
Celui, repliqua-t-il, *qui aura besoin de ma maison.* Voyant un jeune homme, fort beau, qui
dormoit inconsidérement, il le poussa & lui dit :
*Réveilles-toi, de peur que quelqu'un ne te lance un
trait inattendu* (2). Sur ce qu'un autre faisoit
de grands festins, il lui dit : *Mon fils; tes jours
ne seront pas de longue durée; tu fréquentes les
Marchés* (3). Platon, en discourant sur les Idées,
ayant parlé de la qualité de *Table* & de *Tasse*
considerée abstraitement, Diogene lui dit : *Je
vois bien ce que c'est qu'une Table & une Tasse,
mais pour la qualité de Table & de Tasse* (4),
je ne la vois point. A quoi Platon répondit ;

Tu

(1) Vers d'Homere. *Ménage.*
(2) Vers d'Homere. *Ménage.*
(3) Parodie d'un vers d'Homere. *Ménage.*
(4) Il n'y a point de terme, qui réponde à celui de
l'original, que le terme barbare de *Tableté* & de *Tasseté*,
qu'a employé *Fougerolles.*

Tu parles fort bien. En effet, tu as des yeux qui font ce qu'il faut pour voir une Table & une Taſſe; mais tu n'as point ce qu'il faut pour voir la qualité de Table & de Taſſe; ſavoir, l'entendement. On lui demanda ce qu'il lui ſembloit de Socrate. Il répondit que *c'étoit un fou.* Quand il croyoit qu'il falloit ſe marier: *Les jeunes gens, pas encore,* dit-il, *& les vieillards, jamais.* Ce qu'il vouloit avoir pour recevoir un ſoufflet: *Un caſque,* repliqua-t-il. Voyant un jeune homme qui s'ajuſtoit beaucoup, il lui dit: *Si tu fais cela pour les hommes, c'eſt une choſe inutile; & ſi tu le fais pour les femmes, c'eſt une choſe mauvaiſe.* Une autre fois il vit un jeune garçon qui rougiſſoit: *Voilà de bonnes diſpoſitions,* lui dit-il, *c'eſt la couleur de la vertu.* Il entendit un jour deux Avocats, & les condamna tous deux, diſant que *l'un avoit dérobé ce dont il s'agiſſoit, & que l'autre ne l'avoit point perdu.* „ Quel vin aimes-tu „ mieux boire? lui dit quelqu'un". *Celui des autres,* reprit-il. On lui rapporta que beaucoup de gens ſe moquoient de lui: il repondit, *Je ne m'en tiens point pour moqué.* Quelqu'un ſe plaignoit des malheurs qu'on rencontre dans la vie; à quoi il répondit que *le malheur n'étoit point de vivre, mais de mal vivre.* On lui conſeilloit de chercher ſon eſclave qui l'avoit quitté: *Ce ſeroit bien,* dit-il, *une choſe ridicule que mon eſclave Manès pût vivre ſans Diogene, &*

que *Diogene ne pût vivre fans Manès.* Pendant qu'il dînoit avec des olives, quelqu'un
apporta une tarte; ce qui lui fit jetter les olives, en difant: *Hôte! cédez la place aux Tyrans* (1),
& cita en même tems ces autres paroles, *Il jette
l'olive* (2). On lui demanda de quelle race de
Chiens il étoit. *Quand j'ai faim,* dit-il, *je fuis
Chien de Malthe* (3), *& quand je fuis raffafié,
je fuis Chien Moleffe. Et de même qu'il y a des
gens qui donnent beaucoup de louanges à certains
chiens, quoiqu'ils n'ôfent pas chaffer avec eux,
craignant la fatigue; de même auffi vous ne pouvez
pas vous affocier à la vie que je mene, parce que
vous craignez la douleur.* Quelqu'un lui demanda s'il étoit permis aux Sages de manger des tartes : *Auffi-bien qu'aux autres hommes,* dit-il.
„ Pourquoi, lui dit un autre, donne-t-on com-
„ munément aux mendians, & point aux Phi-
„ lofophes?" *Parce que,* répondit-il, *on croit
qu'on pourra devenir plutôt aveugle & boiteux
que Philofophe.* Il demandoit quelque chofe à un
avare, & celui-là tardant à lui donner, il lui dit;
*Penfez, je vous prie, que ce que je vous demande
eft pour ma nourriture, & non pas pour mon en-*
ter-

(1) Vers d'Euripide, qui fignifie ici que le pain commun doit faire place à celui qui eft plus exquis. *Ménage.*
(2) Parodie d'un vers d'Homere, qui renferme un jeu
de mots qu'on ne fauroit rendre en François. *Ménage.*
(3) Chien de Malthe, c'eft-à-dire flatteur. Chien
Moleffe, c'eft-à-dire mordant. *Ménage.*

terrement. Quelqu'un lui reprochant qu'il avoit fait de la fauſſe monnoie, il lui répondit: *Il eſt vrai qu'il fut un tems où j'étois ce que tu es à préſent ; mais ce que je ſuis maintenant, tu ne le ſeras jamais.* Un autre lui reprochoit auſſi cette faute paſſée : *Ci-devant,* reprit-il, *étant enfant, je ſaliſſois auſſi mon lit, je ne le fais plus à préſent.* Etant à Minde, il remarqua que les portes de la ville étoient fort grandes, quoique la ville elle-même fût fort petite, & ſe mit à dire : *Citoyens de Minde, fermez vos portes, dè peur que votre ville n'en ſorte.* Un homme avoit été attrappé volant de la pourpre. Diogene lui appliqua ces paroles : *Une fin éclatante & un ſort tragique l'a ſurpris* (1). Craterus le prioit de ſe rendre auprès de lui : *J'aime mieux,* dit-il, *manger du ſel à Athenes, que de me trouver aux magnifiques feſtins de Craterus.* Il y avoit un Orateur, nommé Anaximénes, qui étoit extrêmement gros. Diogene, en l'accoſtant, lui dit : *Tu devrois bien faire part de ton ventre à nous autres, pauvres gens ; tu ferois ſoulagé d'autant, & nous nous en trouverions mieux.* Un jour que ce Rhéteur traitoit quelque queſtion, Diogene, tirant un morceau de ſalé, s'attira l'attention de ſes auditeurs, & dit, ſur ce qu'Anaximénes s'en fâcha, *Un obole de ſalé a fini la diſpute d'Anaximénes.* Comme on lui re-

pro-

_____

(1) Vers du cinquieme livre de l'Iliade.

prochoit qu'il mangeoit en plein Marché, il répondit que *c'étoit fur le Marché que la faim l'avoit
pris.* Quelques-uns lui attribuent auffi la repartie fuivante à Platon. Celui-ci l'ayant vu éplucher des herbes, il s'approcha, & lui dit tout
bas; „ Si tu avois fait ta cour à Denys, tu ne
„ ferois pas réduit à éplucher des herbes”. *Et
toi,* lui repartit Diogene, *fi tu avois épluché des
herbes, tu n'aurois pas fait ta cour à Denys.* Quelqu'un lui difant, „ La plupart des gens fe moquent
„ de vous ”, il répondit : *Peut-être que les ânes
fe moquent auffi d'eux ; mais comme ils ne fe fou-
cient pas des ânes, je ne m'embarraffe pas non
plus d'eux.* Voyant un jeune garçon qui s'appli-
quoit à la Philofophie, il lui dit : *Courage, fais
qu'au-lieu de plaire par ta jeuneffe, tu plaifes par
les qualités de l'ame.* Quelqu'un s'étonnoit du
grand nombre de dons facrés qui étoient dans
l'Antre de (1) Samothrace : *Il y en auroit bien
davantage,* lui dit-il, *s'il y en avoit de tous ceux
qui ont fuccombé fous les périls.* D'autres attribuent
ce mot à Diagoras de Melos. Un jeune garçon
alloit à un feftin, Diogene lui dit : *Tu en revien-
dras moins fage.* Le lendemain le jeune garçon
l'aiant rencontré, lui dit : „ Me voilà de retour
„ du feftin, & je n'en fuis pas devenu plus mau-
„ vais.

---

(1) On y facrifioit à Hécate, & on y faifoit des dons
en action de graces pour les périls dont on avoit été pré-
fervé. *Ménage.*

vais". *Je l'avoue*, répondit Diogene, *tu n'es pas plus mauvais, mais plus relâché.* Il demandoit quelque chofe à un homme fort difficile, qui lui dit : ,, Si vous venez à bout de me le perfuader". *Si je pouvois vous perfuader quelque chofe*, repondit Diogene, *ce feroit d'aller vous étrangler.* Revenant un jour de Laçédémone à Athenes, il rencontra quelqu'un qui lui demanda d'où il venoit, & où il alloit; *De l'appartement des hommes à celui des femmes* (1), repondit-il. Une autre fois qu'il revenoit des Jeux Olympiques, on lui demanda s'il y avoit beaucoup de monde; *Oui*, dit-il, *beaucoup de monde; mais peu d'hommes.* Il difoit que les gens, perdus de mœurs, reffemblent aux figues qui croiffent dans les précipices; & que les hommes ne mangent point; mais qui fervent aux corbeaux .& aux vautours. Phryné ayant offert à Delphes une Vénus d'or, il l'appel; la *la preuve de l'Intempérance des Grecs.* Alexandre s'étant un jour préfenté devant lui, & lui ayant dit, ,, Je fuis le grand Monarque Alexan- ,, dre". *Et moi*, répondit-il, *je fuis Diogene la Chien.* Quelqu'un lui demanda ce qu'il avoit fait pour être appellé *Chien*; à quoi il répondit: *C'eft que je careffe ceux qui me donnent quelque chofe, que j'aboïe après d'autres qui ne me donnent rien,*

&

---

(1) Voyez fur ces appartemens des femmes un paffage de *Corn. Nepos* dans fa Préface.

& que je mords les méchans. Un homme, pré-
pofé à garder des figues, lui en ayant vu cueillir
une, lui dit: „ Il n'y a pas longtems qu'un homme fe pendit à cet arbre". *Eh bien*, répondit il,
je le purifierai. Un autre, qui avoit vaincu aux
Jeux Olympiques, fixoit fes regards fur une
Courtifanne: *Voyez*, dit Diogene, *ce Belier de
Mars, qu'une jeune fille tire par le cou.* Il difoit
que *les belles Courtifannes reffemblent à de l'eau
miellée, mêlée de poifon.* Dînant un jour à la
vûe de tout le monde, ceux, qui étoient autour
de lui, l'appellerent *Chien: Vous l'êtes vous-mêmes*,
dit-il, *puifque vous vous raffemblez autour de moi
pour me voir manger.* Deux perfonnes d'un caractere efféminé l'évitoient avec foin. Ne *craignez pas*, leur dit-il, *le Chien ne mange point de
betteraves.* On lui demandoit d'où étoit un jeune homme qui s'étoit laiffé débaucher. *De Tegée
(1)*, dit-il. Ayant vu un mauvais lutteur qui
exerçoit la profeffion de Médecin, il lui demanda *par quel hazard il abattoit à préfent
ceux qui favoient le vaincre autrefois?* Le
fils d'une Courtifanne jettoit une pierre parmi
du monde affemblé; *Prens garde*, dit-il, *que
tu n'atteignes ton pere.* Un jeune garçon lui montrant une epée qu'il avoit reçue d'une maniere

peu

----

(1) Le mot Grec fignifie la ville de Tegée, & un
mauvais lieu. *Ménage.*

peu honnête, il lui dit: *L'épée eſt belle, mais la poignée ne l'eſt pas.* Il entendit louer quelqu'un de qui il avoit reçu un préſent: *Et moi, dit-il, ne me louez-vous pas de ce que j'ai été digne de le recevoir?* Quelqu'un lui redemandant ſon manteau, il lui fit cette reponſe: *Si vous me l'avez donné, il eſt à moi; ſi vous me l'avez prêté pour m'en ſervir, j'en fais uſage.* Il répondit à un autre, qui avoit été apoſté pour lui dire qu'il y avoit de l'or caché dans ſon habit, *Je le ſais bien; c'eſt pour cela que je couche deſſus quand je dors,* „ Quel gain, lui demanda-t-on, vous „ rapporte la Philoſophie?" *Quand il n'y en auroit pas d'autre,* répondit-il, *elle fait que je ſuis préparé à tout évenement.* Un autre lui demanda d'où il étoit. *Je ſuis,* dit-il, *Citoyen du Monde.* Voyant quelqu'un qui offroit des ſacrifices pour avoir un fils, il le blâma de ce qu'il n'en offroit point par rapport au caractere dont ſeroit ce fils. On lui demandoit la quote-part de la collecte qu'on faiſoit pour les pauvres, il répondit par ce vers: *Dépouillez les autres, mais abſtenez-vous de toucher Hector* (1). Il appelloit les Courtiſannes les *Reines des Rois,* parce qu'elles demandent tout ce qui leur plait. Les Athéniens ayant décerné à Alexandre les honneurs de Bacchus, il leur dit: *Je vous prie, faites auſſi que je ſois Sérapis.*

On

(1) Vers d'Homere. *Mínage.*

On le blâmoit de ce qu'il entroit dans des endroits fales; *Et le Soleil*, dit-il, *entre bien dans
les latrines, fans en être fali.* Un jour qu'il
prenoit fon repas dans un Temple, il y vit ap-
porter des pains mal-propres; il les prit & les
jetta au loin, en difant, *qu'il ne devoit entrer
rien d'impur dans les lieux faints.* Quelqu'un
l'interrogea pourquoi, tandis qu'il ne favoit
rien, il profeffoit la Philofophie. Il répondit:
*Quand je ne ferois que contrefaire la fageffe, en
cela même je ferois Philofophe.* Un autre lui préfenta fon enfant, dont il lui vantoit le génie
& la tempérance; *Si cela eft,* lui dit-il, *en quoi
a-t-il donc befoin de moi?* Il difoit que ceux, qui
parlent des chofes honnêtes & ne les pratiquent
pas, reffemblent à un inftrument de Mufique
(1), qui n'a ni ouïe, ni fentiment. Il entroit
au Théâtre, en tournant le dos à ceux qui en
fortoient; & comme on lui en demandoit la raifon, il répondit, *que c'étoit ce qu'il avoit toujours
tâché de faire toute fa vie* (2). Il reprit un homme qui affectoit des airs efféminés. *N'êtes-vous
pas honteux,* lui dit-il, *de vous rendre pire que la
Nature ne vous a fait? Vous êtes homme, & vous
vous efforcez de vous rendre femme.* Une autre
fois il vit un homme, déréglé dans fes mœurs,

qui

---

(1) Le mot Grec eft *Ciftre.* Selon H. Etienne, c'étoit
un inftrument à vingt-quatre cordes.

(2) C'eft-à-dire, *le contraire des autres.*

qui accordoit une harpe (1). *N'avez-vous pas honte*, lui reprocha-t-il, *de savoir accorder les sons d'un morceau de bois, & de ne pouvoir accorder votre ame avec les devoirs de la vie?* Quelqu'un lui disoit, „ Je ne suis pas propre à la Philosophie". *Pourquoi donc*, lui repliqua-t-il, *vivez-vous, puisque vous ne vous embarrassez pas de vivre bien?* Il entendit un homme parler mal de son pere, & lui dit : *Ne rougissez-vous pas d'accuser de manque d'esprit celui par qui vous en avez?* Voyant un jeune homme d'un extérieur honnête, qui tenoit des discours indécens : *Quelle vergogne!* lui dit-il, *de tirer une épée de plomb d'une gaîne d'yvoire?* On le blâmoit de ce qu'il bûvoit dans un cabaret ; *J'étanche ici ma soif*, repondit-il, *tout comme je me fais faire la barbe chez un borbier.* On le blâmoit aussi de ce qu'il avoit reçu un petit manteau d'Antipater ; il emploia ce vers pour reponse : *Il ne faut pas rejetter les précieux dons des Dieux* (2). Quelqu'un le heurta d'une poutre, en lui disant, *Prens garde* : il lui donna un coup de son bâton, & lui repliqua, *Prens garde toi-même.* Temoin qu'un homme supplioit une Courtisanne, il lui dit : *Malheureux! pourquoi tâches-tu de parvenir à ce dont il vaut bien mieux être privé?* Il dit aussi à un homme, qui

6

(1) Selon H. Etienne, c'étoit un instrument à vingt cordes.
(2) Vers d'Homere.

étoit parfumé: *Prenez garde que la bonne odeur*
de votre tête ne rende votre vie de mauvaise odeur.
Il difoit encore que *comme les ferviteurs font fou-*
mis à leurs maîtres, les méchans le font à leurs
convoitifes. Quelqu'un lui demandoit pourquoi
les efclaves étoient appellés d'un nom qui fignifie *Pieds d'hommes*, il répondit: *Parce qu'ils ont*
des pieds comme les hommes, & une ame formée
comme la tienne, puifque tu fais cette queftion. Il
demandoit une mine à un luxurieux; & interrogé pourquoi il fouhaitoit de celui-là une mine,
tandis qu'il ne demandoit qu'un obole à d'autres,
il répondit: *C'eft que j'efpere deformais recevoir*
des autres, au-lieu qu'il n'y a que les Dieux qui
fachent fi tu me donneras jamais quelque chofe de
plus. On lui reprochoit qu'il demandoit des dons,
pendant que Platon s'abftenoit de pareilles demandes. *Il en fait auffi*, dit-il, *mais c'eft en approchant*
fa tête de l'oreille, de peur que d'autres ne le fachent.
Voyant un mauvais tireur d'arc, il fut s'affeoir
à l'endroit où étoit le but, alleguant que c'étoit
de peur que cet homme ne l'attrapât. Il difoit
que les amoureux font la dupe de l'idée qu'ils
fe forment de la volupté. On lui demandoit fi
la mort étoit un mal: *Comment feroit-ce un mal*,
répondit-il, *puifqu'on ne la fent pas?* Alexandre
s'étant fubitement préfenté devant lui, lui demandoit fi fa préfence ne lui caufoit point de crainte,
il repondit: *En quelle qualité voulez-vous que je*

vous

vous craigne? Eft-ce comme bon, ou comme mau-
vais? „ Comme bon, dit Alexandre". *Eh!* reprit
Diogene, *comment peut-on craindre ce qui eft bon?*
Il appelloit l'inftruction *la prudence des jeunes*
gens, la confolation des vieillards, la richeffe
des pauvres, & l'ornement des riches. L'adultere Didymon étoit occupé à guérir les yeux d'u-
ne fille. Diogene lui dit: *Prenez garde qu'en*
guériffant les yeux de cette fille, vous ne lui bleffiez
la prunelle (1). Quelqu'un lui difant que fes
amis lui tendoient des piéges: *Que fera-t-on, ré-*
pondit-il, s'il faut vivre avec fes amis comme avec
fes ennemis? Interrogé fur ce qu'il y avoit de
plus beau parmi les hommes, il répondit que
c'étoit la franchife. Il entra un jour dans une
école, ou il vit plufieurs images des Mufes &
peu d'écoliers. Il dit au Maître: *Vous avez bien*
des difciples, graces aux Dieux.

Il faifoit publiquement fes fonctions naturelles, celle de manger, auffi-bien que les autres;
& il avoit coutume de s'excufer par ces fortes de
raifonnemens: *S'il n'eft pas déplacé de prendre*
fes repas, il ne l'eft pas non plus de les pren-
dre en plein Marché: or il n'eft pas malhonnête
de manger; il ne l'eft donc pas auffi de manger

puj

<hr>

(1) Il y a ici un jeu de mots en ce que le même terme
figuifie *une fille* & *la prunelle*.

publiquement (1). Il lui arrivoit auſſi ſouvent de faire des geſtes indécens, & diſoit pour excuſe qu'il *n'héſiteroit point d'en faire pour appaiſer la faim, s'il le pouvoit.* On lui attribue d'autres diſcours, qu'il ſeroit trop long de rapporter. Il diſtinguoit deux ſortes d'exercices, celui de l'ame & celui du corps. Concevant que l'occupation, que l'exercice donne continuellement à l'imagination, facilite la pratique de la vertu, il diſoit que l'un de ces ſortes d'exercices eſt imparfait ſans l'autre, la bonne diſpoſition & la force ſe manifeſtant dans la pratique de nos devoirs, telle qu'elle a lieu par rapport au corps & à l'ame. Il alleguoit, pour marque de la facilité que l'exercice donne pour la vertu, l'adreſſe qu'acquiérent les Artiſans & ceux qui font des ouvrages manuels, à force de s'y appliquer. Il faiſoit encore remarquer la différence qu'il y a entre les Muſiciens & les Athletes, ſelon que l'un s'applique au travail plus que l'autre ; & diſoit que ſi ces gens-là avoient apporté le même ſoin à exercer leur ame, ils n'auroient pas travaillé inutilement. En un mot, il étoit dans le principe que rien de tout ce qui concerne la vie ne ſe fait bien ſans exercice, & que par ce moyen on peut

ve-

(1) C'eſt ici le grand reproche qu'on a fait aux Cyniques. Il n'y a pas moyen d'excuſer leur groſſiéreté, qui alloit juſqu'au vice : elle fait voir que toute Philoſophie, purement humaine, ſe reſſent du deſordre de l'eſprit humain.

venir à bout de tout. Il concluoit de là que si, renonçant aux travaux inutiles, on s'applique à ceux qui font selon la nature, on vivra heureusement ; & qu'au contraire le manque de jugement rend malheureux. Il disoit même que si on s'accoutume à méprifer les voluptés, on trouvera ce fentiment très agréable, & que comme ceux, qui ont pris l'habitude des voluptés, s'en paffent difficilement ; de même si on s'exerce à mener une vie contraire, on prendra plaisir à les méprifer. C'étoient-là les principes qu'il enfeignoit, & qu'il pratiquoit en même tems, remplillant ainsi l'esprit du mot, *Changes la monnoie* (1), parce que par cette maniere de vivre il fuivoit moins la coutume que la nature. Il donnoit pour caractere géneral de fa vie, qu'elle reffembloit à celle d'Hercule en ce qu'il préferoit la liberté à tout. Il difoit que les Sages ont toutes chofes communes, & fe fervoit de ces raifonnemens : *Toutes chofes appartiennent aux Dieux. Les Sages font amis des Dieux. Les amis ont toutes chofes communes : ainfi toutes chofes font pour les Sages.* Il prouvoit d'une maniere femblable que la Société ne peut être gouvernée fans loix. *Il ne fert de rien d'être civilifé, fi l'on n'eft dans une ville. La Société d'une ville confifte en cela même qu'on foit civilifé. Une ville n'eft*

_____

(1) C'eft-à dire, *Ne fuis pas l'efprit de la multitude.*

n'eſt rien ſans loix: la civilité eſt donc une loi.
Il ſe moquoit de la nobleſſe, de la gloire &
d'autres choſes ſemblables, qu'il appelloit *des*
Ornemens du vice, diſant que les loix de Société,
établies par la conſtitution du monde, ſont les
ſeules juſtes. Il croyoit que les femmes devoient
être communes, & n'eſtimoit point le mariage,
ne ſoumettant l'union des deux ſexes qu'à la
condition du conſentement réciproque : de là
vient qu'il croyoit auſſi que les enfans devoient
être communs. Il ne regardoit pas comme mauvais de recevoir des choſes ſaintes, & de manger des animaux; il penſoit même qu'il étoit permis de manger de la chair humaine, & alleguoit
là deſſus les mœurs des peuples étrangers. Il
ajoutoit auſſi qu'à la lettre toutes choſes ſont les
unes dans les autres, & les unes pour les autres;
qu'il y a de la chair dans le pain, & du pain
dans les légumes; que par rapport aux autres
corps, ils ont tous des pôres inſenſibles, dans
leſquels s'inſinuent des corpuscules détachés &
attirés par la reſpiration. C'eſt ce qu'il explique
dans la Tragédie de *Thyeſte*, ſi tant eſt que les
tragédies, qui courent ſous ſon nom, ſoient de
lui, & non de Philiscus d'Ægine, un de ſes
amis; ou de Paſiphon, Lucanien, que Phavorin, dans ſon *Hiſtoire diverſe*, dit avoir
écrites après la mort de Diogene.

Il négligeoit la Muſique, la Géometrie, l'Aſ-
tro-

trologie & autres Sciences de ce genre, comme
n'étant ni utiles, ni néceffaires. Au refte il avoit
la repartie fort prompte, comme il paroît par ce
que nous avons dit.

Il fouffrit courageufement d'être vendu. Se
trouvant fur un vaiffeau qui alloit à Ægine, il
fut pris par des Corfaires, dont Scirpalus étoit
le Chef,& fut conduit en Crete, où on le vendit.
Comme le Crieur demandoit ce qu'il favoit faire,
il répondit; *Commander à des hommes.* Montrant
enfuite un Corinthien, qui avoit une belle bor-
dure à fa vefte (c'étoit Xéniade dont nous avons
parlé); *Vendez-moi*, dit-il, *à cet homme-là, il a befoin d'un Maître.* Xéniade l'acheta, & payant me-
né à Corinthe, il lui donna fes enfans à élever,
& lui confia toutes fes affaires, qu'il adminiftra
fi bien, que Xéniade difoit par-tout *qu'un bon
Génie étoit entré chez lui.*

Cléomene rapporte, dans fon livre de *l'Education des Enfans*, que les amis de Diogene voulurent le racheter; mais qu'il les traita de gens
fimples, & leur dit que les lions ne font point
efclaves de ceux qui les nourriffent; qu'au contraire ils en font plutôt les maîtres, puifque la
crainte eft ce qui diftingue les efclaves, & que
les bêtes fauvages fe font craindre des hommes.

Il poffedoit au fuprême dégré le talent de la
perfuafion; de forte qu'il gagnoit aifément par
fes difcours tous ceux qu'il vouloit. On dit

qu'Onéficrite d'Ægine, ayant envoyé à Athenes le plus jeune de fes deux fils, nommé Androfthene, celui-ci vint entendre Diogene, & refta auprès de lui. Le pere envoya enfuite l'aîné, ce même Philifcus dont nous avons fait mention, & qui fut pareillement retenu. Enfin étant venu lui-même après eux, il fe joignit à fes fils, & s'appliqua à la Philofophie, tant Diogene favoit la rendre aimable par fes difcours. Il eut auffi pour difciples Phocion, furnommé *le Bon*, Stilpon de Mégare, & plufieurs autres, qui furent revêtus d'emplois politiques.

On dit qu'il mourut à l'âge de quatre-vingt-dix-ans, & on parle diverfement de fa mort. Les uns croient qu'il mourut d'un épanchement de bile, caufé par un pied de bœuf crud qu'il avoit mangé; d'autres difent qu'il finit fa vie en retenant fon haleine. De ce nombre eft Cercidas de Mégalopolis, ou de Crete, dans fes *Poéfies Mimiambes* (1), où il parle ainfi :

Cet ancien Citoyen de Synope, portant un bâton, une robe double, & ayant le ciel pour couverture, eft mort fans aucun fentiment de douleur, en fe ferrant les levres avec les dents, & en retenant fon haleine. Ce qui prouve que Diogène étoit véritablement fils de Jupiter, & un Chien célefte.

D'autres difent que voulant partager un poly-

pe

_____

(1) Certaine mefure, appellée *Iambique.*

pe (1) à des chiens, il y en eut un qui le mordit tellement au nerf du pied, qu'il en mourut. Mais, comme dit Antisthene dans ses *Successions*, ses amis ont conjecturé qu'il étoit mort en retenant sa respiration. Il demeuroit dans un College, situé vis-à-vis de Corinthe, & qui s'appelloit *Cranium*. Ses amis, étant venus le voir selon leur coutume, le trouverent enveloppé dans son manteau; mais se doutant qu'il ne dormoit pas, par la raison qu'il ne donnoit gueres de tems au sommeil, ils défirent son manteau, & comme ils le trouverent expiré, ils crurent qu'il étoit mort volontairement par un desir de sortir de la vie. Il y eut à cette occasion une dispute entre ses amis, pour savoir à qui l'enséveliroit. Ils furent même prêts d'en venir aux mains, jusqu'à ce que leurs peres & leurs supérieurs étant survenus, la dispute fut accordée, & Diogene enterré près de la porte qui conduit à l'Isthme. On lui érigea un tombeau, sur lequel on mit un chien de pierre de Paros. Ses concitoyens lui firent même l'honneur de lui élever des statues d'airain, avec cette inscription.

Le tems consume l'airain; mais ta gloire, ô Diogene! durera dans tous les âges. Tu as seul fait connoître aux mortels le bonheur dont ils peuvent

jou-

_____

(1) Sorte de poisson, qui avoit huit pieds ou nageoires. *Voyez le Thrésor d'Etienne.*

jouïr par eux-mêmes, & leur. as montré le moyen de
paſſer doucement la vie.

Nous avons auſſi fait à ſa louange l'épigramme ſuivante :

Diogene , dis-moi , quel accident t'amene aux
Enfers ? C'eſt la morſure d'un chien féroce.

Il y a des Auteurs qui diſent qu'en mourant,
il ordonna qu'on jettât ſon corps ſans lui donner
de ſépulture, afin qu'il ſervît de pâture aux bêtes
ſauvages ; ou qu'on le mît dans une foſſe, couvert d'un peu de pouſſiere. D'autres diſent qu'il
voulut être jetté dans l'Eliſſon (1) pour être utile à ſes freres. Demetrius, dans ſon livre intitulé *Equivoques*, dit qu'Alexandre mourut à Babylone le même jour que Diogene mourut à Corinthe (2). Or il étoit déjà vieux dans la CXIII.
Olympiade.

On lui attribue les ouvrages ſuivans : *Des Dia-*
logues, intitulés *Cephalio. Ichthyas. Le Geai.*
Le Léopard. Le Peuple d'Athénes. La République.
L'Art de la Morale. Des Richeſſes. De l'Amour.
Théodore. Hypſias. Ariſtarque. De la Mort. Des
Lettres. Sept Tragédies, qui ſont : *Hélene,*
Thyeſte, Hercule, Achille, Médée, Chryſippe,
Oedipe. . Mais Soſicrate, dans le premier livre
de

(1) C'eſt le nom d'un fleuve. Pauſanias, *Voyage de Co-*
rinthe, *chap.* 12.
(2) Diogene paſſoit l'hyver à Athenes, & l'été à Corinthe, au rapport de Dion Chryſoſtôme. *Ménage.*

de *la Succeſſion*, & Satyrus, dans le quatrieme livre des *Vies*, aſſûrent, qu'il n'y a aucun de ces
ouvrages qui ſoit de Diogene; & le dernier des
Auteurs, que je viens de citer, donne les Tragédies à Philiſcus d'Ægine, ami de Diogene.
Sotion, dans ſon ſeptieme livre, dit que nous
n'avons de Diogene que les ouvrages qui portent
pour titre : *De la Vertu. Du Bien. De l'Amour. Le
Mendiant. Le Courageux. Le Léopard. Caſandre.
Céphalie, Philiſcus, Ariſtarque. Siſyphe. Gany-
mede.* Il y ajoute des *Chries* & des *Lettres.*

Il y a eu cinq Diogenes. Le premier étoit
d'Apollonie, & fut Phyſicien. Il commence
ainſi ſon ouvrage : *Je crois que la premiere
choſe que doit faire un homme qui veut traiter
quelque ſujet, c'eſt de poſer un principe inconteſta-
ble.* Le ſecond étoit de Sicyone; il a écrit ſur
le Péloponneſe. Le troiſieme eſt le Philoſophe
dont nous parlons. Le quatrieme fut Stoïcien;
il nâquit à Seleucie, & fut appellé *Babylonien* à
cauſe du voiſinage des villes. Le cinquieme fut
de Tarſe; il a écrit ſur des Queſtions Poëtiques,
qu'il tâche de réſoudre. Il faut encore remarquer ſur ce Philoſophe, qu'Athénodore, dans
le huitieme livre de ſes *Promenades,* rapporte qu'il
avoit toujours l'air luiſant, à cauſe de la coutume qu'il avoit de s'olndre le corps.

M O N I M E.

MOnime, né à Syracuſe, fut diſciple de Diogene, & domeſtique d'un certain Banquier de Corinthe, comme le rapporte Soſicrate, Xéniade, qui avoit acheté Diogene, venoit ſouvent auprès de Monime & l'entretenoit de la vertu de Diogene, de ſes actions & de ſes diſcours. Cela inſpira tant d'inclination à Monime pour le Philoſophe, qu'il affecta d'être tout d'un coup ſaiſi de folie. Il jettoit la monnoie du change & tout l'argent de la banque; de ſorte que ſon Maître le renvoya. Dès lors il s'attacha à Diogene, fréquenta auſſi Crates le Cynique & autres perſonnes ſemblables; ce qui donna de plus en plus à ſon Maître lieu de croire qu'il avoit entiérement perdu l'eſprit.

Il ſe rendit fort célebre; auſſi Ménandre, Poëte comique, parle de lui dans une de ſes piéces, intitulée *Hippocome*.

MEN. *O! Philon, il y a eu un certain Monime, homme ſage, mais obſcur, & portant une petite beſace.*

PHIL. *Voilà trois beſaces, dont vous avez parlé.*

MEN. *Mais il a prononcé une ſentence, dont le ſens figuré n'a rien de reſſemblant, ni à celle-ci,*

Con‑

MONIMVS
Philosophus Cynicus.

Connois-toi toi-même, *ni aux autres dont on fait tant de cas; elle leur est fort supérieure.* Ce Mendiant, cet homme plein de crasse, a dit que tout ce qui fait le sujet de nos opinions, n'est que fumée (1). Monime avoit une fermeté d'esprit qui le portoit à méprifer la gloire & à rechercher la vérité seule. Il a composé des ouvrages d'un style gai, mais qui cachoit un sens férieux (2); il a auffi donné deux autres ouvrages sur les *Paffions*, & un troifieme d'*Exhortation*.

ONE.

---

(1) Grotius rend ces vers tout autrement. Il y a là-deffus une longue note de *Menage*. Je suis une de celles de *Meibom*.

(2) On dit que c'étoit la manière des Philofophes Cyniques. *Menage*.

O N E S I C R I T E.

IL y a des Auteurs qui veulent qu'Onéſicrite naquit à Ægine; mais Demetrius de
Magnéſie dit qu'il étoit d'Aſtypalée (1). Il fut
un des plus célebres diſciples de Diogene.

Il y eut entre lui & Xénophon une eſpece de
conformité en ce que celui-ci fut Capitaine de
Cyrus, & celui-là d'Alexandre, en ce que Xénophon traita de l'éducation de Cyrus, & Onéſicrite de celle d'Alexandre, en ce que le premier fit l'éloge de Cyrus, & le ſecond le pa-
négyrique d'Alexandre. Onéſicrite a même
quelque choſe d'approchant de Xénophon pour
la maniere de s'exprimer, excepté qu'il lui eſt
auſſi inférieur qu'une copie l'eſt à l'original.

Diogene eut auſſi pour diſciples Menandre,
ſurnommé *Drymus* & admirateur d'Homere; Hé-
géſée de Synope, ſurnommé *le Collier*; & Philiſcus d'Ægine, dont nous avons fait mention.

CRA-

---

(1) Pline en fait une Iſle du nombre de celles qu'on
appelloit *Sporades*, & qu'on dit être des Iſles de l'Archi-
pel. *Hiſt. Nat.* Liv. 4. ch. 12 & Liv. 8. ch. 39.

CRATES.

CRates, fils d'Asconde, nâquit à Thebes, & fut aussi un illustre disciple du Philosophe Cynique, quoiqu'Hippobote conteste ce fait, & lui donne pour Maître Bryson l'Achéen. On lui attribue ces vers burlesques: ,, Il y a une ,, ville qui se nomme *Besace*, située au milieu ,, d'un sombre faste; mais belle, opulente, arrosée, ,, n'ayant rien, où n'aborde jamais un insensé ,, parasite, ni un voluptueux qui cherche à se ,, réjouir avec sa Courtisanne. Elle produit du ,, thym, de l'ail, des figues & du pain; au ,, tant de biens, pour lesquels ses habitans ne ,, font jamais en guerre les uns contre les autres. ,, On n'y prend point les armes, ni par con ,, voitise pour l'argent, ni par ambition pour la ,, gloire".

On lui attribue aussi ce Journal de dépense: *Il faut donner à un Cuisinier dix mines, à un Médecin une drachme, à un flatteur cinq talens, de la fumée à un homme à conseil, un talent à une Courtisanne, & trois oboles à un Philosophe:* On l'appelloit l'*Ouvreur de portes*, parce qu'il entroit dans toutes les maisons pour y donner des préceptes. Il est auteur de ces vers:

*Je possede ce que j'ai apppris, ce que j'ai mé-
dité, & ce que les Augustes Muses m'ont enseigné;
quant à ces autres biens éclatans, l'orgueil s'en
empare.* Il disoit qu'il lui étoit revenu de l'étude de la Philosophie *un Chenix* (1) *de lupins &
l'avantage de vivre exemt de soucis.* On lui attribue encore d'avoir dit que *l'amour s'appaise, si
non avec le tems, du moins par la faim, & que
si l'un & l'autre ne font aucun effet, il faut prendre la résolution de se pendre.*

Au reste il fleurissoit vers la CXIII. Olympiade.

Antisthene, dans ses *Successions,* dit qu'ayant
vu, à la représentation d'une certaine tragedie,
Telephe (2) dans un état fort vil, & tenant une
corbeille à la main, il se livra aussi-tôt à la Philosophie Cynique; qu'étant d'un rang distingué, il
vendit ses biens; qu'après en avoir retiré environ
cent, ou deux cens talens, il les donna à ses
concitoyens, & s'appliqua fermement à la Philosophie. Philémon, Poëte comique, parle de
lui en ces termes:

*Pour être plus tempérant, il portoit l'été un ha-
bit fort épais, & l'hyver un vêtement fort leger.*
Diocles dit que Diogene lui persuada de céder
ses possessions pour servir de pâturage aux brebis,
&

_____

(1) Mesure, sur laquelle on n'est pas d'accord...
(2) C'est une Tragedie d'Euripide, dans laquelle Telephe, Roi de Mysie, étoit introduit vêtu en mendiant,
& tenant une corbeille. *Menage.*

& de jetter dans la mer tout son argent, en cas
qu'il en eût. Il dit aussi que la maison de Crates
fut détruite sous Alexandre, & celle d'Hipparchie sous Philippe (1). Crates chassa souvent de
son bâton quelques-uns de ses parens qui venoient exprès le détourner de son dessein, dans
lequel il persista courageusement.

Demetrius de Magnésie rapporte qu'il déposa
de l'argent chez un Banquier, à condition qu'il le
donneroit à ses enfans, s'ils ignoroient la Philosophie; mais qu'en cas qu'ils fussent Philosophes,
il en feroit présent au public, persuadé qu'étant
tels, ils n'auroient besoin de rien. Eratosthene
dit qu'il eut un fils d'Hipparchie, de laquelle
nous parlerons dans la suite. Il se nommoit Pasicle, & lorsqu'il eut passé l'âge de puberté, Crates le mena chez une servante, & l'avertit que
c'étoit le mariage que son pere lui avoit destiné.
Il ajouta que les adulteres devoient s'attendre
aux recompenses tragiques de l'exil & des meur-
tres; que ceux, qui voyoient des Courtisannes,
s'attiroient des censures qui les exposoient à la
risée, & que la dissolution & la crapule dégéne-
roient ordinairement en folie (2).

Crates eut aussi un frere, nommé *Pasicle*, qui
fut disciple d'Euclide, & duquel Phavorin, dans
le

<hr/>

(1) Le mot de *détruite* est suppléé; j'ai suivi *Ménage*.
(2) *Ménage* soupçonne qu'il manque quelque chose dans
ce passage; il me semble pourtant que le sens est suivi.

le deuxieme livre de ses *Commentaires*, rapporte une chose affez plaifante. Comme il demandoit un jour quelque grace au Principal du College, il lui toucha les cuiffes, ce que celui-ci ayant trouvé mauvais, l'autre lui dit : *Pourquoi? Ces membres du corps ne vous appartiennent-ils pas autant que les genoux?*

Crates étoit dans le fentiment qu'il eft impoffible de trouver quelqu'un exemt de faute, & qu'il en eft de cela comme de la grenade, où l'on trouve toujours quelque grain pourri. Ayant fâché Nicodrome le joueur de cithre (1), il en reçut un foufflet, dont il fe vengea par une tablette qu'il fe mit au front avec ces mots : *C'eft Nicodrome de qui je le tiens.* Il faifoit profeffion d'injurier les Courtifannes, & s'accoutumoit par-là à ne point épargner les reproches. Demetrius de Phalere lui envoya quelques pains avec du vin, il lui fit cette piquante réponfe, *qu'il voudroit que les fontaines produififfent du pain*, d'où il paroît qu'il buvoit de l'eau. Blâmé des infpecteurs des chemins & des rues d'Athenes de ce qu'il s'habilloit de toile : *Je vous ferai voir Théophrafte vêtu de même*, leur repondit-il. Comme ils ne l'en croyoient pas fur fa parole, il les mena à la boutique d'un barbier, où il le
                                                leur

___
(1) Je mets le mot Grec, parce qu'on traduit le mot Latin, qui y correfpond, par *Luth*, *Guitarre* & *Harpe*.

leur montra pendant qu'il se faisoit faire la barbe.   Tandis qu'à Thebes il recevoit des coups
du Principal du College , d'autres disent d'Eu-
thycrate à Corinthe, sans s'embarrasser beaucoup
du châtiment,   il repondit par ce vers : *L'ayant
pris par un pied, il le précipita du Temple* (1).

Diocles dit que celui, qui le trainoit par le pied,
étoit Menedeme d'Erethrée, homme d'un bel extérieur, & qui passoit pour avoir participé aux
débauches d'Asclépiade Phliasien.   Crates lui en
ayant fait un reproche, Menedeme en fut fâché,
& le tira comme nous venons de le dire, lorsqu'il repondit par le vers que nous avons cité.

Zénon de Cittie rapporte dans ses *Chries* qu'il
cousoit quelquefois une peau de brebis à son
manteau, sans la tourner de l'autre côté (2). Il
étoit fort dégoutant pour sa saloperie, & lorsqu'il se préparoit à ses exercices, on le tournoit
en ridicule ; mais il avoit coutume de dire, les
mains levées: *Courage, Crates , comptes sur tes
yeux & sur le reste de ton corps.   Tu verras
ceux , qui se moquent de toi à présent, saisis de maladie, te dire heureux & se condamner eux-mêmes
pour leur négligence.*   Il disoit qu'il falloit s'appliquer à la Philosophie, *jusqu'à ce qu'on regar-
dât*

(1) Vers d'Homere.
(2) La version Latine a traduit ; *sans se mettre en peine
qu'on le trouvât laid* ; mais les derniers mots ne sont point
dans l'original.

dît les Généraux d'armée comme n'étant que *des* conducteurs d'ânes. Il disoit aussi que ceux, qui se trouvent dans la compagnie des flatteurs, ne sont pas moins abandonnés que les veaux parmi les loups, parce que les uns & les autres, au-lieu d'être avec ceux qui leur conviennent, sont environnés de piéges.

A la veille de sa mort, il se chanta à lui-même ces vers: *Tu t'en vas, cher ami, tout courbé; tu descends aux Enfers, voûté de vieillesse.* En effet il ploit sous le poids des années. Alexandre lui ayant demandé s'il vouloit qu'on retablît sa patrie, il lui repondit: *A quoi cela serviroit-il, puisqu'un autre Alexandre la détruiroit de nouveau? D'ailleurs le mépris, que j'ai pour la gloire, & ma pauvreté me tiennent lieu de patrie; ce sont des biens que la fortune ne peut ravir.* Il finit par dire, *Je suis citoyen de Diogene, qui est au-des-sus des traits de l'envie.* Ménandre, dans sa piéce des *Gémeaux*, parle de lui en ces termes: „ Tu te promeneras avec moi, couvert d'un „ manteau, aussi-bien que la femme de Crates le „ Cynique". Il maria ses filles à ses disciples, & les leur confia d'avance pendant trente jours, pour voir s'ils pourroient vivre avec elles, dit le même Auteur.

ME-

METROCLE.

UN des disciples de Crates fut Metrocle', frere d'Hipparchie, mais auparavant disciple de Théophraste le Péripatéticien. Il avoit la santé si dérangée par les flatuosités continuelles auxquelles il étoit sujet, que ne pouvant les retenir pendant les exercices d'étude, il se renferma de désespoir, résolu de se laisser mourir de faim. Crates le sut, il alla le voir pour le consoler, après avoir mangé exprès des lupins. Il tâcha de lui remettre l'esprit, & lui dit qu'à moins d'une espece de miracle, il ne pouvoit se délivrer d'un accident auquel la nature avoit soumis tous les hommes plus ou moins. Enfin ayant lâché lui-même quelques vents, il acheva de le persuader par son exemple. Depuis lors il devint son disciple & habile Philosophe.

Hécaton, dans le premier livre de ses *Chries*, dit que Métrocle jetta au feu ses écrits, sous prétexte que c'étoient des fruits de rêveries de l'autre monde & de pures bagatelles. D'autres disent qu'il brula les Leçons de Théophraste, en prononçant ces paroles (1): *Approches, Vulcain;*
Thé-

(1) C'est un vers d'Homere, *Mr. Casaubon* remarque que les Anciens affectoient de faire allusion dans leurs discours à des vers d'Homere. *Menage* a ici une note, beaucoup moins solide que celle de *Casaubon*.

Thétis a befoin de toi. Il difoit qu'il y a des chofes qui s'acquiérent par argent, comme une maifon; d'autres par le tems & la diligence, comme l'inftruction. Il difoit auffi que les richeffes
font nuifibles, à moins qu'on n'en faffe un bon
ufage. Il mourut dans un âge avancé, s'étant
étouffé lui-même.

Il eut pour difciples Théombrote & Cléomene,
dont le premier inftruifit Demetrius d'Alexandrie.
Cléomene eut pour auditeurs Timarque d'Alexandrie & Echecle d'Ephefe; mais celui-ci fut
principalement difciple de Théombrote qui forma
Menedeme, duquel nous parlerons ci-après.
Menippe de Synope devint auffi un illuftre difciple de Théombrote.

HIPPARCHIE.

Hipparchie, fœur de Métrocle, l'une & autre
de Maronée, fe laiffa auffi éblouïr par
les difcours du Philofophe Crates. Elle en aimoit tant les propos & la vie, qu'aucun de
ceux, qui la rechercholent en mariage, ne
put la faire changer. Richeffe, nobleffe, beauté, rien ne la touchoit; Crates lui tenoit lieu
de tout. Elle menaça même fes parens de fe
défaire elle-même, fi on ne la marioit avec lui.
Ils s'adrefferent à Crates, qu'ils prierent de la
détourner de fon deffein; il fit tout ce qu'ils
voulurent. Enfin voyant qu'il ne pouvoit rien
gagner fur elle, il fe leva, lui montra le peu
qu'il poffédoit, & lui dit: *Voilà l'époux que vous
fouhaitez, voilà tous fes biens. Confultez-vous là-
deffus ; vous ne pouvez m'époufer, à moins que
vous ne preniez la réfolution de vous affocier à mes
études.* Elle accepta le parti, s'habilla comme
le Philofophe, & le fuivit par-tout, lui permettant
d'en agir publiquement avec elle comme mari,
& allant avec lui mendier des repas. Quelque
jour Lyfimaque en donnoit un, elle s'y trouva, &
y difputa contre Théodore, furnommé *l'Athée*,
en lui oppofant le Sophisme fuivant: *Tout ce que
Théodore peut faire fans s'attirer de reproche, Hippar-*
chie

chie le peut auſſi, ſans mériter qu'on la blâme.
Or ſi Théodore ſe frappe lui-même, il ne fera in-
juſtice à perſonne ; ainſi, ſi Hipparchie frappe
Théodore, elle n'en commettra envers qui que ce
ſoit. Théodore ne repondit rien à ce raiſonnement, il ſe contenta de tirer Hipparchie par la
juppe. Cette action ne l'émut, ni ne la décon-
certa; & ſur ce qu'il lui adreſſa enſuite ces paroles, „ Qui eſt cette femme qui a laiſſé ſa navette
„ auprès de ſa toile (1)?", elle repondit., *C'eſt*
moi, Théodore; mais trouvez-vous que j'aye pris un
mauvais parti d'employer à m'inſtruire le tems que
j'aurois perdu à faire de la toile? On conte d'elle pluſieurs autres traits de cette nature.

Il y a un livre de Crates, qui porte le titre de *Let-*
tres, & qui contient une excellente Philoſophie,
dont le ſtyle approche beaucoup de celui de Platon. Il compoſa auſſi des Tragedies, qui renferment des traits de la plus ſublime Philoſophie, tels que ceux-ci: *Je n'ai dans ma patrie, ni*
tour, ni toit qui m'appartienne; mais toutes les vil-
les & les maiſons de la terre ſont les lieux où je
puis habiter (2).

Il mourut fort vieux, & fut enterré en Béotie.
ME-

---

(1) Vers d'Euripide.
(2) *Menage* conjecture que tout ce paſſage ſur Crates
ſe pourroit expliquer d'Hipparchie.

MENIPPE.

MEnippe fut Philosophe Cynique, Phénicien d'origine , & esclave, selon Achaïcus dans ses *Discours de Morale*. Diocles, dit que son Maître étoit de Pont & qu'il s'appelloit *Bato*; mais à force de demander & d'amasser de l'argent, Menippe vint à bout d'acheter le droit de Citoyen de Thebes.

Il n'a rien fait qui soit digne d'éloge. Ses livres ne sont pleins que de bouffonneries , en quoi ils ressemblent à ceux de Méléagre , son contemporain. Hermippe avance qu'il pratiqua l'usure jusqu'à s'attirer le nom *d'Usurier de journée* (1). Il exerça aussi l'usure navale (2) & prêta sur gages; de sorte qu'il amassa beaucoup de bien. Mais enfin on lui tendit des piéges; il perdit tout ce qu'il avoit grapillé, & finit sa vie, en se pendant lui-même de désespoir. Voici des vers satyriques que j'ai composés à son sujet: *Vous connoissez , Menippe, Phénicien d'origine ; mais de la nature des chiens de Crete, cet Usurier*

de

---

(1) C'est-à-dire, qui recevoit chaque jour l'usure de ce qu'il avoit avancé. *Aldobrandin.*

(2) Il y a ici des variations. Voyez *Ménage.* On cite aussi les *Pandectes.* Erasme dit qu'on prenoit une plus forte usure de ceux qui alloient sur mer. *Chil.* 1167.

de journée ; c'est ainsi qu'on l'appelloit. Vous savez comment sa maison, ayant été forcée à Thebes, -il perdit tous ses biens ; mais s'il eût bien connu la nature du chien (1), *se seroit-il pendu pour cette raison ?*

Il y a des Auteurs qui croyent que les ouvrages, qu'on lui attribue, ne sont pas de lui ; mais de Denys & de Zopyre de Colophon, qui les firent par amusement, & les lui donnerent pour les mettre en ordre.

Il y a eu six Menippes. Le premier, auteur de l'*Histoire des Lydiens* & de l'*Abrégé de Xanthus.* Le second est celui dont nous parlons. Le troisieme étoit un Sophiste de Stratonice, originaire de Carie. Le quatrieme fut Statuaire. Le cinquieme & le sixieme furent Peintres. Apollodore a parlé de ces deux derniers.

Ménippe le Cynique a composé treize Volumes d'œuvres, qui sont : *Les Mânes. Des Préceptes. Des Lettres amusantes,* dans lesquelles il introduit les Dieux. *Des Traités sur les Physiciens, les Mathématiciens & les Grammairiens. Sur la Naissance d'Epicure. L'observation du vingtieme jour du mois par les Epicuriens,* sans d'autres Ecrits sur des matieres de ce genre.

ME-

(1) C'est-à-dire, s'il eût été vrai Philosophe Cynique.

MENEDEME.

MEnedeme fut difciple de Colotes de Lampfaque. Hippobote dit que fon goût pour
les prodiges l'avoit rendu fi extravagant, que
fous la figure d'une Furie il fe promenoit, en
criant *qu'il étoit venu des Enfers pour obferver
ceux qui faifoient mal, & pour en faire rapport
aux Démons à fon retour dans ces lieux.*

Voici dans quel équipage il fe montroit en
public. Il fe revêtoit d'une robe de couleur
foncée, laquelle lui defcendoit jufqu'aux talons,
& qu'il lioit d'une ceinture rouge. Il fe couvroit la tête d'un chapeau Arcadien (1), où é-
toient réprefentés les douze fignes du Zodiaque,
& fa chauffure reffembloit au Cothurne tragique.
Il portoit une longue barbe, & tenoit à la main
une baguette de bois de frêne.

Voilà les Vies des Philofophes Cyniques, confidérés chacun en particulier. Ajoutons quelque
chofe des fentimens qu'ils foutenoient en
commun; car nous regardons leur Philofophie
comme formant une Secte particulière, &
non, ainfi que le prétendent quelques-uns,
un fimple genre de vie. Un de leurs dogmes

(1) C'eft-à-dire fort grand. *Ménage.*

mes eſt donc de retrancher , à l'exemple d'A-
riſton de Chio., du nombre des connoiſſances néceſſaires tout ce qui regarde la Logique & la
Phyſique , & de ne s'appliquer qu'à la Morale,
juſque - là que ce que quelques-uns attribuent
à Socrate, Diocles le fait dire à Diogene. C'eſt
à-dire qu'il faut s'étudier à connoître ce qui ſe
paſſe de bon & de mauvais en nous-mêmes. Ils
rejettent auſſi l'étude des Humanités, & Antiſthene dit que *ceux*, *qui ſont parvenus à la ſageſ-*
ſe, *ne s'appliquent point aux Lettres*, *pour n'être*
point diſtraits par des choſes étrangeres. Ils mépriſent, pareillement la Géometrie, la Muſique
& autres ſciences ſemblables, puiſque Diogene
répondit à quelqu'un qui lui montroit un ca-
dran, que *c'étoit une invention fort utile pour ne*
pas paſſer le tems de dîner. Il dit auſſi à un
autre qui lui faiſoit voir de la Muſique, *qu'on*
gouverne des villes entières par de bonnes maximes,
& qu'on ne parviendra jamais à bien conduire une
ſeule maiſon par la Muſique.

Les Philoſophes Cyniques établiſſent pour fin,
de vivre ſelon la vertu, comme dit Antiſthene
dans *Hercule* ; en quoi ils penſent comme les
Stoïciens. En effet il y a de l'affinité entre
ces deux Sectes; de là vient qu'on a appellé la
Philoſophie Cynique *Un chemin abrégé pour ar-*
river à la Vertu. Ainſi vécut auſſi Zénon le
Cittien. Ils obſervent une grande ſimplicité

de vie , ne prennent de nourriture qu'autant
qu'elle eſt néceſſaire, & ne ſe ſervent d'autre habillement que du manteau. Ils mépriſent la richeſſe, la gloire & la nobleſſe. Pluſieurs ne ſe
nouriſſent que d'herbes, & ils ne boivent abſolument que de l'eau froide. Ils n'ont de couvert que celui qu'ils rencontrent, ne fut-ce qu'un
tonneau, à l'imitation de Diogene, qui diſoit
que *comme ce qui diſtingue principalement les*
Dieux, c'eſt qu'ils n'ont beſoin de rien; de mê-
me celui-là leur reſſemble le plus qui fait uſage de
moins de choſes.

Ils croyent, comme dit Antiſthene dans *Her-*
cule, que la vertu ſe peut apprendre , & que
lorſqu'on l'a acquiſe , elle ne peut ſe perdre. Ils
diſent que le Sage eſt digne d'être aimé , qu'il ne
péche point, qu'il eſt ami de celui qui lui reſſemble, & qu'il ne ſe fie nullement à la fortune.
Ils appellent *indifférentes* les choſes qui ſont entre
le vice & la vertu; en quoi ils ſuivent les ſentimens d'Ariſton de Chio.

Voilà pour ce qui regarde les Philoſophes Cyniques. Venons à preſent aux Stoïciens , qui
eut eu pour Chef Zénon, diſciple de Crates.

LIVRE VII.

✿✿✿✿✿✿✿✿✿✿✿✿✿✿✿✿✿✿✿✿✿✿

ZENON.

Enon, fils de Mnafée, ou de De-
mée, étoit de Cittie en Chypre.
C'eſt une petite ville Grecque, où
s'étoit établie une Colonie de Phéni-
ciens. Il avoit le cou un peu penché d'un côté,
ſuivant Timothée l'Athénien dans ſon livre des
Vies. Apollonius Tyrien nous le dépeint mince
de corps, aſſez haut de taille & bazanné ; ce
qui fut cauſe que quelqu'un le ſurnomma *Sarment*
d'Egypte, dit Chryſippe dans le premier livre de
ſes *Proverbes*. Il avoit les jambes groſſes, lâches
& foibles ; auſſi évitoit-il la plûpart du tems les
repas, ſelon le témoignage de Perſée dans ſes
Commentaires de Table. Il aimoit beaucoup, dit-
on,

ZENO

Stoicæ sectæ Auctor

Ex marmore antiquo apud L. Episcopium.

on, les figues vertes, & à fe chauffer au foleil.

Nous avons fait mention qu'il eut Crates pour Maître. On veut qu'enfuite il prit les leçons de Stilpon, & que pendant dix ans il fut auditeur de Xénocrate, au rapport de Timocrate dans *Dion*. Polémon eft encore un Philofophe, dont il fréquenta l'école. Hecaton, & Apollonius Tyrien, dans le premier livre fur *Zénon*, rapportent que ce Philofophe ayant confulté l'oracle pour favoir quel étoit le meilleur genre de vie qu'il pût embraffer, il lui fut repondu que c'étoit celui qui le feroit converfer avec les morts. Il comprit le fens de l'oracle, & s'appliqua à la lecture des Anciens. Voici comment il entra en connoiffance avec Crates. Il avoit négocié de la pourpre en Phénicie, qu'il perdit dans un naufrage près du Pirée. Pour lors déjà âgé de trente ans, il vint à Athenes, où il s'affit auprès de la boutique d'un Libraire, qui lifoit le fecond livre des *Commentaires de Xénophon*. Touché de ce fujet, il demanda où fe tenoient ces hommes-là? Le hazard voulut que Crates vint à paffer dans ce moment. Le Libraire le montra à Zénon, & lui dit: ,, Vous n'avez qu'à fuivre celui-là". Depuis lors il devint difciple de Crates; mais quoiqu'il fût d'ailleurs propre à la Philofophie, il avoit trop de modeftie pour s'accoutumer au mépris que les Philofophes Cyniques faifoient de la honte. Crates, voulant l'en

gué-

guérir, lui donna à porter un pot de lentilles à la place *Céramique*. Il remarqua qu'il fe couvroit le vifage de honte, il caffa d'un coup de fon bâton le pot qu'il portoit; de forte que les lentilles fe repandírent fur lui. Auffitôt Zénon prit la fuite, & Crates lui cria: *Pourquoi t'enfuis-tu, petit Phénicien? tu n'as reçu aucun mal.* Néanmoins cela fut caufe qu'il quitta Crates quelque tems après.

Ce fut alors qu'il écrivit fon *Traité de la République*, dont quelques-uns dirent, en badinant, qu'il l'avoit compofé *fous la queuë du Chien* (1). Il fit auffi d'autres ouvrages; fur *la Vie, conforme à la Nature*; fur *les Inclinations*, ou fur *la Nature de l'Homme*; fur *les Paffions*; fur *le Devoir*; fur *la Loi*, fur *l'Erudition Grecque*; fur *la Vûe*; fur *l'Univers*; fur *les Signes*; fur *les Sentimens de Pythagore*; fur *les Préceptes généraux*; fur *la Diction*; *cinq Queftions fur Homere*; *de la Lecture des Poëtes*, outre un *Art de Solutions*, & des *Argumens*, au nombre de deux Traités; des *Commentaires*, & la *Morale de Crates*. C'eft à quoi fe réduifent fes œuvres.

Enfin il quitta Crates, & fut enfuite pendant vingt ans difciple des Philofophes dont nous avons parlé; à propos de quoi on rapporte qu'il dit,

_____

(1) Selon *Mer. Cafauben*, c'eft une allufion à la Conftellation du Chien.

dit, *J'arrivai à bon port lorfque je fis naufrage.*
D'autres veulent qu'il fe foit énoncé en ces termes à l'honneur de Crates ; d'autres encore qu'a
yant appris le naufrage de fes marchandifes pendant qu'il demeuroit à Athenes, il dit : *La fortune fait fort bien, puifqu'elle me conduit par
là à l'étude de la Philofophie.* Enfin on prétend
auffi qu'il vendit fes marchandifes à Athenes, &
qu'il s'occupa enfuite de la Philofophie.

Il choifit donc le Portique, appellé *Pœcile*
(1), qu'on nommoit auffi *Pifianaëtée.* Le premier
de ces noms fut donné au Portique à caufe des
diverfes peintures dont Polygnote l'avoit enrichi ;
mais fous les trente Tyrans mille quatre cens citoyens y avoient été mis à mort. Zénon, voulant effacer l'odieux de cet endroit, le choifit
pour y tenir fes difcours. Ses difciples y vinrent l'écouter, & furent pour cette raifon appellés *Stoïciens*, auffi-bien que ceux qui fuivi-
rent leurs opinions. Auparavant, dit Epicure
dans fes *Lettres*, on les diftinguoit fous le nom
de *Zénoniens.* On comprenoit même antérieure-
ment fous la dénomination de *Stoïciens* les Poëtes qui fréquentoient cet endroit, comme le rapporte Eratofthene dans le huitieme livre de fon
Traité de l'Ancienne Comedie ; mais les difciples

de

(1) Le mot *Pœcile* fignifie varié. Cet endroit étoit fitué
fur le Marché. *Ménage.* Le mot Stoïcien vient d'un terme
qui fignifie *Portique.*

de Zénon rendirent ce nom encore plus illuftre.
Au refte les Athéniens eurent tant d'eftime pour
ce Philofophe, qu'ils dépoferent chez lui les clefs
de leur ville, l'honorerent d'une couronne d'or
& lui drefferent une ftatue d'airain. Ses compa-
triotes en firent autant, perfuadés qu'un pareil
monument, érigé à un fi grand homme, leur feroit
honorable. Les Cittiens imiterent leur exemple;
& Antigone lui-même lui accorda fa bienveillance.
Il alla l'écouter lorfqu'il vint à Athenes, & le
pria avec inftance de venir le voir; ce qu'il refufa. Zénon lui envoya Perfée, l'un de fes amis,
fils de Demetrius & Cittien de naiffance, qui
fleuriffoit vers la CXXX. Olympiade, tems auquel
le Philofophe étoit déjà fur l'âge. Apollonius
de Tyr, dans fes *Ecrits fur Zénon*, nous a con-
fervé la lettre qu'Antigone lui écrivit.

Le Roi Antigone au Philofophe Zénon, falut.

„ Du côté de la fortune & de la gloire, je
„ crois que la vie, que je mene, vaut mieux
„ que la vôtre; mais je ne doute pas que je ne
„ vous fois inférieur, fi je confidere l'ufage que
„ vous faites de la raifon, les lumieres qui vous
„ font acquifes, & le vrai bonheur dont vous jouïf-
„ fez. Ces raifons m'engagent à vous prier de
„ vous rendre auprès de moi, & je me flatte que
„ vous ne ferez point de difficulté de confentir

à ma demande. Levez donc tous les obſtacles qui pourroient vous, empêcher de lier commerce avec moi. Conſidérez ſur-tout que non ſeulement vous deviendrez mon maître; mais que vous ſerez en même tems celui de tous les Macédoniens, mes ſujets. En·inſtruiſant „ leur Roi, en le portant à la vertu , vous leur „ donnerez en ma perſonne un modele à ſuivre „ pour ſe conduire ſelon l'équité & la raiſon , „ puiſque tel eſt celui qui commande, tels ſont „ ordinairement ceux qui obéiſſent".

Zénon lui répondit en ces termes:

Zénon au Roi Antigone, ſalut.

„ Je reconnois avec plaiſir l'empreſſement que „ vous avez de vous inſtruire & d'acquerir „ de ſolides connoiſſances qui vous ſoient uti- „ les, ſans vous borner à une ſcience vulgaire, „ dont l'étude n'eſt propre qu'à dérégler les „ mœurs. Celui, qui ſe donne à la Philoſophie, „ qui a ſoin d'éviter cette volupté ſi commune, „ ſi capable d'émouſſer l'eſprit de la jeuneſſe, „ annoblit ſes ſentimens, je ne dis par inclina- „ tion naturelle, mais auſſi par principe. Au reſ- „ te, quand un heureux naturel eſt ſoutenu par „ l'exercice, & fortifié par une bonne inſtruc- „ tion , il ne tarde pas à ſe faire une parfaite „ notion de la vertu. Pour moi, qui ſuccom-

„ be

„ be à la foibleſſe du corps, fruit d'une vieilleſſe
„ de quatre-vingts ans , je crois pouvoir me
„ diſpenſer de me rendre auprès de votre per-
„ ſonne. Souffrez donc que je ſubſtitue à ma
„ place quelques-uns de mes Compagnons d'étu-
„ de, qui ne me ſont point inférieurs en dons de
„ l'eſprit, & qui me ſurpaſſent pour la vigueur
„ du corps. Si vous les fréquentez, j'ôſe me
„ promettre que vous ne manquerez d'aucun des
„ ſecours qui peuvent vous rendre parfaitement
„ heureux".

Ceux, que Zénon envoya à Antigone, furent
Perſée, & Philonide Thébain. · Epicure a parlé
d'eux, comme d'amis de ce Roi, dans ſa lettre
à ſon frere Ariſtobule (1).

Il me paroît à propos d'ajouter ici le Décret
que rendirent les Athéniens à l'honneur de Zénon ; le voici.

Décret.

*Sous l'Archontat d'Arrenidas, la Tribu d'Aca-
mantis, la cinquieme en tour, exerçant le Pritanéat, la troiſieme dixaine de jours du mois de Sep-
tembre, le vingt-troiſieme du Pritanéat courant,
l'Aſſemblée principale des Préſidens a pris ſes concluſions ſous la préſidence d'Hippo, fils de Cratiſtote-*
le,

(1) D'autres corrigent, Ariſtodemé.

le, *de Xympetéon & de leurs Collegues; Thrafon,
fils de Thrafon du bourg d'Anacaïe, difant ce
qui fuit :*

„ Comme Zénon, fils de Mnaſée, Cittien
„ de naiſſance, a employé pluſieurs années dans
„ cette ville à cultiver la Philoſophie; qu'il s'eſt
„ montré homme de bien dans toutes les au-
„ tres choſes auxquelles il s'eſt adonné; qu'il a
„ exhorté à la vertu & à la ſageſſe les jeunes
„ gens qui venoient prendre ſes inſtructions;
„ & qu'il a excité tout le monde à bien faire par
„ l'exemple de ſa propre vie, toujours conforme
„ à ſa doctrine, le Peuple a jugé, ſous de fa-
„ vorables auſpices, devoir recompenſer Zénón
„ Cittien, fils de Mnaſée, & le couronner
„ avec juſtice d'une Couronne d'or pour ſa vertu
„ & ſa ſageſſe. De plus, il a été réſolu de lui
„ élever une tombe publique dans la place *Céra-*
„ *mique*, cinq hommes d'Athenes étant déſignés,
„ avec ordre de fabriquer la Couronne & de con-
„ ſtruire la tombe. Le préſent Décret ſera couché
„ par l'Ecrivain ſur deux Colomnes, dont il
„ pourra en dreſſer une dans l'Academie, &
„ l'autre dans le Lycée. Les dépenſes de ces
„ Colomnes ſe feront par l'Adminiſtrateur des
„ deniers publics, afin que tout le monde ſa-
„ che que les Athéniens honorent les gens de
„ bien, autant pendant leur vie qu'après leur
„ mort ".

D 5   Les

Les perfonnes, choifies pour la conftruction de ces monumens, furent Thrafon du bourg d'Anacaïe, Philocles du Pirée, Phedre du bourg d'Ana- plyfte, Melon du bourg d'Acharne, Mycythus du bourg de Sypallete, & Dion du bourg de Pæanie.

Antigone de Caryfte dit qu'il ne céla point fa patrie; qu'au contraire, comme il fut un de ceux qui contribuerent à la réparation du bain, fon nom ayant été ecrit fur une Colomne de cet- te maniere, *Zénon le Philofophe*, il voulut qu'on y ajoutât le mot de *Cittien*. Un jour il prit le couvercle d'un vaiffeau où l'on mettoit l'huile pour les Athletes, & après l'avoir creufé, il le porta par-tout pour y recueillir l'argent qu'il col- lectoit en faveur de fon Maître Crates. On affû- re que lorfqu'il vint en Grece, il étoit riche de plus de mille talens, qu'il prêtoit à intérêt aux gens qui alloient fur mer.

Il fe nourriffoit de petits pains, de miel & d'un peu de vin aromatique. Il ne faifoit gue- res d'attention aux filles, & ne fe fervit qu'une ou deux fois d'une fervante, afin de n'avoir pas le nom de haïr les femmes. Lui & Perfée ha- bitoient une même maifon, où celui-ci ayant quelque jour introduit auprès de lui une joueufe de flûte, il la tira de là & la reconduifit à celui qui la lui avoit envoyée. Il étoit fort accom- modant; auffi le Roi Antigone venoit fouvent

fonsouper chez lui, ou le menoit souper chez Aristoclée le Muficien; liaifon à laquelle il renonça dans la fuite.

On dit qu'il évitoit d'affembler beaucoup de monde autour de lui, & que pour fe débarraffer de la foule, il s'affeyoit au haut de l'efcalier (1). Il ne fe promenoit gueres qu'avec deux ou trois perfonnes, & exigeoit quelquefois un denier de ceux qui l'entouroient, afin d'écarter la multitude, comme le rapporte Cléanthe dans fon Traité de *l'Airain*. Un jour que la preffe étoit fort grande, il montra aux affiftans la baluftrade de bois d'un Autel au haut du Portique, & leur dit: *Autrefois ceci en faifoit le milieu; mais comme on en recevoit de l'embarras, on le tranfpofa dans un endroit féparé: de même fi vous vous étiez du milieu d'ici, vous nous embarrafferiez moins.*

Démochare, fils de Lachès, vint le faluer, & lui demanda s'il avoit quelque commiffion à lui donner pour Antigone, qui fe feroit un plaifir de l'obliger. Ce compliment lui déplut fi fort, que depuis ce moment il rompit tout commerce avec lui. On rapporte auffi qu'après la mort de Zé-

(1) *Ménage* & autres Interprêtes Latins ne difent rien fur ce paffage; *Boileau* & *Fougerolles* le défigurent. Je crois qu'il s'agit du monde qui s'affembloit autour de Zénon lorfqu'il donnoit fes leçons, & je fuppofe qu'il y avoit des dégrés au Portique du Pœcile, où il fe tenoit, & que c'eft de ce Portique que parle Diogene Laërce.

D 6

Zénon, Antigone dit qu'il avoit perdu en lui un homme qu'il ne pouvoit assez admirer, & qu'il envoya Thrason aux Athéniens pour les prier d'enterrer le corps du Philosophe dans la place *Céramique.* On demandoit à ce Prince pourquoi il admiroit tant Zénon. Il répondit que c'étoit „ parce que ce Philosophe, malgré les grands „ présens qu'il avoit reçus de lui, n'en étoit „ devenu ni plus orgueilleux, ni plus hu- „ milié".

Zénon étoit fort curieux, & apportoit beaucoup de soin à ses recherches. De là vient que Timon, dans ses *Vers satyriques,* l'apostrophe en ces termes:

J'ai vû une vieille goulue de Phénicienne à l'ombre de son orgueil, avide de tout; mais ne retenant rien, non plus qu'un petit panier percé, & ayant moins d'esprit qu'un violon (1).

Il étudioit avec Philon le Dialecticien. Comme étant jeune, il disputoit assidûment avec lui, cette fréquentation l'accoutuma à n'avoir pas moins d'admiration pour ce compagnon d'étude que pour Diodore son Maître (2).

Zénon avoit souvent autour de lui des gens mal-propres & mal vêtus; ce qui donna occasion à Ti-

(1) *Etienne* traduit le mot de l'original *un instrument à quatre cordes.* C'étoit apparemment une espece de violon.

(2) Il y a des variations sur ce passage.

Timon de l'accufer qu'il aimoit à attrouper tout
ce qui fe trouvoit de gens pauvres & inutiles
dans la ville. Il avoit l'air trifte & chagrin, ridoit
le front, tiroit la bouche, & paroiffoit fort grof-
fier. Il étoit d'une étrange lezine, mais qu'il traitoit
de bonne économie. Il reprenoit les gens d'une manière concife & modérée, en amenant la chofe de
loin. Par exemple, il dit à un homme, fort
affecté, qui paffoit lentement par-deffus un égout,
*Il a raifon de craindre la boue; car il n'y a pas
moyen de s'y mirer.* Un Philofophe Cynique,
n'ayant plus d'huile dans fa phiole, vint le prier
de lui en donner. Il lui en refufa, & comme il
s'en alloit, il lui dit de confidérer qui des deux
étoit le plus effronté. Un jour qu'il fe fentoit
de la difpofition à la volupté, & qu'il étoit affis
avec Cléanthe auprès de Chrémonide, il fe leva
tout à coup. Cléanthe en ayant marqué de la furprife, *J'ai appris,* dit-il, *que les bons Médecins,
ne trouvent point de meilleur remede que le repas contre les inflammations.* Il étoit couché à
un repas au-deffus de deux perfonnes, dont l'une
pouffoit l'autre du pied. S'en étant apperçu, il
fe mit auffi à pouffer du genou, & dit à celui qui
fe retourna fur lui : *Si cela vous incommode, combien n'incommodez-vous pas votre voifin?* Un homme aimoit beaucoup les enfans. *Sachez,* lui dit
Zénon, *que les Maîtres, qui font toujours avec les
enfans, n'ont pas plus d'efprit qu'eux.* Il difoit

D 7   que

que ceux, dont les difcours étoient bien rangés,
coulans & fans défaut, reffembloient à la monnoye
d'Alexandrie, qui, quoique belle & bien marquée, n'en étoit pas moins de mauvais alloi:
au-lieu que les propos d'autres, où il n'y
avoit ni fuite, ni exactitude, étoient com-
parables aux piéces Attiques de quatre drachmes. Il ajoutoit que la négligence furpaffoit
quelquefois l'ornement dans les expreffions, &
que fouvent la fimplicité de l'élocution de l'un
entrainoit celui qui faifoit choix de termes plus
élevés. Un jour qu'Ariston, fon difciple, énon-
çoit mal certaines chofes, quelques-unes hardiment, & d'autres avec précipitation : *Il faut
croire*, lui dit-il, *que votre pere vous a engendré dans
un moment d'yvreffe.* Il l'appelloit *babillard*,
avec d'autant plus de raifon qu'il étoit lui-même
fort laconique. Il fe trouva à dîner avec un
grand gourmand qui avaloit tout, fans rien laiffer
aux autres. On fervit un gros poiffon, il le tira
vers lui comme s'il avoit voulu le manger feul,
& l'autre l'ayant regardé, il lui dit : *Si vous ne pouvez un feul jour fouffrir ma gourmandife, combien
penfez-vous que la vôtre doive journellement déplai-
re à vos camarades?* Un jeune garçon faifoit
des queftions plus curieufes que ne comportoit fon
âge. Il le mena vis-à-vis d'un miroir; *Voyez,
lui dit-il, regardez-vous, & jugez fi vos
queftions font afforties à votre jeuneffe.* Quelqu'un

qu'un trouvoit à redire à plufieurs penfées d'Antifthene. Zénon lui préfenta un Difcours de Sophocle, & lui demanda s'il ne croyoit pas qu'il contint de belles & bonnes chofes. L'autre repondit qu'il n'en favoit rien. *N'avez vous donc pas honte*, reprit Zénon, *de vous fouvenir de ce qu'Antifthene peut avoir mal dit, & de négliger d'apprendre ce qu'on a dit de bon?* Un autre fe plaignoit de la briéveté des difcours des Philofo-phes. *Vous avez raifon*, lui dit Zénon; *il faudroit même, s'il étoit poffible, qu'ils abrégeaffent jufqu'à leurs fyllabes.* Un troifieme blâmoit Pole-mon de ce qu'il avoit coutume de prendre une matiere & d'en traiter une autre. A ce reproche il fronça le fourcil, & lui fit cette reponfe: *Il pa-roît que vous faifiez grand cas de ce qu'on vous don-noit* (1). Il difoit que celui, qui difpute de quelque chofe, doit reffembler aux Comédiens, avoir la voix bonne & la poitrine forte; mais ne pas trop ouvrir la bouche; coutume ordinaire des grands parleurs, qui ne débitent que des fadaifes. Il ajoutoit que ceux, qui parlent bien, avoient à imiter les bons Artifans, qui ne changent point de lieu pour fe donner en fpectacle, & que ceux, qui les écoutent, doivent être fi atten-tifs, qu'ils n'ayent pas le tems de faire des re-

mar-

---

(1) Allufion à ce que Polemon enfeignoit pour rien. *Fougerolles.*

marques (1). Un jeune homme, parlant beaucoup en fa préfence, il l'interrompit par ces paroles : *Mes oreilles fe font fondues dans ta langue*
(2). Il repondit à un bel homme, qui ne pouvoit
fe figurer que le Sage dût avoir de l'amour :
*Il n'y a rien de plus miférable que l'homme qui
brille par la beauté du corps.* Il accufoit la plûpart des Philofophes de manquer de fageffe dans
les grandes chofes, & d'expérience dans les petites, & qui font fujettes au hazard. Il citoit
Daphefius fur ce qu'entendant un de fes difciples
entonner un grand air de Mufique, il lui donna un
coup pour lui apprendre que ce n'eft pas dans la
grandeur d'une chofe que confifte fa bonté ; mais
que fa bonté eft renfermée dans fa grandeur. Un
jeune drôle difputoit plus hardiment qu'il ne lui
convenoit, *Jeune homme*, lui dit Zénon, *je ne te
dirai pas ce que j'ai rencontré aujourd'hui.* On raconte
qu'un autre jeune homme Rhodien, beau, ri-
che, mais qui n'avoit d'autre mérite de plus,
vint fe fourrer parmi fes difciples. Zénon, qui
ne fe foucioit pas de le recevoir, le fit d'abord
affeoir fur les dégrés, qui étoient pleins de pouf-
fière, afin qu'il y falît fes habits. Enfuite il le
mit dans la place des pauvres, à deffein d'ache-
ver de gâter fes ajuftemens, jufqu'à ce qu'enfin
le

(1) Selon *Kuknius*, il faut traduire, *de faire des geftes
d'applaudiffement* ; l'un vaut l'autre pour le fens.
(2) C'eft-à-dire qu'il devroit écouter autant qu'il parloit.

le jeune homme, rebuté de ces façons, prit le parti de se retirer.

Il disoit que rien ne sied plus mal que l'orgueil, sur-tout aux jeunes gens, & qu'il ne suffit pas de retenir les phrases & les termes d'un bon discours; mais qu'il faut s'appliquer à en saisir l'esprit, afin de ne pas le recevoir comme on avale un bouillon, ou quelque autre aliment. Il recommandoit la bienséance aux jeunes gens dans leur démarche, leur air & leur habillement, & leur citoit fréquemment ces vers d'Euripide sur Capanée.

Quoiqu'il eût dequoi vivre, il ne s'enorgueillissoit pas de sa fortune; il n'avoit pas plus de vanité que n'en a un nécessiteux. Zénon soutenoit que rien ne rend moins propre aux Sciences que la Poësie, & que le tems étoit de toutes les choses celle dont nous avons le plus besoin. Interrogé sur ce qu'est un ami, il dit que *c'étoit un autre soi-même.* On raconte qu'un esclave, qu'il punissoit pour cause de vol, imputant cette mauvaise habitude à sa destinée, il répondit; *Elle a aussi réglé que tu en serois puni.* Il disoit que la beauté est l'agrément (1) de la voix; d'autres veulent qu'il ait dit que la voix est l'agrément de la beauté. Le Domestique d'un de ses amis parut devant lui, tout meurtri de coups: *Je vois,* dit-il au Maître,

les

(1) Il y a dans le Grec, *la fleur* de la voix.

les marques de votre paßion. Examinant quelqu'un qui étoit parfumé, il s'informa qui étoit cet homme qui fentoit la femme. Denys *le Trans-fuge* demandoit à Zénon d'où vient il étoit le feul à qui il n'adreſſât point de corrections; il repondit que *c'étoit parce qu'il n'avoit point de con-fiance en lui.* Un jeune garçon parloit inconfi-dérément: *Nous avons*, lui dit-il, *deux oreilles & une feule bouche., pour nous apprendre que nous devons beaucoup plus écouter que parler.* Il aſſiſtoit à un repas, où il ne difoit mot; on voulut en fa-voir la raifon: *Afin*, répondit-il, *que vous rap-portiez au Roi qu'il y a ici quelqu'un qui fait fe taire.* Il faut remarquer que ceux, à qui il fai-foit cette réponfe, étoient venus exprès de la part de Ptolomée pour épier la conduite du Philo-fophe & en faire rapport à leur Prince. On de-mandoit à Zénon comment il en agiroit avec un homme qui l'accableroit d'injures: *Comme avec un Envoyé que l'on congédie fans réponfe*, repliqua-t-il. Apollonius Tyrien rapporte que Crates le tira par fon habit pour l'empêcher de fuivre Stil-pon, & que Zénon lui dit: *Crates, on ne peut bien prendre les Philofophes que par l'oreille. Quand vous m'aurez perfuadé, tirez-moi par là; autrement fi vous me faites violence, je ferai bien préfent de corps auprès de vous, mais j'aurai l'efprit auprès de Stilpon.*

Hippobote dit qu'il converfa avec Diodore,

fous lequel il s'appliqua à la Dialectique. Quoiqu'il
y eût dejà fait de grands progrès, il ne laiſſoit
pas, pour dompter ſon amour propre, de courir
aux inſtructions de Polémon.   On raconte qu'à
cette occaſion celui-ci lui dit : „ En vain , Zénon,
„ vous vous cachez ; nous ſavons que vous vous
„ gliſſez ici par les portes de notre jardin pour
„ dérober nos Dogmes, que vous habillez enſuite
„ à la Phénicienne (1)". Un Dialecticien lui montra
ſept idées de Dialectique dans un Syllogiſme,
appellé *meſurant* (2). Il lui demanda ce qu'il en
vouloit,   & l'autre en ayant exigé cent drachmes, il en paya cent de plus , tant il étoit curieux
de s'inſtruire.

On prétend qu'il eſt le premier qui employa
le mot de *devoir*, & qu'il en fit un Traité.   Il
changea auſſi deux vers d'Héſiode de cette maniere :
Il faut approuver celui qui s'inſtruit, de ce qu'il entend
dire de bon, & plaindre celui qui veut tout apprendre
par lui-même (3). Il croyoit en effet que tel, qui
prêtoit attention à ce que l'on diſoit, & ſavoit
en profiter, étoit plus louable que tel autre qui
devoit toutes ſes idées à ſes propres méditations,
parce que celui-ci ne faiſoit paroître que de l'in-
tel-

---

(1) Diodore étoit de la Secte Mégarique.   Ces Philoſophes enſeignoient dans un jardin. *Ménage.*
(2) C'eſt le nom d'une eſpece de Syllogiſme.   Les Anciens appelloient leurs Syllogiſmes de divers noms.
(3) Héſiode avoit dit tout le contraire.

telligence, au-lieu que celui-là, en se laissant persuader, joignoit la pratique à l'intelligence. On lui demandoit pourquoi lui, qui étoit si sérieux, s'égayoit dans un repas. *Les lupins*, dit-il, *quoiqu'ameres, perdent leur amertume dans l'eau.* Hecaton, dans le deuxieme livre de ses *Chries*, confirme qu'il se relâchoit de son humeur dans ces sortes d'occasions, qu'il disoit qu'il valoit mieux cheoir par les pieds que par la langue, & que quoiqu'une chose ne fût qu'à peu près bien faite, elle n'en étoit pas pour cela une de peu d'importance. D'autres donnent cette pensée à Socrate.

Zénon, dans sa maniere de vivre, pratiquoit la patience & la simplicité. Il se nourrissoit de choses qui n'avoient pas besoin d'être cuites, & s'habilloit legérement. De là vient ce qu'on disoit de lui, que *ni les rigueurs de l'hyver, ni les pluyes, ni l'ardeur du soleil, ni les maladies accablantes, ni tout ce qu'on estime communément, ne purent jamais vaincre sa constance, laquelle égala toujours l'assiduité avec laquelle il s'attacha jour & nuit à l'étude.*

Les Poëtes Comiques même n'ont pas pris garde que leurs traits envénimés tournoient à sa louange, comme quand Philemon lui reproche dans une *Comedie aux Philosophes:*

Ses mêts sont des figues, qu'il mange avec du pain; sa boisson est l'eau claire. Ce genre de vie
s'ac-

s'accorde avec une nouvelle Philosophie qu'il enseigne,
& qui consiste à endurer la faim; encore ne laisse-
t-il pas de s'attirer des disciples.

D'autres attribuent ces vers à Posidippe. Au
reste il est même presque passé en Proverbe de
dire: *Plus temperant que le Philosophe Zénon.* Posidippe, dans sa Piéce intitulée, *Ceux qui ont*
changé de lieu, dit: *Dix fois plus sobre que*
Zénon.

En effet il surpassoit tout le monde, tant du
côté de la tempérance & de la gravité, qu'à l'égard
de son grand âge, puisqu'il mourut âgé de qua-
tre-vingt-dix-huit ans qu'il passa heureusement
sans maladie, quoique Persée, dans ses *Recréa-*
tions Morales, ne lui donne que soixante-&-dou-
ze ans au tems de son décés. Il en avoit vingt-
deux lorsqu'il vint à Athenes, & présida à son
école cinquante-huit ans, à ce que dit Apollonius.
Voici quelle fut sa fin. En sortant de son école,
il tomba & se cassa un doigt. Il se mit alors à
frapper la terre de sa main, & après avoir pro-
feré ce vers de la *Tragedie* de Niobe, *Je viens,*
pourquoi m'appelles-tu ? il s'étrangla lui-même.
Les Athéniens l'enterrerent dans la place *Cérami-*
que, & rendirent témoignage à sa vertu, en sta-
tuant à son honneur le Décret dont nous avons
parlé. L'Epigramme suivante est celle qu'Antipater de Sidon composa à sa louange.

Ci-gît Zénon, qui fit les délices de Cittie sa pa-
trie.

trie. Il eſt monté dans l'Olympe, non en mettant le mont Oſſa ſur le mont Pelion ; car ces travaux ne ſont pas des effets de la vertu d'Hercule. La ſa. geſſe ſeule lui a ſervi de guide dans la route qui mene ſans détour au Ciel.

Celle-ci eſt de Zénodote le Stoïcien, diſciple de Diogene.

Zénon, toi dont le front chauve fait le plus bel ornement, tu as trouvé l'art de ſe ſuffire à ſoi-même dans le mépris d'une vaine richeſſe. Auteur d'une ſcience mâle, ton génie a donné naiſſance à une Secte, qui eſt la mere d'une courageuſe indépendance. L'Envie ne peut même te reprocher d'avoir eu la Phénicie pour patrie. Mais ne fut-elle pas celle de Cadmus, à qui la Grece eſt redevable de la ſource où elle a puiſé ſon érudition? Athenée, Poëte Epigrammatiſte, en a fait une ſur tous les Stoïciens en général ; la voici :

O vous ! Auteurs des maximes Stoïciennes, vous dont les ſaints ouvrages contiennent les plus excellentes vérités, que vous avez raiſon de dire que la vertu eſt le ſeul bien de l'Ame ! Elle ſeule protege la vie des hommes, & garde les Cités. Si d'autres regardent la volupté corporelle comme leur dernière fin ; ce n'eſt qu'une des Muſes qui le leur a perſuadé (1).

Aux

(1) C'eſt-à-dire Thalie, nom d'une des Graces de la Fable, & auſſi d'une des Muſes qui préſidoit ſur les fruits de la terre. De là vient que Thalie ſignifie quel-

Aux particularités de la mort du Philofophe
j'ajoûterai des vers de ma façon, inferés dans
mon Recueil de vers de toutes fortes de mefures.

On varie fur le genre de mort de Zénon de Cit-
tie. Les uns veulent qu'il finît fa vie, épuifé
d'années; les autres foutiennent qu'il la perdit pour
s'être privé de nourriture; quelques autres encore
prétendent que s'étant bleffé par une chûte, il frap-
pa la terre de fa main & dit : „ Je viens de
„ moi-même, ô mort! pourquoi m'appelles-tu ?"

En effet il y a des Auteurs, qui affûrent qu'il
mourut de cette derniere maniere, & voilà ce
qu'on a à dire fur la mort de ce Philofophe. Demetrius de Magnéfie, dans fon livre *des Poëtes*
de même nom, rapporte que Mnafée, pere de
Zénon, alloit fouvent à Athènes pour fon négoce; qu'il en rapportoit des ouvrages philofophiques des difciples de Socrate; qu'il les donnoit
à fon fils; que celui-ci, qui n'étoit encore qu'un
enfant, prenoit déjà dès lors du goût pour
la Philofophie; que cela fut caufe qu'il quitta
fa patrie & vint à Athenes, où il s'attacha à
Crates. Le même Auteur ajoute qu'il eft vraifemblable qu'il mit fin aux erreurs où l'on

é-

quefois la volupté. Voyez *le Thréfor* d'Etienne. La fin
de ces vers paroît défigner les Epicuriens. *Meiboom.* Au
refte Diogene Laërce les a déjà rapportés dans la vie
d'Antifthene.

étoit tombé au sujet des Enonciations (1).
On dit aussi qu'il juroit par le Caprier (2), comme Socrate par le Chien. Il y a cependant des
Auteurs, du nombre desquels est Cassius *le Pyr-*
rbonién, qui accusent Zénon, premiérement de
ce qu'au commencement de sa *République* il avance que l'étude des Humanités est inutile; en se,
cond lieu de ce qu'il · déclare esclaves & étran.
gers, ennemis les uns des autres, tous ceux qui
ne s'appliquent pas à la vertu, sans même exclu-
re les parens à l'égard de leurs enfans, les freres à l'égard de leurs freres, & les proches,
les uns à l'égard des autres. Ils l'accusent de
plus d'assûrer dans sa *République* qu'il n'y a que
ceux, qui s'adonnent à la vertu, à qui appartienne réellement la qualité de parens, d'amis, de
citoyens & de personnes libres; de sorte que les
Stoïciens haïssent leurs parens & leurs enfans qui
ne font pas profession d'être sages. Un autre
grief est d'avoir enseigné, comme Platon dans
sa *République,* que les femmes doivent être communes, & d'avoir insinué dans un ouvrage, qui
contient deux cens verfets (3), qu'il ne faut

a.

(1) Terme de Logique, qui revient à celui de proposition.
(1) Plante. Voyez *Etienne, Pline, Richelet.*
(3) Le mot de *versets* n'est point dans l'original. *Al-*
debrandin ne sait personne qui ait expliqué *ces deux cens.*
Menage croit que c'est un ouvrage, & se fonde sur un
endroit pareil de la Vie de Chrysippe, où il est parlé
d'un ouvrage sur Jupiter & Junon.

avoir dans les villes ni Temples, ni Tribunaux de justice, ni Lieux d'exercice ; qu'il est à propos de ne pas se pourvoir d'argent, soit pour voyager, ou pour faire des échanges ; que les hommes & les femmes doivent s'habiller uniformément, sans laisser aucune partie du corps à découvert.

Chrysippe, dans son livre sur *la République*, atteste que celui de Zénon sous le même titre est de la composition de ce Philosophe. Il a aussi écrit sur l'amour dans le commencement d'un ouvrage, intitulé, de *l'Art d'aimer*. Il traite encore de pareils sujets dans ses *Conversations*. Quelques-uns de ces reproches, qu'on fait aux Stoïciens, se trouvent dans Cassius & dans le Rhéteur Isidore, qui dit, que le Stoïcien Athénodore, à qui on avoit confié la garde de la bibliothéque de Pergame, biffa des livres des Philosophes de sa Secte tous les passages dignes de censure ; mais qu'ensuite ils furent restitués lorsqu'Athénodore, ayant été découvert, courut risque d'en être puni (1). Voilà pour ce qui regarde les dogmes qu'on condamne dans les Stoïciens.

Il

____

(1) Le savant *le Clerc* a fait usage de cet exemple dans son *Art Critique*, T. 2. p. 277. où il parle des corruptions frauduleuses des Manuscrits, & on peut remarquer, par cet exemple même, que ce qui empêche qu'on ne puisse inferer de là le Pyrrhonisme historique, c'est que des corruptions considérables, comme celle-là, ne pouvoient guères rester cachées.

Tome II. E

Il y a eu huit Zénons. Le premier eſt celui d'Elée, duquel nous parlerons ci-après. Le ſecond eſt le Philoſophe dont nous avons décrit la Vie. Le troiſieme, natif de Rhodes, a donné en un volume l'Hiſtoire de ſon pays. Le quatrieme, Hiſtorien, a traité de l'expédition de Pyrrhus en Italie & en Sicile, outre un Abrégé, qu'on a de lui, des Faits des Romains & des Carthaginois. Le cinquieme, diſciple de Chryſippe, a peu écrit, mais a laiſſé beaucoup de diſciples. Le ſixieme, qui fut Médecin de la Secte d'Hérophile, avoit du génie, mais peu de capacité pour écrire. Le ſeptieme, Grammairien, a compoſé des Epigrammes & d'autres choſes. Le huitieme, natif de Sidon & Philoſophe Epicurien, avoit tout à la fois de l'eſprit & du talent pour l'élocution.

Zénon eut beaucoup de diſciples, dont les plus célebres furent Perſée Cittien, & fils de Demetrius. Quelques-uns le font ami, d'autres domeſtique de Zénon, & l'un de ceux qu'Antigone lui avoit envoyés pour l'aider à écrire. On dit auſſi que ce Prince lui confia l'éducation de ſon fils Alcyonée, & que voulant ſonder ſes ſentimens, il lui fit porter la fauſſe nouvelle que les ennemis avoient ravagé ſes terres. Comme Perſée en témoignoit du chagrin, ,, Vous voyez, ,, lui dit Antigone, que les richeſſes ne ſont pas ,, indifférentes". On lui attribue les ouvrages

ſuifuivans : *De la Royauté. De la République de La-cédemone. Des Nôces. De l'Impiété. Thyefte. De l'Amour. Des Difcours d'exhortation. Des Converfations. Quatre Difcours*, intitulés, *Cbries. Des Commentaires*, & *fept Difcours fur les Loix de Platon.*

Zénon eut encore pour difciples Arifton de Chio, fils de Miltiade, lequel introduifit le dogme de l'Indifférence (1); Herille de Carthage, qui établiffoit la fcience pour fin; Denys d'Heraclée, qui changea de fentiment pour s'abandonner à la volupté, à caufe d'un mal lui furvenu aux yeux, dont la violence ne lui permettoit plus de foutenir que la douleur eft indifférente; Spherus, natif du Bofphore; Cléanthe d'Affe, fils de Phanius, qui fuccéda à l'école de fon Maître. Zénon avoit coutume de le comparer à ces tablettes enduites de cire forte; fur lefquelles les caracteres fe tracent avec peine; mais s'y confervent plus longtems. Au refte après la mort de Zénon, Spherus devint difciple de Cléanthe, dans la Vie duquel nous nous réfervons de parler de ce qui le regarde perfonnellement. Hippobote range au nombre des difciples de Zénon Athénodore de Soles, Philonide de Thebes, Calippe de Corinthe, Pofidonius d'Alexandrie & Zénon de Sidon.

J'ai

(1) C'eft-à-dire qui en faifoit le fouverain bien. *If. Cafaubon.*

E 2

J'ai cru qu'il étoit à propos d'expofer en général les dogmes des Stoïciens dans la Vie particuliere de Zénon, puifqu'il en a inftitué la
Secte. Nous avons une lifte de fes ouvrages, qui
font plus favans que ceux de tous fes fectateurs.
Voici les fentimens qu'ils tiennent en commun;
nous les rapporterons fommairement à notre ordinaire.

Les Stoïciens divifent la Philofophie en trois
parties; en Phyfique, Morale, & Logique. Cette divifion, faite premiérement par Zénon le Cittien dans fon Traité du *Difcours*, a été enfuite
adoptée par Chryfippe dans la premiere partie de
fa *Phyfique*, par Apollodore Ephillus (1) dans
le premier livre de fon *Introduction aux Opinions*,
par Eudromus dans fes *Elemens de Morale*, par
Diogene de Babylone & par Pofidonius. Apollodore donne à ces diverfes parties de la Philofophie le nom de *Lieux*, Chryfippe & Eudromus
celui d'*Efpeces*; d'autres les appellent *Genres*.
Ils comparent la Philofophie à un Animal, dont
ils difent que les os & les nerfs font la Logique,
les chairs la Morale, & l'ame la Phyfique. Ils
la mettent auffi en parallèle avec un œuf, dont
ils appliquent l'extérieur à la Logique, ce qui
fuit à la Morale, & l'intérieur à la Phyfique. Ils
em-

---

(1) *Menage* corrige le nom *Ephillus*; il eft pourtant
dans *Voffius*, Hift. Gr.

employent encore la comparaiſon d'un champ
fertile , dont ils prennent figurément la haye
pour la Logique, les fruits pour la Morale , &
la terre ou les arbres pour la Phyſique.   D'autres ſe repréſentent la Philoſophie comme une
Ville bien entourée de murailles & ſagement
gouvernée, ſans donner la préférence à aucune
des trois parties.   Quelques-uns même parmi eux
les prennent pour un mêlange qui conſtitue un
corps de ſcience, & les enſeignent indiſtincte-
ment comme mêlées enſemble.

Il y en a qui, ainſi que Zénon dans ſon livre
du *Diſcours*, Chryſippe, Archedeme & Eudromus,
admettent la Logique pour la premiere, la Phyſique pour la ſeconde & la Morale pour la troiſieme.   Diogene de Ptolemaïs commence par la
Morale, & Apollodore la place dans le ſecond
rang.   Phanias, au premier livre des *Amuſemens
de Poſidonius*, dit que ce Philoſophe ſon ami, de
même que Panetius, commencent par la Phyſique.
Des trois parties de la Philoſophie Cléanthe en
fait ſix, la Dialectique, la Rhétorique, la Morale, la Politique, la Phyſique & la Théologie.
D'autres ſont du ſentiment de Zénon de Tarſe,
qui regarde ces parties, non comme une diviſion de diſcours ; mais comme différentes branches de la Philoſophie elle-même.

La plûpart partagent la Logique en deux ſciences, dont l'une eſt la Rhétorique, & l'autre la

Dialectique, à quoi quelques-uns ajoutent une
espece de science définie, qui a pour objet les
regles & les jugemens; mais que quelques autres
divisent de nouveau, entant que concernant les
regles & les jugemens, elle conduit à découvrir
la vérité, à laquelle ils rapportent la diversité
des opinions. Ils se servent de cette science
définie pour reconnoître la vérité, parce que c'est
par les idées qu'on a des choses, que se conçoivent les choses mêmes. Les Stoïciens appellent la Rhétorique *L'Art de bien dire & de persuader*, & nomment la Dialectique *La Méthode de
raisonner proprement par demandes & réponses*; aussi
la définissent-ils de cette maniere: *La Science de
connoître le vrai & le faux, & ce qui n'est ni l'un,
ni l'autre* (1). Ils assignent à la Rhétorique trois
parties, qui consistent à délibérer, à juger & à
démontrer. Ils y distinguent l'invention, l'expression, l'arrangement, l'action, & partagent
un discours oratoire en exorde, narration, ré-
futation & conclusion. Ils établissent dans la
Dialectique une division en choses dont la figure
porte la signification, & en d'autres dont la connoissance gît dans la voix (2), celles-ci étant encore divisées en choses déguisées sous la fiction,
& dont le sens dépend de termes propres, d'at-

tri-

(1) Je crois que cela veut dire *vraisemblable*.
(2) En Grec *lieux de la voix*.

tributs & d'autres chofes femblables, de
genres & d'especes directes, de même que du
difcours, des modes & des fyllogismes, tant de
ceux de mots que de ceux de chofes, tels que
les argumens *vrais* & *faux*, les *négatifs* & leurs
pareils, les *défectueux*, les *ambigus*, les *concluans*, les *cachés* & les *cornus*, les *imperfonnels*
& les *mefurans* (1). Suivant ce que nous venons
de dire de la voix, ils en font un lieu particulier de la Dialectique, fondés fur ce que
par l'articulation on démontre certaines parties du raifonnement, les folécismes, les
barbarismes, les vers, les équivoques, l'ufage de la voix dans le chant, la Mufique, & felon quelques-uns, les périodes, les divifions &
les diftinctions.

Ils vantent beaucoup les Syllogismes pour leur
grande utilité, en ce qu'aiguifant l'efprit, ils leur
ouvrent le chemin aux démonftrations, qui contribuent beaucoup à rectifier les fentimens. Ils
ajoutent que l'arrangement & la mémoire aident à
débrouiller de favantes propofitions majeures
(2); que ces fortes de raifonnemens font propres à forcer le confentement & à former des
con-

---

(1) Cé font, comme on l'a remarqué plus haut, divers
noms de Syllogismes qu'on ne pourroit rendre autrement
que par de longues périphrafes. L'argument, nommé
imperfonnel, eft expliqué à la fin de cette Dialectique ; ce
font ceux qui ne défignent perfonne.

(2) Voyez le Thréfor d'Etienne au mot *Lemma*.

conclufions; que le Syllogisme eft un difcours raifonné & fondé fur ces principes; la démonftration, un difcours où l'on raffemble tout ce qui tend à inferer des chofes qui font plus connues, des conféquences pour les chofes qui le font moins; l'imagination (1), une impreffion dans l'ame, par comparaifon de l'empreinte d'un anneau fur la cire. Selon eux, il y a deux fortes d'imaginations; celles que l'on faifit, & celles qu'on ne peut faifir (2). Les imaginations de la premiere efpece, à laquelle ils rapportent la connoiffance des chofes, font produites par un objet exiftant, dont l'image s'imprime fuivant ce qu'il eft en effet. Les imaginations de l'autre efpece ne naiffent point d'un objet qui exifte, ou dont, quoiqu' exiftant, l'efprit ne reçoit pas d'impreffion conforme à ce qu'il eft réellement.

Les Stoïciens tiennent la Dialectique pour une fcience abfolument néceffaire, laquelle, à leur avis, comprend la vertu en général & tous fes dégrés en particulier; la circonfpection à éviter les fautes, & à favoir quand on doit acquiescer, ou non; l'attention à fufpendre fon jugement, & à s'empêcher qu'on ne céde à la vraifemblance;

(1) Ce mot eft pris ici au fens de chofe imaginée, ou de repréfentation d'un objet.

(2) Il y a en Grec *imaginations compréhenfibles & incompréhenfibles*. Ciceron, *Queftions Academ.* L. 1. vers la fin, prend le mot de *comprendre* au fens de *faifir*. If. Cafaubon croit qu'il manque quelque mot dans ce paffage.

ce; la réſiſtance à la conviction, de crainte
qu'on ne ſe laiſſe enlacer par les argumens con·
traires; l'éloignement pour la fauſſeté, & l'aſſu-
jettiſſement de l'eſprit à la ſaine raiſon. Ils defi-
niſſent la ſcience elle-même, ou une compréhen-
ſion certaine, ou une diſpoſition à ne point s'é-
carter de la raiſon dans l'exercice de l'imagination. Ils ſoutiennent que le Sage ne ſauroit faire
un bon uſage de ſa raiſon ſans le ſecours de la
Dialectique; que c'eſt elle qui nous apprend à démêler le vrai & le faux, à diſcerner le vraiſemblable, & à développer
ce qui eſt ambigu; qu'indépendamment d'elle,
nous ne ſaurions ni propoſer de ſolides queſtions,
ni rendre de pertinentes réponſes; que ce dérégle-
ment dans le diſcours s'étend juſqu'aux effets
qu'il produit, de manière que ceux, qui n'ont
pas ſoin d'exercer leur imagination, n'avancent
que des abſurdités & des vetilles; qu'en un mot
ce n'eſt qu'à l'aide de la Dialectique que le Sage
peut ſe faire un fond de ſagacité, de fineſſe d'eſprit & de tout ce qui donne du poids aux diſcours,
puiſque le propre du Sage eſt de bien parler, de
bien penſer, de bien raiſonner ſur un ſujet, &
de repondre ſolidement à une queſtion; autant de
choſes qui appartiennent à un homme verſé dans
la Dialectique. Voilà en abrégé ce que penſent
ces Philoſophes ſur les parties qui entrent dans la
Logique.

Mais

Mais pour dire encore en détail ce qui touche leur science introductrice, nous rapporterons mot à mot ce qu'en dit Diocles de Magnésie dans sa *Narration sur les Philosophes*.

Les Stoïciens traitent premièrement de ce qui regarde l'entendement & les sens, entant que le moyen, par lequel on parvient à connoître la vérité des choses, est originairement l'imagination, & entant que l'acquiescement; la compréhension & l'intelligence des choses, qui va devant tout le reste, ne peuvent se faire sans l'opération de cette faculté. C'est elle qui précéde; ensuite vient l'entendement, dont la fonction est d'exprimer par le discours les idées qu'il reçoit de l'imagination.

Au reste elle diffère d'une impression phantastique. Celle-ci n'est qu'une opinion de l'esprit, comme sont les idées qu'on a dans le sommeil; au-lieu que l'autre est une impression dans l'ame, qui emporte un changement, comme l'établit Chrysippe dans son douzieme livre de l'*Ame*: car il ne faut point considérer cette impression comme si elle ressembloit à celle que fait un cachet, parce qu'il est impossible qu'il se fasse plusieurs impressions par une même chose sur le même sujet. On entend par *imagination*, celle produite par un objet existant, imprimée & scellée dans l'ame de la manière dont il existe; or telle n'est pas l'imagination qui naîtroit d'un objet non-existant.

Les.

Les Stoïciens diftinguent les impreffions de l'imagination en celles qui font fenfibles, & celles qui ne le font point. Les premières nous viennent par le fens commun (1), ou par les organes particuliers des fens. Les impreffions non-fenfibles de l'imagination font formées par l'efprit, comme font les idées des chofes incorporelles, & en géneral de celles dont la perception eft l'objet de la raifon. Ils ajoutent que les impreffions fenfibles fe font par des objets exiftans, auxquels l'imagination fe foumet & fe joint, & qu'il y a auffi des impreffions apparentes de l'imagination, qui fe font de la même maniere que celles qui naiffent d'objets exiftans. Ils diftinguent auffi ces impreffions en raifonnables & non-raifonnables, dont les premières font celles des êtres doués de raifon; les fecondes celles des animaux qui n'en ont point. Celles-là, ils les appellent des *penfées*, & ne donnent point de nom aux fecondes. Ils diftinguent encore les impreffions de l'imagination en celles qui renferment de l'Art, & celles où il ne s'en trouve pas, parce qu'une image fait une autre impreffion fur un Artifte que fur un homme qui ne l'eft point. La fenfation, fuivant les Stoïciens, eft un principe fpirituel, qui, tirant fon origine de la partie

prin-

(1) Le mot fignifie ici l'organe commun des fenfations.

principale de l'ame, atteint jufqu'aux fens. Ils entendent auffi par-là les perceptions qui fe font par les
fens, & la difpofition des organes des fens, à laquelle
ils attribuent la foibleffe d'efprit qui paroît dans quelques-uns. Ils nomment auffi fenfation l'*action des fens*.

Au fentiment de ces Philofophes, il y a des
chofes que l'on comprend par les fens; c'eft ainfi
qu'on difcerne ce qui eft blanc d'avec ce qui eft
noir, & ce qui eft rude d'avec ce qui eft mou.
Il y en a auffi d'autres que l'on conçoit par la
raifon; telles font les chofes qu'on affemble par
la voïe de la démonftration, comme celles qui
regardent les Dieux & leur providence.

Ils difent que l'entendement connoît de différentes manieres les chofes qu'il apperçoit; les
unes par incidence; les autres par reffemblance;
d'autres par analogie, d'autres encore par tranfpofition; celles-ci par compofition, celles-là par
oppofition. Par incidence il connoît les chofes
fenfibles; par reffemblance, les chofes dont
l'intelligence dépend d'autres qui leur font adjointes: c'eft ainfi qu'on connoît Socrate par fon image. L'analogie fait connoître les chofes qui
emportent augmentation, comme l'idée de Titye
& de Cyclope, . & celles qui emportent diminution, comme l'idée de Pygmée: c'eft auffi
par une analogie, tirée des plus petits corps fphé-
riques, qu'on juge que la terre a un centre.
L'efprit penfe par tranfpofition lorfque par

ex-

exemple, on fuppofe des yeux dans la poitrine; par
compofition, comme quand on fe figure un homme demi-cheval; par oppofition, rélativement à
la mort. On penfe par tranflation aux chofes
qu'on a dites, ou au lieu; à ce qui eft jufte &
bon, par une action de la Nature; enfin on penfe
par privation, comme quand on fe repréfente un
homme fans mains. Voilà encore quelques-unes
de leurs opinions fur l'imagination, les fens &
l'entendement.

Ces Philofophes établiffent pour fource de la
vérité, ou pour moyen de la connoître, l'imagination comprenant, ou faififfant fon objet; c'eft-
à-dire, recevant les impreffions d'un objet exiftant, comme le remarquent Chryfippe, livre
douzieme de fa *Phyfique*, Antipater & Apollodore. Il eft vrai que Boethus admet plus de fources de la vérité, l'entendement, les fens, les
affections & la fcience; mais Chryfippe, dans
fon premier livre du *Difcours*, s'éloigne de fon
fentiment, & ne reconnoît d'autres fources de la
vérité que les fens & les notions communes. Ces
dernieres font une idée naturelle des chofes uni-
verfelles. Quelques autres des plus anciens Stoïciens dérivent de la droite raifon la fource de la
vérité, témoin Pofidonius dans fon Traité fur
cette matiere.

Suivant l'avis unanime du plus grand nombre
des Stoïciens, la premiere partie de l'étude de

la

là Dialeƈtique eſt l'uſage de là voix, qu'ils définiſſent *un Air frappé*, ou, comme dit Diogene de Babylone dans ſon *Syſteme de l'Ouie*, l'objet particulier
de ce ſens. La voix des animaux n'eſt qu'un effort qui frappe l'air; mais celle des hommes eſt
articulée, & tout-à-fait formée à l'âge de quatorze
ans ou environ. Diogene la nomme *un effet de
la volonté de l'eſprit*. La voix eſt auſſi quelque
choſe de corporel ſelon les Stoïciens, remarquent Archedeme dans ſon *Traité de la Voix*,
Diogene, Antipater & Chryſippe dans la deuxieme partie de ſa *Phyſique*; car tout ce qui produit
quelque aƈtion eſt corporel (1), & la voix en
produit une, en ſe transportant de ceux qui parlent à ceux qui écoutent. La parole, comme
le rapporte Diogene, eſt, dans l'opinion des
Stoïciens, la voix articulée, comme ſeroit cette
expreſſion, *Il fait jour*. Le diſcours eſt la voix
pouſſée par une aƈtion de la penſée, & donnant
quelque choſe à entendre. La dialeƈte eſt l'expreſſion de la parole, conſidérée entant qu'elle
porte un certain caraƈtere, ſoit étranger, ſoit
Grec, ou une expreſſion, quelle qu'elle ſoit, en-
viſagée dans la maniere dont elle eſt conçue,
comme, par exemple, le terme de *Mer* en idiô-
me Attique, & celui de *Jour* en dialeƈte Ionique.

Les

_____

(1) Voici, je crois, une trace du mot de *Corps*, pris au
ſens de *ſubſtance*: cela vient à propos dans l'*Hiſtoire Ec-
cléſiaſtique*.

Les élémens de la parole font les lettres, au nombre de vingt-quatre. On confidere trois chofes par rapport à chacune, fa qualité d'élement, fa figure & fon nom, comme *Alpha*. Il y a fept voyelles, a, e, ee, i, o, u, oo, & fix muettes, b, g, d, k, p, t. La voix différe de la parole, en ce qu'un fon fait auffi une voix, & que la parole eft un fon articulé. La parole differe auffi du difcours, en ce qu'un difcours fignifie toujours quelque chofe; au-lieu qu'il y a des paroles qui n'emportent point de fignification, comme feroit le mot. *Blitri*; ce qui n'a jamais lieu par. rapport au difcours. · Il y a auffi de la différence entre les idées de parler & de proferer quelque chofe; car on ne profere que les fons, au-lieu qu'on parle des actions, de celles du moins qui peuvent être un fujet de difcours.

Diogene, dans fon *Traité de la voix*, ainfi que Chryfippe, font cinq parties du difcours, le nom, l'appellation, le verbe, la conjonction & l'article; mais Antipater y en ajoute une moyenne dans fon ouvrage *fur les Dictions & les chofes qui fe difent*. Selon Diogene, l'appellation eft une partie du difcours, qui fignifie une qualité commune, comme celle d'*homme*, ou de *cheval*; le nom, une partie du difcours, donnant à connoître une qualité particuliere, comme *Diogene*, *Socrate*; le verbe, une partie du difcours, qui défigne un attribut fimple, ou

fe

selon quelques-uns, un élement indéclinable du
discours, & qui signifie quelque chose de composé
par rapport à un, ou à plusieurs, comme
J'écris, ou *Je parle*; la conjonction, une partie
indéclinable, qui unit les diverses parties du discours; l'article, un élement du discours qui a
les cas des déclinaisons, & qui distingue les genres des noms & les nombres, comme *il, elle, ils,
elles.*

Le discours doit avoir cinq ornemens, l'hellénisme, l'évidence, la briéveté, la convenance
& la grace. Par l'hellénisme on entend une diction
exempte de fautes, conçue en termes d'art, &
non vulgaires; l'évidence, une expression distinc-
te & qui expose clairement la pensée; la briéveté renferme une maniere de parler qui embrasse
tout ce qui est nécessaire à l'intelligence d'une
chose. La convenance requiert que l'expression
soit appropriée à la chose dont on parle. La grace du discours consiste à éviter les termes ordinaires (1). Le barbarisme est une maniere de
parler vicieuse, & contraire à l'usage des Grecs
bien élevés; le solécisme, un discours, dont
les parties sont mal arrangées.

Le

---

(1) La maniere de parler en termes ordinaires étoit ce
qu'on appelloit *Idiotisme*. Elle consistoit à exprimer chaque chose par les termes qui lui étoient propres, &
c'étoit, dit-on, le style des gens sans lettres, l'éloquence consistant à employer des termes recherchés. *Ménag.*

Le vers, dit Posidonius dans son *Introduction
à la Diction*, est une façon de parler mesurée,
une composition nombrée & puisée des regles de
la prose. Ils donnent, pour exemple de rythme,
ces mots suivans: *L'immense Terre*, *Le divin
Ether.* La poësie est un ouvrage significatif en
vers, & qui renferme une imitation des choses
divines & humaines.

La définition est, comme dit Antipater dans
le premier livre de *ses Définitions*, un discours
exprimé suivant une exacte analyse, ou même une
explication, selon Chrysippe dans son livre sur
cette matiere. La description est un discours
figuré qui conduit aux matieres, ou une définition plus simple, qui exprime la force de la
définition. Le genre est une collection de plusieurs idées de l'esprit, conçues comme insépara-
bles; telle est l'idée d'*animal*, laquelle comprend
celle de toutes les especes d'animaux particuliers. Une idée de l'esprit est un être imaginaire,
formé par la pensée, & qui n'a pour objet aucune chose qui est ou qui agit, mais qui la considere comme si elle étoit, ou comme si elle
agissoit d'une certaine maniere; telle est la représentation qu'on se fait d'un cheval, quoiqu'il
ne soit pas présent. L'espece est comprise sous
le genre, comme l'idée d'*homme* est comprise sous
l'idée d'*animal*. *Plus général* est ce qui, étant
genre, n'a point de genre au-dessus de lui, comme

me l'idée d'*exiſtant*. *Plus ſpécial* eſt ce qui, étant eſpece, n'a point d'eſpece au-deſſous de lui, comme *Socrate*.

La diviſion a pour objet ſe genre diſtingué dans les eſpeces qui lui appartiennent, comme cette phraſe, *Parmi les animaux les uns ſont raiſonnables, les autres privés de raiſon.* La contre-diviſion ſe fait du genre dans les eſpeces à rebours, comme par voye de négation; par exemple dans cette période, *Des choſes qui exiſtent, les unes ſont bonnes, les autres ne le ſont point.* La ſous-diviſion eſt la diviſion de la diviſion, comme dans cet exemple, *Des choſes qui exiſtent, les unes ſont bonnes, les autres point, & parmi celles qui ne ſont pas bonnes, les unes ſont mauvaiſes, les autres indifferentes.* Partager, c'eſt ranger les genres ſuivant leurs lieux, comme dit Criniſ; tel eſt ce qui ſuit, *Parmi les biens, les uns regardent l'ame, les autres le corps.*

L'équivoque eſt une manière de parler conçue en-termes, qui, pris tels qu'ils ſont exprimés & dans leur ſens propre, ſignifient pluſieurs choſes dans le même pays; de ſorte qu'on peut s'en ſervir pour dire des choſes différéntes. C'eſt ainſi que les mots, qui en Grec ſignifient, *La joueuſe de flûte eſt tombée*, peuvent ſignifier auſſi dans la même Langue, *La maiſon eſt tombée trois fois.*

La Dialectique eſt, comme dit Poſidonius, la ſcience de diſcerner le vrai, le faux, & ce qui eſt

neu-

neutre. Elle a pour objet, felon Chryfippe, les fignes & les chofes fignifiées. Ce que nous venons de dire regarde leurs idées fur la théorie de la voix.

Sous la partie de la Dialectique, qui comprend les matieres & les chofes fignifiées par la voix, les Stoïciens rangent ce qui regarde les expreffions, les énonciations parfaites, les propofitions, les fyllogismes, les difcours imparfaits, les attributs & les chofes dites directement, ou renverfées. L'expreffion, qui naît d'une repréfentation de la raifon, eft de deux efpeces, que les Stoïciens nomment expreffions *parfaites* & *imparfaites*. Ces dernières n'ont point de fens complet, comme, *Il écrit*; les autres au contraire en ont un, comme, *Socrate écrit.* Ainfi les expreffions imparfaites font celles qui n'énoncent que les attributs, & les parfaites fervent à énoncer les propofitions, les fyllogismes, les interrogatiofs & les queftions. L'attribut eft ce qu'on déclare de quelqu'un, ou une chofe compofée qui fe dit d'un ou de plufieurs, comme le définit Apollodore; ou bien c'eft une expreffion imparfaite, conftruite avec un cas droit pour former une propofition. Il y a des attributs accompagnés de nom & de verbe, comme, *Naviger parmi des roobers* (1); d'autres exprimés d'une maniere droite,

d'u-

----

(1) On croit qu'il manque ici quelque chofe. *Menage.*

d'unemaniere renverſée,& d'une maniere neutre. Les
premiers ſont conſtruits avec un des (1) cas obliques
pour former un attribut, comme, *Il entend, Il voit,
Il diſpute.* Les renverſés ſe conſtruiſent avec une
particule paſſive, comme, *Je ſuis entendu, Je ſuis
vû.* Les neutres n'appartiennent ni à l'une, ni à
l'autre de ces claſſes, comme, *Etre ſage, Se promener.* Les attributs réciproques ſont ceux, qui,
quoiqu' exprimés d'une maniere renverſée (2), ne
ſont pas renverſés, parce qu'ils emportent une
action; telle eſt l'expreſſion de *ſe faire raſer,*
dans laquelle celui, qui eſt raſé, déſigne auſſi
l'action qu'il fait lui-même. Au-reſte, les
cas obliques ſont le génitif, le datif, &
l'accuſatif.

On entend par propoſition (3) l'expreſſion
d'une choſe vraye ou fauſſe, ou d'une choſe qui
forme un ſens complet, & qui ſe peut dire en
elle-même, comme l'enſeigne Chryſippe dans ſes
Définitions de Dialectique. ,, La Propoſition, dit-il,
,, eſt l'expreſſion de toute choſe qui ſe peut affir-
,, mer, ou nier en elle-même, comme, *Il fait
,, jour,* ou *Dion ſe promene*''. On l'appelle propoſition,

---

(1) Il appelle ici *droits* les verbes actifs. *Aldebrandin.*
(2) Cette conſtruction paroît donner à connoître que
le terme de l'original, que nous avons traduit *renverſé,* &
qui eſt aſſez difficile à rendre, eſt pris par Diogene pour
ſignifier le paſſif.
(3) Il y a en Grec *Axiôme;* mais le ſens fait voir que
Ciceron a fort bien traduit ce mot par *Enonçiation,* ou
Propoſition.

tion, rélativement à l'opinion de celui qui l'énonce ; car celui qui dit qu'*il fait jour*, paroît croire qu'il *fait jour* en effet. Si donc *il fait* effectivement *jour*, la propofition devient vraye ; au-lieu qu'elle eft fauffe s'il *ne fait pas jour*. Il y a de la différence entre propofition, interrogation, queftion, ordre, adjuration, imprécation, fuppofition, appellation , & reffemblance de propofition. La propofition eft toute chofe qu'on énonce en parlant, foit vraye, ou fauffe. L'interrogation eft une énonciation complette, auffibien que la propofition ; mais qui requiert une réponfe, comme cette phrafe, *Eft-il jour?* Cette demande n'eft ni vraye, ni fauffe : c'eft propofition, lorfqu'on dit *Il fait jour* ; c'eft interrogation, quand on demande, *fait-il jour ?* La queftion eft quelque chofe à quoi on ne peut répondre ouï ou non, comme à l'interrogation ; mais à laquelle il faut répondre, comme on diroit, *Il demeure dans cet endroit.* L'ordre eft quelque chofe que l'on dit en commandant, comme, *Vas-t-en aux rives d'Inachus.* L'appellation eft quelque chofe qu'on dit, en nommant quelqu'un, comme, *Agamemnon , fils d'Atrée , glorieux Monarque de plufieurs peuples.* La reffemblance d'une propofition eft un difcours, qui, renfermant la conclufion d'une propofition, décheoit du genre des propofitions par quelque particule abondante, ou paffive, comme dans ces vers :

N'eft-

N'eſt-ce pas ici le beau ſéjour de ces vierges?
Ce Bouvier reſſemble aux enfans de Priam.

Il y a encore une choſe qui différe de la propoſition, en ce qu'elle s'exprime d'une maniere
douteuſe, comme ſi on demandoit ſi *vivre & reſ-*
ſentir de la douleur ne ſont pas des choſes jointes
enſemble? Car les interrogations, les queſtions
& autres choſes ſemblables ne ſont ni vrayes, ni
fauſſes; au-lieu que les propoſitions ſont, ou l'u-
ne, ou l'autre. Il y a des propoſitions ſimples
& non ſimples, comme diſent Chryſippe, Archedeme, Athénodore, Antipater & Crinis. Les
ſimples conſiſtent dans une ou plus d'une propoſition où il n'y a aucun doute, comme, *Il fait jour.*
Celles, qui ne ſont pas ſimples, conſiſtent dans
une ou plus d'une propoſition douteuſe; dans
une propoſition douteuſe, comme, *S'il fait jour;*
dans plus d'une, comme, *S'il fait jour, il fait*
clair. Dans la claſſe des propoſitions ſimples il
faut ranger les énonciations, les négations, les
choſes qui emportent privation, les attributs, les
attributs entant qu'ils appartiennent à un ſujet
particulier, & ce qui eſt indéfini. Dans la claſſe
des propoſitions non-ſimples on doit placer celles qui ſont conjointes, adjointes, compliquées,
ſéparées, cauſales, celles qui expriment la principale partie d'une choſe, & celles qui en expriment la moindre. On a un exemple d'une propoſition énonciative dans ces paroles: *Il ne fait*

point

point jour. De l'efpece de ces fortes de propofitions font celles qu'on appelle *furénonciatives*, qui contiennent la négation de la négation, comme quand on dit, *Il ne fait pas non jour*, on pofe qu'*il fait jour*. Les propofitions négatives font compofées d'une particule négative & d'un attribut, comme, *Perfonne ne fe promene*. Les privatives fe forment d'une particule privative & d'une expreffion ayant force de propofition, comme, *Cet homme eft inhumain*. Les propofitions attributives font compofées d'un cas droit de déclinaifon & d'un attribut, comme, *Dion fe promene*. Les propofitions attributives particulières fe conftruifent d'un cas droit démonftratif & d'un attribut, comme, *Cet homme fe promene*; les indéfinies fe font par une, ou plufieurs particules indéfinies, comme, *Quelqu'un fe promene. Il fe remue*. Quant aux propofitions non-fimples, celles qu'on nomme *conjointes*, font, felon Chryfippe dans fa *Dialectique* & Diogene dans fon *Art Dialecticien*, formées par la particule çonjonctive *fi*, cette particule voulant qu'une premiere chofe pofée, il s'enfuive une feconde, comme, *S'il fait jour, il fait clair*. Les propofitions adjointes font, dit Crinis dans fon *Art de la Dialectique*, des propofitions unies par la conjonction *puifque*, lefquelles commencent & finiffent par deux expreffions qui forment autant de propofitions, comme, *Puifqu'il fait jour, il fait clair*.

Cet-

Cette conjonction sert à signifier que posé une première chose, il en suit une seconde, & que la première est aussi vraye. Les propositions compliquées sont celles qui se lient ensemble par quelques conjonctions qui les compliquent, comme, *Et il fait jour, & il fait clair.* Les séparées sont celles que l'on déjoint par la particule dis-jonctive *ou*, comme, *Ou il fait jour, ou il fait nuit* ; & cette particule sert à signifier que l'une des deux propositions est fausse. Les propositions causales sont composées du mot de *parce que*, comme, *Parce qu'il fait jour, il fait clair.* Ce mot indique que la première chose, dont on parle, est en quelque sorte la cause de la seconde. Les propositions, qui expriment la principale partie d'une chose, sont celles où entre la particule conjonctive *plutôt*, placée entre des propositions, comme, *Il fait plutôt jour que nuit ;* les propositions, qui expriment une chose par la moindre partie, sont le contraire des précédentes, comme, *Il fait moins nuit que jour.* Il faut encore remarquer que des propositions, opposées l'une à l'autre quant à la vérité & à la fausseté, l'une renferme la négation de l'autre, comme, *Il fait jour, & il ne fait point jour.* Ainsi une proposition conjointe est vraye, lorsque l'opposé du dernier terme est en contradiction avec le premier, comme, *S'il fait jour, il fait clair.* Cette proposition est vraye, parce que l'opposé

du

du dernier terme , qui feroit, *Il ne fait point clair*, eft en contradiction avec le premier *Il fait jour*. Pareillement une propofition conjointe eft fauffe , lorfque l'oppofé du dernier terme n'eft point contraire au premier, comme , *S'il fait jour, Dion fe promene*; car la propofition *Dion ne fe promene point*, n'eft pas contraire à celle qu'*il fait jour*. Une propofition adjointe eft vraye, lorfque commençant par l'expreffion d'une vérité, elle finit en exprimant une chofe qui en réfulte , comme , *Puifqu'il fait jour, le foleil eft au-deffus de la terre*; au contraire une propofition adjointe eft fauffe, lorfqu'elle commence par une fauffeté, ou qu'elle ne finit pas par une vraye conféquence, comme fi l'on difoit, pendant qu'il feroit jour, *Puifqu'il fait nuit, Dion fe promene*.

Une propofition caufale eft vraye, lorfque commençant par une chofe vraye, elle finit par une conféquence,. quoique le terme, par lequel elle commence, ne foit pas une conféquence de celui par lequel elle finit ; par exemple, dans cette propofition, *Parce qu'il fait jour, il fait clair*. Ce qu'on dit qu'*il fait clair*, eft une fuite de ce qu'on dit qu'*il fait jour*; mais qu'il faffe jour n'eft pas une fuite de ce qu'il fait clair.

Une propofition probable tend à emporter un acquiefcement , comme, *Si quelque chofe en a mis une autre au monde ; elle en eft la mere*; cela n'eft cependant pas vrai, puifqu'une poule n'eft pas la

me-

mere de l'œuf. Les propofitions fe diftinguent
auffi en poffibles & impoffibles, auffi-bien qu'en
néceffaires & non-néceffaires. Les poffibles font
celles qu'on peut recevoir comme vrayes, parce
qu'il n'y a rien hors d'elles qui empêche qu'elles
ne foient vrayes, comme, *Diocles eft vivant.*
Les impoffibles font celles qui ne peuvent être
reçues pour vrayes, comme, *La terre vole.* Les
propofitions néceffaires font celles qui font tellement vrayes, qu'on ne peut les recevoir pour
fauffes, ou qu'on peut bien en elles-mêmes recevoir pour fauffes ; mais qui par les chofes, qui
font hors d'elles, ne peuvent être fauffes, comme, *La vertu eft utile.* Les non-néceffaires font
celles qui font vrayes, mais peuvent auffi être
fauffes, les chofes, qui font hors d'elles, ne s'y
oppofant point, comme, *Dion fe promene.* Une
propofition vraifemblable eft celle que plufieurs
apparences peuvent rendre vraye, comme, *Nous
vivrons demain.* Il y a encore entre les propofitions d'autres différences & changemens qui les
rendent fauffes ou oppofées, & dont nous parlerons plus au long.

Le raifonnement, comme dit Crinis, eft
compofé d'un, ou de plus d'un lemme, de l'affomtion & de la conclufion; par exemple, dans
cet argument, *S'il fait jour, il fait clair : or il
fait jour ; donc il fait clair.* Le lemme eft cette
propofition, *S'il fait jour, il fait clair;* l'affomtion,

tion, celle-ci, *Il fait jour* ; la conclusion cette autre, *Donc il fait clair*. Le mode est comme une figure du raisonnement ; tel est celui-ci, *Si le premier a lieu, le second a lieu aussi : or le premier a lieu ; donc le second a lieu aussi*. Le mode raisonné (1) est un composé des deux, comme, *Si Platon vit, Platon respire : or le premier est vrai ; donc le second l'est aussi*. Ce dernier genre a été introduit pour servir dans les raisonnemens prolixes, afin de n'être point obligé d'exprimer une trop longue assomtion, non plus que la conclusion, & de pouvoir les indiquer par cette maniere de parler abrégée, *Le premier est vrai, donc le second l'est aussi*. Les raisonnemens sont, ou concluans, ou non concluans. Dans ceux qui ne concluent point, l'opposé de la conclusion est contraire à la liaison des prémisses, comme, *S'il fait jour, il fait clair : or il fait jour, donc Dion se promene*. Les raisonnemens concluans sont de deux sortes : les uns sont appellés du même nom que leur genre, c'est-à-dire *concluans* ; les autres, *syllogistiques*. Ces derniers sont ceux qui, ou ne démontrent point, ou conduisent à des choses qui ne se prouvent pas au moyen d'une ou de quelques positions, comme seroient celles-ci, *Si Dion se promene*.

Di·

_____

(1) Le mot Grec, que je traduis *Mode*, est *Trope*; & Mode raisonné *Logotrope*.

Dion ſe remue donc. Ceux, qui portent ſpécialement le nom de *concluans*, ſont ceux qui concluent, ſans le faire ſyllogiſtiquement, comme,
*Il eſt faux qu'il faſſe en même tems jour & nuit:
or il fait jour; il ne fait donc pas nuit.* Les raiſonnemens non-ſyllogiſtiques ſont ceux, qui, approchant des Syllogiſmes pour la crédibilité, ne
concluent pourtant pas, comme, *Si Dion eſt un
cheval, Dion eſt un animal : or Dion n'eſt point
un cheval ; ainſi Dion n'eſt pas non plus un a-
nimal.*

    Les raiſonnemens ſont auſſi vrais, ou faux.
Les vrais ſont ceux, dont les concluſions ſe tirent
de choſes vrayes, comme celui-ci, *Si la Vértu eſt
utile, le vice eſt nuiſible.* Les faux ſont ceux qui
ont quelque choſe de faux dans les prémiſſes, ou
qui ne concluent point, comme, *S'il fait jour,
il fait clair: or il fait jour; donc Dion eſt en vie.*
Il y a encore des raiſonnemens poſſibles & impoſſibles, néceſſaires & non-néceſſaires, & d'autres
qui ne ſe démontrent point, parce qu'ils n'ont
pas beſoin de démonſtration. On les déduit diverſement; mais Chryſippe en compte cinq claſſes, qui ſervent à former toutes ſortes de raiſonnemens, & s'employent dans les raiſonnemens
concluans, dans les ſyllogiſtiques & dans ceux
qui reçoivent des modes. Dans la premiere
claſſe des raiſonnemens qui ne ſe démontrent
point, ſont ceux que l'on compoſe d'une propo-
ſi-

fition conjointe & d'un antécédent , par lequel
la propofition conjointe commence , & dont le
dernier terme forme la conclufion , comme , *Si
le premier eft vrai; le fecond l'eft auffi: or le premier eft vrai ; donc le fecond l'eft auffi.* La feconde claffe renferme les raifonnemens, qui, par
le moyen de la propofition conjointe & de l'oppofé du dernier terme , ont l'oppofé de l'antécédent pour conclufion; comme, *S'il fait jour,
il fait clair: or il fait nuit; il ne fait donc pas
jour.* Car dans ce raifonnement l'affomtion eft
prife de l'oppofé du dernier terme; & la conclufion, de l'oppofé de l'antécédent. La troifieme
claffe de ces raifonnemens contient ceux dans
lefquels, par le moyen d'une énonciation com-
pliquée, on infere d'une des chofes qu'elle exprime le contraire du refte, comme, *Platon n'eft
point mort & Platon vit: mais Platon eft mort;
donc Platon ne vit point.* A la quatrieme claffe
appartiennent les raifonnemens dans lefquels, par
le moyen de propofitions féparées , on infere de
l'une de ces propofitions féparées une conclufion
contraire au refte, comme, *Ou c'eft le premier,
ou c'eft le fecond: mais c'eft le premier; ce n'eft
donc pas le fecond.* Dans la cinquieme claffe des
raifonnemens qui ne fe démontrent point, font
ceux qui fe conftruifent de propofitions féparées,
& dans lefquels de l'oppofé de l'une des chofes
qui y font dites, on infere le refte, comme,

F 3.   *Ou*

Ou il fait jour, ou il fait nuit: mais il ne fait point nuit; il fait donc jour.

Suivant les Stoïciens, une vérité suit de l'autre, comme de cette vérité qu'*il fait jour* suit celle qu'*il fait clair*; & tout de même une fausseté suit de l'autre, comme s'il est faux qu'*il soit nuit*, il est aussi faux qu'*il fasse des tenebres.* On peut inferer aussi une vérité d'une fausseté, comme de celle-ci que *la terre vole*, on infere cette vérité, que *la terre existe.* Mais d'une vérité on ne peut point inferer une fausseté, comme de ce que la terre existe, il ne s'ensuit point qu'elle vole. Il y a aussi des raisonnemens embarrassés, qu'on nomme diversement, *couverts*, *cachés*, les *sorites*, ceux dits *Cornus*, & les *impersonnels*, ou qui ne désignent persoňne. Voici un exemple du raisonnement caché, *N'est-il pas vrai que deux font un petit nombre? Que trois font un petit nombre, & que ces nombres ensemble font un petit nombre: n'est-il pas vrai aussi que quatre font un petit nombre & ainsi de suite jusqu'à dix: or deux font un petit nombre; donc dix en font un pareil.* Les raisonnemens, qui ne désignent persoňne, font composés d'un terme fini & d'un terme indéfini, & ont assomtion & conclusion, comme, *Si quelqu'un est ici, il n'est point à Rhodes.*

Telles font les idées des Stoïciens fur la Logique, & c'est ce qui les fait insister fur l'opinion que le Sage doit toujours être bon Dialecticien.

Ils

Ils prétendent que toutes chofes fe difcernent par
la théorie du raifonnement, entant qu'elles appartiennent à la Phyfique, & de nouveau encore
entant qu'elles appartiennent à la Morale. Car
ils ajoutent que pour ce qui regarde la Logique,
elle n'a rien à dire fur la légitimité des noms concernant la maniere dont les Loix ont ftatué par
rapport aux actions, mais qu'y ayant un double
ufage dans la vertu de la Dialectique, l'un fert
à confiderer ce qu'eft une chofe, & l'autre comment on la nomme ; & c'eft-là l'emploi qu'ils
donnent à la Logique.

Les Stoïciens divifent la partie morale de la
Philofophie en ce qui regarde les penchans, les
biens & les maux, les paffions, la vertu, la fin
qu'on doit fe propofer, les chofes qui méritent
notre premiere eftime, les actions, les devoirs,
& ce qu'il faut confeiller & diffuader. C'eft
ainfi que la Morale eft divifée par Chryfippe, Archedeme, Zénon de Tarfe, Apollodore, Diogene, Antipater & Pofidonius; car Zénon Cittien
& Cléanthe, comme plus anciens, ont traité ces
matieres plus fimplement, s'étant d'ailleurs plus
appliqués à divifer la Logique & la Phyfique.

Les Stoïciens difent que le premier penchant
d'un être animal eft qu'il cherche fa confervation, la nature fe l'attachant dès fa naiffance,
fuivant ce que dit Chryfippe dans fon premier livre des *Eins*; que le premier attachement de tout

animal a pour objet fa conftitution & l'union de
fes parties, puifqu'il n'eft pas vraifemblable que
l'animal s'aliéne de lui-même, ou qu'il ait été
fait, ni pour ne point s'aliéner de lui-même, ni
pour ne pas s'être attaché; de forte qu'il ne refte
autre chofe à dire, finon que la nature l'a difpofé
pour être attaché à lui-même, & c'eft par-là qu'il
s'éloigne des chofes qui peuvent lui nuire, &
cherche celles qui lui font convenables.

· Ils traitent de fauffe l'opinion de quelques-uns
que la volupté eft le premier penchant qui foit
donné aux animaux; car ils difent que ce n'eft
qu'une addition, fi tant eft même qu'il faille appeller volupté ce fentiment qui naît après que la
nature, ayant fait fa recherche, a trouvé ce qui
convient à la conftitution. C'eft de cette maniere que les animaux reffentent de la joye, & que
les plantes végetent. Car, difent-ils, la nature
ne met point de différence entre les animaux &
. les plantes, quoiqu'elle gouverne celles-ci fans le
fecours des penchans & du fentiment, puifqu'il
y a en nous des chofes qui fe font à la maniere
des plantes, & que les penchans, qu'ont les animaux, & qui leur fervent à chercher les chofes
qui leur conviennent, étant en eux comme un
furabonant, ce à quoi portent les penchans eft
dirigé par ce à quoi porte la nature; enfin que
la raifon ayant été donnée aux animaux raifonnables par une furintendance plus parfaite, vivre
fe-

felon la raifon peut être fort bien une vie felon la nature (1), parce que la raifon devient comme l'artifan qui forme le penchant.

C'eſt pour cela que Zénon a dit le premier dans ſon livre de la *Nature de l'Homme*, que la fin, qu'on doit ſe propoſer, conſiſte à vivre ſelon la nature; ce qui eſt la même choſe que vivre, car c'eſt à cela que la nature nous conduit. Cléanthe dit la même choſe dans ſon livre de la *Volupté*, auſſi-bien que Poſidonius, & Hecaton dans ſon livre des *Fins*. C'eſt auſſi une même choſe de vivre ſelon la vertu, ou de vivre ſelon l'expérience des choſes qui arrivent par la nature, comme dit Chryſippe dans ſon livre des *Fins*, parce que notre nature eſt une partie de la nature de l'Univers. Cela fait que la fin, qu'on doit ſe propoſer, eſt de vivre en ſuivant la nature; c'eſt-à-dire ſelon la vertu que nous preſcrit notre propre nature, & ſelon celle que nous preſcrit la nature de l'Univers, ne faiſant rien de ce qu'a coutume de défendre la Loi commune, qui eſt la droite raiſon répandue par-tout, & la même qui eſt en Jupiter, qui conduit par elle le gouvernement du Monde. Ils ajoutent qu'en cela même conſiſte la vertu & le bonheur d'un homme heureux, de régler toutes ſes actions de maniere qu'elles produiſent l'harmonie du génie.

(†) Je fais une correction de *Ménage*.

nie, qui réſide en chacun avec la volonté de celui qui gouverne l'Univers. En effet Diogene
dit expreſſément que la fin, qu'on doit ſe propoſer,
conſiſte à bien raiſonner dans le choix des choſes.
qui ſont ſelon la nature. Archedeme la fait
conſiſter à vivre en rempliſſant tous les devoirs.
Chryſippe par la *nature* entend une nature à laquelle il faut conformer ſa vie; c'eſt-à-dire la nature commune, & celle de l'homme en particulier.
Mais Cléanthe n'établit, comme devant être ſuivie, que la nature commune, & n'admet point
à avoir le même uſage celle qui n'eſt que particuliere. Il dit que la vertu eſt une diſpoſition
conforme à cette nature, & qu'elle doit être
choiſie pour l'amour d'elle-même, & non par
crainte, par eſperance, ou par quelque autre mo-
tif qui ſoit hors d'elle; que c'eſt en elle que conſiſte la félicité, parce que l'ame eſt faite pour
jouïr d'une vie toujours uniforme, & que ce qui
corrompt un animal raiſonnable, ce ſont quelquefois les vraiſemblances des choſes extérieures,
& quelquefois les principes de ceux avec qui l'on
converſe, la nature ne donnant jamais lieu à
cette dépravation.

Le mot de *vertu* ſe prend différemment: Quelquefois il ſignifie en général la perfection d'une
choſe, comme celle d'une ſtatue; quelquefois il
ſe prend pour une choſe qui n'eſt pas un ſujet de
ſpéculation, comme la ſanté; d'autre fois pour
une.

une chose qui est un sujet de spéculation, comme la prudence. Car Hecaton dit, dans son premier livre des *Vertus*, que parmi celles qui font un sujet de science, il y en a qui sont aussi spéculatives ; savoir celles qui sont composées des observations qu'on a faites, comme la prudence & la justice, & que celles, qui ne sont point spéculatives, sont celles, qui, considérées dans leur production, sont composées de celles qui sont spéculatives, comme la santé & la force. Car de la prudence, qui est une vertu de spéculation, résulte ordinairement la santé, comme de la structure des principales pierres d'un bâtiment résulte sa consistence. On appelle ces vertus non-spéculatives, parce qu'elles ne sont pas fondées sur des principes, qu'elles sont comme des additions, & que les méchans peuvent les avoir; telles font, par exemple, la santé & la force. Posidonius, dans son premier livre de la *Morale*, allegue, comme une preuve que la vertu est quelque chose de réellement existant, les progrès qu'y ont faits Socrate, Diogene & Antisthene, & comme une preuve de l'existence réelle du vice, cela même qu'il est opposé à la vertu. Chrysippe dans son premier livre des *Fins*, Cléanthe, Posidonius dans ses *Exhortations*, & Hecaton disent aussi que la vertu peut s'acquerir par l'instruction, & en donnent pour preuve qu'il y a des gens, qui de méchans deviennent bons.

Pa-

Panetius distingue deux sortes de vertus, l'une spéculative & l'autre pratique. D'autres en distinguent trois sortes, & les appellent *Vertus Logique*, *Physique* & *Morale*. Posidonius en compte quatre sortes, Cléanthe & Chrysippe un plus grand nombre, aussi-bien qu'Antipater. Apollophane n'en compte qu'une, à laquelle il donne le nom de *Prudence*. Il y a des vertus primitives, & d'autres qui leur sont subordonnées. Les primitives sont la prudence; la force, la justice & la tempérance, qui renferment, comme leurs especes, la grandeur d'ame, la continence, la patience, le génie, le bon choix. La prudence a pour objet la connoissance des biens & des maux, & des choses qui sont neutres; la justice celle des choses qu'il faut choisir & éviter, & des choses qui sont neutres par rapport à celles-là. La grandeur d'ame est une situation d'esprit, élevée au-dessus des accidens communs aux bons & aux méchans.

La continence est une disposition constante pour les choses qui sont selon la droite raison, ou une habitude à ne point se laisser vaincre par les voluptés. La patience est une science, ou une habitude par rapport aux choses dans lesquelles il faut persister, ou ne point persister, aussi-bien que par rapport à celles de cette classe qui sont neutres. Le génie est une habitude à comprendre promptement ce qu'exige le devoir.

voir. Le bon choix est la science de voir quelles choses on doit faire & de quelle manière on doit les exécuter pour agir utilement.

On distingue pareillement les vices en primitifs & surbordonnés. Ceux-là sont l'imprudence, la crainte, l'injustice, l'intempérance. Les surordonnés sont l'incontinence, la stupidité, le mauvais choix; & en général les vices consistent dans l'ignorance des choses, dont la connoissance est la matiere des vertus.

Par le bien les Stoïciens entendent en général ce qui est utile, sous cette distinction particuliere en ce qui est effectivement utile, & ce qui n'est pas contraire à l'utilité. De là vient qu'ils considerent la vertu, & le bien qui en est une participation, de trois diverses manieres; comme bien par la cause d'où il procede, par exemple, une action conforme à la vertu; & comme bien par celui qui le fait, par exemple, un homme qui s'applique avec soin à la vertu (1). Ils définissent autrement le bien d'une maniere plus propre, en l'appellant *la perfection de la nature raisonnable*, ou de la nature en tant que raisonnable. Quant à la vertu, ils s'en font cette idée: Ils regardent comme des participations de la vertu, tant les actions qui y sont conformes, que

_____

(1) On croit que la troisieme distinction manque; c'est-à-dire, *comme bien par la nature de l'action*. Menage.

E 7.

que ceux qui s'y appliquent; & envifagent comme
des acceffoires de la vertu, la joye, le contentement
& les fentimens femblables.   Pareillement ils appellent *vices* l'imprudence, la crainte, l'injuftice & autres pareilles participations du vice, tant
les actions vicieufes, que les vicieux eux-mêmes;
ils nomment encore *acceffoires du vice* la trifteffe,
le chagrin & autres fentimens de cette forte.

Ils diftinguent auffi les biens en biens de l'ame
même, en biens qui font hors d'elle, & en ceux
qui ne font, ni de l'ame; ni hors d'elle.   Les
biens de l'ame même font les vertus & les actions
qui leur font conformes; ceux hors d'elle, font
d'avoir une patrie honnête, un bon ami, & le
bonheur que procurent ces avantages;   ceux,
qui ne font ni de l'ame même, ni hors d'elle,
font la culture de foi-même, & de faire fon propre bonheur.   Il en eft de même des maux. Les
maux de l'ame, elle-même font les vices & les actions vicieufes; ceux hors d'elle font d'avoir une
mauvaife patrie & un mauvais ami, avec les malheurs attachés à ces defavantages.   Les maux,
qui ne font ni de l'ame elle-même, ni hors d'elle, font de fe nuire à foi-même & de fe rendre
malheureux.

On diftingue encore les biens en efficiens, en
biens qui arrivent comme fins (1), & ceux qui

font

(1) C'eft-à-dire comme *fins* de la conduite qu'on tient.

font l'un & l'autre. Avoir un ami & jouïr des avantages qu'il procure, c'eſt un bien efficient; l'aſſûrance, un bon jugement, la liberté d'eſprit, le contentement, la joye, la tranquillité, & tout ce qui entre dans la pratique de la vertu, ce font les biens qui arrivent comme fins. Il y a auſſi des biens qui font efficiens & fins tout à la fois : ils font efficiens, entant qu'ils effectuent le bonheur; ils font fins, entant qu'ils entrent dans la compoſition du bonheur comme parties. Il en eſt de même des maux. Les uns ont la qualité de fins, les autres font efficiens, quelques-uns font l'un & l'autre. Un ennemi, & les torts qu'il nous fait, font des maux efficiens; la ſtupidité, l'abattement, la fervitude d'eſprit, & tout ce qui a rapport à une vie vicieuſe, font les maux qu'on conſidére comme ayant la qualité de fins. Il y en a auſſi qui font en même tems efficiens, entant qu'ils effectuent la miſere, & qui ont la qualité de fins, entant qu'ils entrent dans ſa compoſition comme parties.

On diſtingue encore les biens de l'ame elle-même en habitudes, en diſpoſitions, & en d'autres qui ne font ni celles-là, ni celles ci. Les diſpoſitions font les vertus mêmes; les habitudes font leur recherche. Ce qui n'eſt ni des unes, ni des autres, va fous le nom d'actions vertueuſes. Communément il faut mettre parmi les biens mê.

mêlés une heureuſe poſtérité & une bonne vieil-
leſſe ; mais la ſcience eſt un bien ſimple. Les
vertus ſont un bien toujours préſent ; mais il y
en a qu'on n'a pas toujou rs, comme la oye,
ou la promenade.

Les Stoïciens caractériſent ainſi le bien. Ils
l'appellent avantageux, convenable, profitable, utile,
commode, honnête, ſecourable, deſirable &
juſte. Il eſt avantageux, en ce que les choſes
qu'il procure, nous ſont favorables ; convenable,
parce qu'il eſt compoſé de ce qu'il faut ; profitable, puiſqu'il paye les ſoins qu'on prend pour
l'acquérir, de maniere que l'utilité qu'on en retire, ſurpaſſe ce qu'on donne pour l'avoir ; utile,
par les ſervices que procure ſon uſage ; commode,
par la louable utilité qui en réſulte ; honnête, parce
qu'il eſt moderé dans ſon utilité ; ſecourable,
parce qu'il eſt tel qu'il doit être pour qu'on en
retire de l'aide ; deſirable, parce qu'il mérite
d'être choiſi pour ſa nature ; juſte, parce qu'il
s'accorde avec l'équité, & qu'il engage à vivre
d'une maniere ſociable.

L'honnête, ſuivant ces Philoſophes, eſt le
bien parfait ; c'eſt-à-dire celui qui a tous les nombres, requis (1.) par la nature, ou qui eſt par-
fai.

---

(1) Les Stoïciens mettoient des nombres dans la vertu. *Tout devoir eſt compoſé de certains nombres.* Marc An-
tonin, VI. § 26. *Dacier* a traduit, *d'un certain nombre de
choſes.*

faitement mefuré. Ils diftinguent quatre efpeces
dans l'honnêteté; la juftice, la force, la bien-
féance, la fcience, & difent qne ce font-là les
parties qui entrent dans toutes les actions parfaitement honnêtes. Ils fuppofent auffi dans ce qui
eft honteux quatre efpéces, analogues à celles de
l'honnêteté; l'injuftice, la crainte, la groffiéreté,
la folie. Ils difent que l'honnête fe prend dans
un fens fimple, entant qu'il comprend les chofes
loüables & ceux qui poffedent quelque bien qui
eft digne d'éloge; que l'honnête fe prend auffi
pour défigner la bonne difpofition aux actions
particulières qu'on doit faire; qu'il fe prend encore autrement pour marquer ce qui eft bien réglé, comme quand nous difons que *le fage feul*
eft bon & honnête. Ils difent de plus qu'il n'y a
que ce qui eft honnête qui foit bon, comme le
rapportent, Hecaton dans fon troifieme livre des
Biens, & Chryfippe dans fon ouvrage fur l'*Honnête.*
Ils ajoutent que ce bien honnête eft la vertu, de même que ce qui en eft une participation, C'eft-dire
précifément que tout ce qui eft bien eft honnête, & que le bien eft équivalent à l'honnête, puifqu'il lui eft égal; car dès qu'une chofe eft
honnête lorfqu'elle eft bonne, il s'enfuit auffi
qu'elle eft bonne, fi elle eft honnête.

Ils font dans l'opinion que tous les biens font
égaux, que tout bien mérite d'être recherché,
& qu'il n'eft fujet; ni à augmentation, ni à dimi-
nu-

nution. Ils difent que les chofes du monde fe
partagent en celles qui font des biens, en celles
qui font des maux, & en celles qui ne font ni
l'un, ni l'autre. Ils appellent *biens* les vertus,
comme la prudence, la juftice, la force, la
tempérance, & les autres. Ils donnent le nom
de *maux* aux chofes contraires à celles-là, à l'imprudence, à l'injuftice & au refte. Celles, qui ne
font ni biens, ni maux, n'apportent ni utilité,
ni dommage, comme la vie, la fanté, la volupté, la beauté, la force de corps, la richeffe,
la gloire, la nobleffe, & leurs oppofés, comme
la mort, la maladie, la douleur, l'opprobre,
l'Infirmité, la pauvreté, l'obfcurité, la baffeffe
de naiffance, & les chofes pareilles à celles-là,
ainfi que le rapportent, Hecaton dans fon feptieme livre des *Fins*, Apollodore dans fa *Morale*
& Chryfippe, qui difent que ces chofes-là ne
font point matiere de biens, mais des chofes indifférentes, approuvables dans leur efpece. Car
comme l'attribut propre de la chaleur eft de re-
chauffer & de ne pas refroidir, de même le bien
a pour propriété d'être utile & de ne pas faire de
mal. Or les richeffes & la fanté ne font pas plus
de bien que de mal; ainfi ni la fanté, ni les richeffes ne font pas un bien. Ils difent encore qu'on
ne doit pas appeler *bien* une chofe dont on peut
faire un bon & un mauvais ufage. Or on peut
faire un bon & un mauvais ufage de la fanté &

des.

des richeffes; ainfi ni l'un, ni l'autre ne doivent paffer pour être un bien. Cependant Pofidonius les met au nombre des biens. Ils ne regardent pas même la volupté comme un bien fuivant Hecaton dans fon dix-neuvieme livre des *Biens*, & Chryfippe dans fon livre de la *Volupté*; ce qu'ils fondent fur ce qu'il y a des voluptés honteufes, & que rien de ce qui eft honteux n'eft un bien. Ils font confifter l'utilité à régler fes mouvemens & fes démarches felon la vertu; & ce qui eft nuifible, à régler fes mouvemens & fes démarches felon le vice.

Ils croyent que les chofes indifférentes font telles de deux manieres. D'abord elles font indifférentes entant qu'elles ne font rien au bonheur, ni à la mifere, telles que les richeffes, la fanté, la force de corps, la réputation & autres chofes femblables. La raifon en eft, qu'on peut être heureux fans elles, puifque c'eft felon la maniere dont on en ufe, qu'elles contribuent au bonheur, ou à la mifere. Les chofes indifférentes font encore telles entant qu'il y en a qui n'excitent ni le defir, ni l'averfion, comme feroit d'avoir fur la tête un nombre de cheveux égal ou inégal, & d'étendre le doigt; ou de le tenir fermé. C'eft en quoi cette derniere forte d'indifférence eft diftincte de la premiere, fuivant laquelle il y a des chofes indifférentes, qui ne laiffent pas d'exciter le penchant, ou l'averfion.

De

De là vient qu'on en préfere quelques-unes, quoique par les mêmes raisons on devroit aussi préferer les autres, ou les négliger toutes.

Les Stoïciens distinguent encore les choses indifférentes en celles qu'on approuve (1) & celles
qu'on rejette. Celles qu'on approuve, renferment
ment quelque chose d'estimable; celles qu'on rejette, n'ont rien dont on puisse faire cas. Par
estimable ils entendent d'abord ce qui contribue
en quelque chose à une vie bien réglée; en quel
sens tout bien est estimable. On entend aussi
par-là un certain pouvoir, ou usage mitoyen par
lequel certaines choses peuvent contribuer à une
vie conforme à la nature; tel est l'usage que peuvent avoir pour cela les richesses & la santé. On
appelle encore *estime* le prix auquel une chose est
appréciée par un homme qui s'entend à en estimer la valeur; comme par exemple, lorsqu'on
échange une mesure d'orge contre une mesure &
demi. (2) de froment.

Les choses indifférentes & approuvables sont
donc celles qui renferment quelque sujet d'estime; tels sont, par rapport aux biens de l'ame,
le génie, les Arts, les progrès & autres semblables; tels, par rapport aux biens du corps, la
vie,

(1) Nous préférons les expressions *approuver* & *rejetter*,
justifiées par la définition de Diogene, à d'autres plus
littérales, mais qui ne forment pas de sens en François.
(2) Je suis une correction de *Kuhnius*.

vie, la santé, la force, la bonne difpofition,
l'ufage de toutes les parties du corps, la beauté;
tels encore, par rapport aux biens extérieurs, la
richeffe, la réputation, la naiffance & autres pareils. Les chofes indifférentes à rejetter font,
par rapport aux biens de l'ame, la ftupidité,
l'ignorance des Arts & autres femblables ; par
rapport aux biens du corps, la mort, la maladie,
les infirmités, une mauvaife conftitution, le de-
faut de quelque membre, la difformité & autres
pareils ; par rapport aux biens extérieurs, la
pauvreté, l'obfcurité, la baffeffe de condition,
& autres femblables. Les chofes indifférentes
neutres font celles qui n'ont rien qui doive les
faire approuver, ou rejetter. Parmi celles de
ces chofes qui font approuvables, il y en a qui
le font par elles-mêmes, qui le font par d'autres
chofes, & qui le font en même tems par elles-
mêmes & par d'autres. Celles approuvables par
elles-mêmes, font le génie, les progrès & autres
femblables ; celles approuvables par d'autres chofes, font les richeffes, la nobleffe & autres pareilles ; celles approuvables par elles-mêmes & par
d'autres, font la force, des fens bien difpofés &
l'ufage de tous les membres du corps. Ces dernieres font approuvables par elles-mêmes, parce
qu'elles font fuivant l'ordre de la nature : elles font
auffi approuvables par d'autres chofes, parce
qu'elles ne procurent pas peu d'utilité. Il en eft

de

de même dans un sens contraire des choses qu'on
rejette.

Les Stoïciens appellent *devoir* une chose, qui
emporte qu'on puisse rendre raison pourquoi elle
est faite, comme par exemple, que c'est une chose qui suit de la nature de la vie: en quel sens
l'idée de devoir s'étend jusqu'aux plantes & aux
animaux ; car on peut remarquer des obligations
dans la condition des unes & des autres. Ce fut
Zénon qui se servit le premier du mot Grec qui
signifie *devoir*, & qui veut dire originairement,
Venir de certaines choses. Le devoir même est
l'opération des institutions de la nature; car dans
les choses qui sont l'effet des penchans, il y en
a qui sont des devoirs, il y en a qui sont contraires aux devoirs, il y en a qui ne sont ni devoirs, ni contraires au devoir. Il faut regarder
comme des devoirs toutes les choses que la raison conseille de faire, par exemple, d'honorer
ses parens, ses freres, sa patrie, & de converser amicalement avec ses amis. Il faut envisager
comme contraire au devoir tout ce que ne dicte
pas la raison, par exemple, de ne pas avoir soin
de son pere & de sa mere, de méprifer ses proches, de ne pas s'accorder avec ses amis, de ne
point estimer sa patrie, & autres pareils sentimens. Enfin les choses, qui ne sont ni devoirs,
ni contraires au devoir, sont celles que la raison, ni ne conseille, ni ne dissuade de faire,

com-

comme de ramaſſer une paille, de tenir une plume, une broſſe & autres choſes ſemblables. Outre cela, il y a des devoirs qui ne ſont point accompagnés de circonſtances qui y obligent, & d'autres que de pareilles circonſtances accompagnent. Les premiers ſont, par exemple, d'avoir ſoin de ſa ſanté, de ſes ſens & autres ſemblables; les ſeconds, de ſe priver quelquefois d'un membre du corps, & de renoncer à ſes biens. Il en eſt de même d'une maniere analogue des choſes contraires au devoir. Il y a auſſi des devoirs qui toujours obligent, & d'autres qui n'obligent pas toujours. Les premiers ſont de vivre ſelon la vertu; les autres ſont, par exemple, de faire des queſtions, de répondre, & autres ſemblables. La même diſtinction a lieu par rapport aux choſes contraires au devoir. Il y a même un certain devoir dans les choſes moyennes; tel eſt celui de l'obéiſſance des enfans envers leurs précepteurs.

Les Stoïciens diviſent l'ame en huit parties; car ils regardent, comme autant de parties de l'ame, les cinq ſens, l'organe de la voix & celui de la penſée, qui eſt l'intelligence elle-même, auxquelles ils joignent la faculté générative. Ils ajoutent que l'erreur produit une corruption de l'eſprit, d'où naiſſent pluſieurs paſſions, ou cauſes de troubles dans l'ame. La paſſion même, ſuivant Zénon, eſt une émotion déraiſonnable &

con-

contraire à la nature de l'ame, ou un penchant qui devient exceſſif. Il y a quatre genres de paſſions ſupérieures, ſelon Hecaton dans ſon deuxieme livre des *Paſſions*, & ſelon Zénon dans ſon ouvrage ſous le même titre. Ils les nomment la triſteſſe, la crainte, la convoitiſe, la volupté. Au rapport de Chryſippe dans ſon livre des *Paſſions*, les Stoïciens regardent les paſſions comme étant des jugemens de l'eſprit ; car l'amour de l'argent eſt une opinion que l'argent eſt une choſe honnête, & il en eſt de même de l'yvrognerie, de la débauche & des autres. Ils diſent que la triſteſſe eſt une contraction déraiſonnable de l'eſprit, & lui donnent pour eſpeces la pitié, le mécontentemement, l'envie, la jalouſie, l'affliction, l'angoiſſe, l'inquiétude, la douleur, & la conſternation. La pitié eſt une triſteſſe ſemblable à celle qu'on a pour quelqu'un qui ſouffre, ſans l'avoir mérité ; le mécontentement, une triſteſſe qu'on reſſent du bonheur d'autrui ; l'envie, une triſteſſe que l'on conçoit de ce que les autres ont des biens qu'on voudroit avoir ; la jalouſie, une triſteſſe qui a pour objet des biens qu'on a en même tems que les autres ; l'affliction, une triſteſſe qui eſt à charge ; l'angoiſſe, une triſteſſe preſſante, & qui préſente une idée de peril ; l'inquiétude, une triſteſſe entretenue, ou augmentée par les réflexions de l'eſprit ; la douleur, une triſteſſe, mêlée de tourment ; la conſternation, une triſteſſe dé-

déraifonnable, qui ronge le cœur, & empêche qu'on ne prenne garde aux chofes qui font préfentes.

La crainte a pour objet un mal qu'on prévoit. On range fous elle la frayeur, l'appréhenfion du travail, la confufion, la terreur, l'épouvante, l'anxiété. La frayeur eft une crainte tremblante; l'appréhenfion du travail, la crainte d'une chofe qui donnera de la peine; la terreur, un effet de l'impreffion qu'une chofe extraordinaire fait fur l'imagination; l'épouvante, une crainte, accompagnée d'extinction de voix; l'anxiété, l'appréhenfion que produit un fujet inconnu; la convoitife, un defir déraifonnable, auquel on rapporte le befoin, la haine, la difcorde, la colere, l'amour, l'animofité, la fureur. Le befoin eft un defir repouffé & mis comme hors de la poffeffion de la chofe fouhaitée, vers laquelle il tend & eft attiré; la haine, un defir de nuire à quelqu'un qui croît & s'augmente; la difcorde, le defir d'avoir raifon dans une opinion; la colere, le defir de punir quelqu'un d'un tort qu'on croit en avoir reçu; l'amour, un defir auquel un bon efprit n'eft point difpofé, car c'eft l'envie de fe concilier l'affection d'un fujet qui nous frappe par une beauté apparente. L'animofité eft une colere invéterée, qui attend l'occafion de paroître, ainfi qu'elle eft repréfentée dans ces vers.

Quoiqu'il digere fa bile pour ce jour même, il conferve fa colere jufqu'à ce qu'elle foit affouvie. La

fureur eft une colere qui emporte. Quant à la
volupté, c'eft une ardeur pour une chofe qui paroît fouhaitable. Elle comprend la déleftation,
le charme, le plaifir qu'on prend au mal, la dis-
folution. La déleftation eft le plaifir qui flatte
l'oreille; le plaifir malicieux, celui qu'on prend
aux maux d'autrui; le charme, une forte de ren-
verfement de l'ame, ou une inclination au relâchement; la diffolution, le relâchement de la vertu. De même que le corps eft fujet à de grandes maladies, comme la goute & les douleurs qui
viennent aux jointures; de même l'ame eft fou-
mife à de pareils maux, qui font l'ambition, la
volupté & les vices femblables. Les maladies font
des dérangemens, accompagnés d'affoibliffement;
& cette opinion fubite, qu'on prend d'une chofe
qu'on fouhaite, eft un dérangement de l'ame.
Comme le corps eft auffi fujet à des accidens,
tels que les catharres & les diarrhées; ainfi il y
a dans l'ame certains fentimens qui peuvent l'en-
traîner, tels que le penchant à l'envie, la dureté, les difputes & autres femblables.

On compte trois bonnes affeftions de l'ame,
la joye, la circonfpeftion, la volonté. La joye
eft contraire à la volupté, comme étant une ardeur raifonnable; la circonfpeftion, contraire à la
crainte, comme confiftant dans un éloignement
raifonnable. Le Sage ne craint jamais: mais il
eft circonfpeft. La volonté eft contraire à la

convoitiſe, en ce que c'eſt un deſir raiſonnable.
Et comme il y a des ſentimens qu'on range ſous
les paſſions primitives, il y en a auſſi qu'on place ſous les affections de cette eſpece. Ainſi à la
volonté on ſubordonne la bienveillance, l'humeur pacifique, la civilité, l'amitié; à la cir-
conſpection, la modeſtie & la pureté; à la joye;
le contentement, la gayeté, la bonne humeur.

· Les Stoïciens prétendent que le Sage eſt ſans
paſſions, parce qu'il eſt exempt de fautes. Ils diſtinguent cette apathie d'une autre mauvaiſe qui
reſſemble à celle-ci, & qui eſt celle des gens durs,
& que rien ne touche. Ils diſent encore que le
Sage eſt ſans orgueil, parce qu'il n'eſtime pas
plus la gloire que le deshonneur; mais qu'il y a
un autre mauvais mépris de l'orgueil, qui conſiſte à ne pas ſe ſoucier comment on agit. Ils
attribuent l'auſtérité aux Sages, parce qu'ils ne
cherchent point à paroître voluptueux dans leur
commerce, & qu'ils n'approuvent pas ce qui
part des autres & porte ce caractere. Ils ajoutent qu'il y a une autre auſtérité, qu'on peut
comparer au vin rude dont on ſert pour les mé-
decines, mais qu'on ne préſente point à boire.
· Ils diſent encore que les Sages ſont éloignés de
tout déguiſement, qu'ils prennent garde à ne ſe
pas montrer meilleurs qu'ils ne ſont par un extérieur compoſé, ſous lequel on cache ſes défauts
& on n'étale que ſes bonnes qualités. Ils n'u-

ſent

fent point de feintes, ils la banniffent même de
la voix & de la phyfionomie.

Ils ne fe furchargent point d'affaires, & font
attentifs à ne rien faire qui foit contraire à leur
devoir. Ils peuvent boire du vin, mais ils ne
s'enyvrent pas; ils ne fe livrent pas non plus à
la fureur. Cependant il peut arriver qu'ils ayent
de monftrueufes imaginations, excitées par un excès de bile, ou dans un tranfport de délire, non
par une confequence du fyftême qu'ils fuivent,
mais par un défaut de nature. Ils ne s'affligent
point, parce que la trifteffe eft une contraction
déraifonnable de l'ame, comme dit Apollodore
dans fa *Morale*. Ce font des efprits céleftes, qui
ont comme un génie qui réfide au-dedans d'eux-
mêmes, en cela bien differens des méchans,
lefquels font privés de cette préfence de la Divinité. De là vient qu'un homme peut être dit
Athée de deux manieres, ou parce qu'il a des inclinations qui le mettent en oppofition avec Dieu,
ou parce qu'il compte la Divinité pour rien du
tout; ce qui cependant n'eft pas commun à tous
les méchans. Selon les Stoïciens, les Sages font
pieux, étant pleinement inftruits de tout ce qui
a rapport à la religion. Ils qualifient la piété
la Connoiſſance du culte divin, & garantiffent la
pureté de cœur à ceux qui offrent des facrifices.
Les Sages haïffent le crime, qui bleffe la ma-
jefté des Dieux; ils en font les favoris pour

leur

leur fainteté & leur juftice. Eux feuls peuvent fe
vanter d'en être les vrais miniftres par l'attention
qu'ils apportent dans l'examen de ce qui regarde
les facrifices, les dédicaces de Temples, les purifications, & autres cérémonies rélatives au fervice divin. Les Stoïciens établiffent comme un
devoir, dont ils font gloire aux Sages, d'honorer,
immédiatement, après les Dieux, pere & mere,
freres & fœurs, auxquels l'amitié pour leurs enfans
eft naturelle, au-lieu qu'elle ne l'eft pas dans les
méchans. Selon Chryfippe dans le quatrieme livre de fes *Queftions morales*, Perfée & Zénon,
ils mettent les péchés au même dégré, fondés
fur ce qu'une vérité, n'étant pas plus grande
qu'une autre vérité, un menfonge plus grand
qu'un autre menfonge, une tromperie par conféquent n'eft pas plus petite qu'une autre fourberie,
ni un peché moindre qu'un autre : & de même
que celui, qui n'eft éloigné que d'un ftade de
Canope, n'eft pas plus dans Canope que celui
qui en eft à cent ftades de diftance ; tout de même auffi celui qui peche plus, & celui qui peche
moins, font tout auffi peu l'un que l'autre dans
le chemin du devoir. Néanmoins Heraclide de
Tarfe, difciple d'Antipater fon compatriote, &
Athénodore croyent que les péchés ne font point
égaux. Rien n'empêche que le Sage ne fe mêle
du Gouvernement, à moins que quelque raifon
n'y mette obftacle, dit Chryfippe dans le premier

livre de fes *Vies*, parce qu'il ne peut que fervir
à bannir les vices & à avancer la vertu. Zénon,
dans fa *République*, permet au Sage de fe marier &
d'avoir des enfans. Il ne juge pas par opinion,
c'eft-à-dire qu'il ne donne fon acquiefcement à
aucune fauffeté; il fuit la vie des Philofophes
Cyniques, parce qu'elle eft un chemin abrégé
pour parvenir à la vertu, remarque Apollodore
dans fa *Morale*. Il lui eft permis de manger
de la chair humaine, fi les circonftances l'y obligent. Il eft le feul qui jouiffe du privilege d'une
parfaite liberté, au-lieu que les méchans croupiffent dans l'efclavage, puifque l'une eft d'agir par
foi-même, & que l'autre confifte dans la privation
de ce pouvoir. Il y a auffi tel efclavage qui git
dans la foumiffion, & tel autre qui eft le fruit de
l'acquifition, & dont la fujettion eft une fuite. A
cet efclavage eft oppofé le droit de feigneur, qui
eft auffi mauvais.

Non feulement les Sages font libres, ils font
même Rois, puifque la royauté eft un empire in-
dépendant, & qu'on ne fauroit contefter aux Sages, dit Chryfippe dans un ouvrage où il entre-
prend de prouver que Zénon a pris dans un fens
propre les termes dont il s'eft fervi. En effet
ce Philofophe avance que celui, qui gouverne,
doit connoître le bien & le mal; difcernement
qui n'eft pas donné aux méchans. Les Sages
font auffi les feuls propres aux emplois de Magi-
ftra-

ftratuïe, de Barreau & d'éloquence ; autant de
poftes que les méchans ne fauroient dignement
remplir. Ils font irrépréhenfibles, parce qu'ils
ne tombent point en faute; ils font innocens,
puifqu'ils ne portent préjudice à perfonne , ni à
eux-mêmes, mais auffi ils ne fe piquent point d'être
pitoyables, ne pardonnent point à ceux qui font
mal, & ne fe relâchent pas fur les punitions établies par les Loix. Céder à la clémence, fe laiffer
émouvoir par la compaffion, font des fentimens
dont ne peuvent être fufceptibles ceux qui ont à
infliger des peines, & à qui l'équité ne permet pas
de les regarder comme trop rigoureufes. Le Sage
ne s'étonne pas non plus des phénomenes & des
prodiges de la nature, qui fe manifeftent inopiné-
ment, des lieux d'où exhalent des odeurs em-
peftées, du flux & reflux de la mer, des fources
d'eau minérale & des feux fouterrains. Né pour
la fociété, fait pour agir, pour s'appliquer à
l'exercice, pour endurcir le corps à la fatigue, il
ne lui convient pas de vivre folitairement, éloigné du commerce des hommes. Un de fes vœux,
difent Pofidonius, dans fon premier livre des
Devoirs, & Hecaton dans fon treizieme livre de fes
Paradoxes, eft de demander aux Dieux les biens
qui lui font néceffaires. Les Stoïciens eftiment
que la vraye amitié ne peut avoir lieu qu'entre
des Sages, parce qu'ils s'aiment par conformité
de fentimens. Ils veulent que l'amitié foit une

com-

communauté des chofes néceffaires à la vie , & que
nous difpofions de nos amis comme nous difpo-
ferions de nous-mêmes ; auffi comptent-ils la plu-
ralité de ces fortes de liaifons parmi les biens que
l'on doit defirer, & que l'on chercheroit en vain
dans la fréquentation des méchans.   Ils confeil-
lent de n'avoir aucune difpute avec des infenfés ,
toujours prêts à entrer en fureur, & fi éloignés de
la prudence ,   qu'ils ne font & n'entreprennent
rien que par des boutades qui tiennent de la folie.   Le Sage au contraire fait toutes chofes avec
poids & mefure, femblable au Muficien Ifménias ,
qui jouoit parfaitement bien tous les airs de
flûte. Tout eft au Sage en vertu de la pleine puiffance lui accordée par la Loi. Quant aux méchans
& aux infenfés, ils ont bien droit fur certaines
chofes ; mais on doit les comparer à ceux qui
poffedent des biens injuftement. Au refte, nous
diftinguons le droit de poffeffion qui appartient
au public, d'avec le pouvoir d'ufage (1).

   Les Stoïciens penfent que les vertus font
tellement unies les unes avec les autres, que celui, qui en a une, les a toutes, parce qu'elles
naiffent en général du même fond de réflexions,
comme le difent Chryfippe dans fon livre des *Ver-*
                                             tus,

───────────

   (1) C'eft à-dire que toutes chofes appartiennent aux
Sages, entant qu'ils font propres à faire un bon ufage de
tout. C'eft une maniere de parler, comme quelques autres traits de ce portrait du Sage.

tus, Apollodore dans fa *Phyfique ancienne*, &
Hecaton dans fon troifieme livre des *Vertus*. Car
un homme vertueux joint la fpéculation à la pratique, & celle-ci renferme les chofes qui demandent un bon choix, de la patience, une fage
diftribution & de la perféverance. Or, comme le
Sage fait certaines chofes par efprit de choix,
d'autres avec patience, celles-ci avec équité,
celles-là avec perféverance, il eft en même tems
prudent, courageux, jufte & tempérant. Chaque vertu fe rapporte à fon chef particulier. Par
exemple, les chofes, qui exigent de la patience,
font le fujet du courage ; le choix de celles
qui doivent être laiffées & de celles qui font neutres, eft le fujet de la prudence. Il en eft ainfi
des autres, qui ont toutes un fujet d'exercice
particulier. De la prudence viennent la maturité
& le bon fens ; de la tempérance procedent l'ordre & la décence ; de la juftice naiffent l'équité
& la candeur ; du courage, proviennent la con-
ftance, la réfolution.

Les Stoïciens ne croyent pas qu'il y ait de milieu entre le vice & la vertu, en cela contraires
à l'opinion des Péripatéticiens, qui établiffent que
les progrès font un milieu de cette nature. Ils fe
fondent fur ce que comme il faut qu'un morceau
de bois foit droit ou courbé, il faut de même
qu'on foit jufte, & qu'il ne peut y avoir de fuper-
latif à l'un ou à l'autre égard. Ce raifonnement

eft

eſt le même qu'ils font ſur les autres vertus. Chryſippe dit que la vertu peut ſe perdre ; Cléanthe ſoutient le contraire. Le premier allegue pour cauſes, qui peuvent faire perdre la vertu, l'yvrognerie & la mélancholie ; le ſecond s'appuye ſur la ſolidité des idées qui forment la vertu. Ils diſent qu'on doit l'embraſſer, puiſque nous avons honte de ce que nous faiſons de mauvais; ce qui démontre que nous ſavons que l'honnêteté ſeule eſt le vrai bien. La vertu ſuffit auſſi pour rendre heureux, diſent avec Zénon Chryſippe dans ſon premier livre des *Vertus,* & Hecaton dans ſon deuxieme livre des *Biens.* Car ſi la grandeur d'ame, qui eſt une partie de la vertu, ſuffit pour que nous ſurpaſſions tous les autres, la vertu elle-même eſt auſſi ſuffiſante pour rendre heureux, d'autant plus qu'elle nous porte à mépriſer les choſes que l'on répute pour maux. Néanmoins Panetius & Poſidonius prétendent que ce n'eſt point aſſez de la vertu, qu'il faut encore de la ſanté, de la force du corps & de l'abondance néceſſaire. Une autre opinion des Stoïciens eſt que la vertu requiert qu'on en faſſe toujours uſage, comme dit Cléanthe, parce qu'elle ne peut ſe perdre, & que lorſqu'il ne manque rien à la perfection de l'ame, le Sage en jouït à toutes ſortes d'égards.

Ils croyent que la juſtice eſt ce qu'elle eſt, & non telle par inſtitution. Ils parlent ſur le même

ton

ton de la Loi & de la droite raifon, ainfi que le
rapporte Chryfippe dan fon livre de l'*Honnête*.
Ils penfent auffi que la diverfité des opinions ne
doit pas engager à renoncer à la Philofophie,
puifque par une pareille raifon il faudroit auffi quitter toute la vie, dit Pofidonius dans fes *Exbortations*.
Chryfippe trouve encore l'étude des Humanités
fort utile. Aucun droit, felon les Stoïciens, ne
lie les hommes envers les autres animaux, parce
qu'il n'y a entre eux aucune reffemblance, dit
encore Chryfippe dans fon premier livre de la
Juftice, de même que Pofidonius dans fon premier livre du *Devoir*. Le Sage peut prendre de
l'amitié pour de jeunes gens qui paroiffent avoir
de bonnes difpofitions pour la vertu. 'C'eft ce
que rapportent Zénon dans fa *République*,
Chryfippe dans fon premier livre des *Vies*, &
Apollodore dans fa *Morale*. Ils définiffent cet
attachement, '*Un goût de bienveillance qui naît des
agrémens de ceux qu'il a pour objet, & qui ne va
point jufqu'à des fentimens plus forts; mais demeure
renfermé dans les bornes de l'amitié* (1). On en a
un exemple dans Thrafon, qui, quoiqu'il eût fa
maitreffe en fa puiffance, s'abftint d'en abufer,
parce qu'elle le haïffoit (2). Ils appellent donc cette

---

(1) Il faut prendre prendre garde à cette définition, parce
qu'elle juftifie les anciens Philofophes du reproche qu'on
a fait à quelques-uns d'avoir de mauvais attachemens.

(2) *Cafaubon* croit cet endroit défectueux.

te inclination un *Amour d'amitié*, qu'ils ne taxent
point de vicieufe, ajoutant que les agrémens de
la premiere jeuneffe font une fleur de la vertu.

Selon Bion, des trois fortes de vies, fpécula-
tive, pratique & raifonnable, la derniere
doit être préferée aux autres, parce que l'animal raifonnable eft naturellement fait pour s'appliquer à la contemplation & à la pratiqué.
Les Stoïciens préfument que le Sage peut raifonnablement s'ôter la vie, foit pour le fervice
de fa patrie, foit pour celui de fes amis, ou
lorfqu'il fouffre de trop grandes douleurs, qu'il
perd quelque membre, ou qu'il contracte des maladies incurables. Ils croyent encore que les
Sages doivent avoir communauté de femmes,
& qu'il leur eft permis de fe fervir de celles qu'on
rencontre. Telle eft l'opinion de Zénon dans fa *République*, de Chryfippe dans fon ouvrage fur cette matiere, de Diogene le Cynique & de Platon. Ils la fondent fur ce que cela nous
engage à aimer tous les enfans, comme fi
nous en étions les peres, & que c'eft le moyen
de bannlr la jaloufie que caufe l'adultere. Ils
penfent que le meilleur Gouvernement eft celui
qui eft mêlé de la Démocratie, de la Monarchie
& de l'Ariftocratie. Voilà quels font les fentimens des Stoïciens fur la Morale. Ils avancent encore fur ce fujet d'autres chofes, qu'ils
prouvent par des argumens particuliers; mais c'en

eft

eſt aſſez de ce que nous avons dit ſommairement
ſur les articles généraux.

Quant à la Phyſique, ils en diviſent le ſyſtéme en pluſieurs parties, c'eſt-à-dire en ce qui regarde les corps, les principes, les élemens, les
Dieux, les prodiges, le lieu & le vuide. C'eſt-
là ce qu'ils appellent *la diviſion par eſpeces.* Celle
qui eſt par genres, renferme trois parties; l'une
du monde, l'autre des élemens, la derniere des
cauſes. L'explication de ce qui regarde le monde
ſe diviſe en deux parties. La premiere eſt une
conſidération du monde, où l'on fait entrer les
queſtions des Mathématiciens ſur les étoiles fixes
& errantes, comme ſi le ſoleil & la lune ſont des
aſtres auſſi grands qu'ils paroiſſent, ſur le mouvement circulaire & autres ſemblables. L'autre
maniere de conſidérer le monde appartient aux
Phyſiciens. On y recherche quelle eſt ſon eſſence,
& ſi le ſoleil & les aſtres ſont compoſés de matiere & de forme, ſi le monde eſt engendré ou
non, s'il eſt animé ou ſans ame, s'il eſt conduit
par une Providence, & autres queſtions de cette
nature. La partie de la Phyſique, qui traite des
cauſes, eſt auſſi double. La premiere comprend
les recherches des Médecins & les queſtions qu'ils
traitent ſur la partie principale de l'ame; ſur les
choſes qui s'y paſſent; ſur les germes & autres ſujets ſemblables. La ſeconde comprend auſſi des
matierés que les Mathématiciens s'attribuent, com-

me la maniere dont fe fait la vifion ; quélle eft la
caufe du phénomene que forme un objet vû dans
un miroir ; comment fe forment les nuées, les
tonnerres, les cercles qui paroiffent autour du
foleil & de la lune, les cometes, & autres quès-
tions de cette nature.

Ils établiffent deux principes de l'Univers,
dont ils appellent l'un *Agent*, & l'autre *Patient*.
Le principe patient eft la matiere, qui eft une
fubftance fans qualités. Le principe, qu'ils nomment agent, eft la raifon qui agit fur la matiere ;
favoir Dieu, qui, étant éternel, crée toutes les chofes qu'elle contient. Ceux, qui établiffent ce
dogme, font Zénon Cittien dans fon livre de la
Subftance, Cléanthe dans fon livre des *Atômes*,
Chryfippe dans le premier livre de fa *Phyfique* vers
la fin, Archedeme dans fon livre des *Elemens*, &
Pofidonius dans fon deuxieme livre du *Syftême
Phyfique*. Ils mettent une différence entre les
principes & les élemens. Les premiers ne font
ni engendrés, ni corruptibles ; les feconds fe cor-
romprront par un embrafement. Les principes
font auffi incorporels & fans forme, au-lieu que
les élemens en ont une. Le corps, dit Apollodore
dans fa *Phyfique*, eft ce qui a trois dimenfions, la
longueur, la largeur & la profondeur ; & c'eft ce
qu'on appelle un corps folide. La fuperficie eft
compofée des extrémités du corps, & elle n'a que
de la longueur & de la largeur, fans profondeur.

C'eft

C'eſt ainſi que l'explique Poſidonius dans ſon troiſieme livre des *Météores*, conſiderés, tant ſelon
la maniere de les éntendre que ſelon leur ſubſi-
ſtence (1). La ligne eſt l'extrémité de la ſuper-
ficie, ou une longueur ſans largeur; ou bien ce
qui n'a que de la longueur. Le point eſt l'extrémité de la ligne, & forme la plus petite marque
qu'il y ait. Les Stoïciens diſent que l'entendement, la deſtinée & Jupiter ne ſont qu'un même
Dieu, qui reçoit pluſieurs autres dénominations;
que c'eſt lui qui, par le moyen des principes qui
ſont en lui, change toute la ſubſtance d'air en
eau; & que comme les germes ſont contenus
dans la matiere, il en eſt de même de Dieu, con-
ſideré comme raiſon ſéminale du monde; que
cette raiſon demeure dans la ſubſtance aqueuſe,
& reçoit le ſecours de la matiere pour les choſes
qui ſont formées enſuite; enfin qu'après cela,
Dieu a créé premiérement quatre élemens, le
feu, l'eau, l'air & la terre. Il eſt parlé de ces
élemens dans le premier livre de Zénon ſur l'*Uni-*
vers, dans le premier livre de la *Phyſique* de Chryſippe & dans un ouvrage d'Archedeme ſur les
Elemens.

Ils définiſſent l'élement ce qui entre le premier
dans la compoſition d'une choſe, & le dernier

dans

_____

(1) Il paroît y avoir ici quelque équivoque, ou obſcurité, & il n'y a point de note.

dans fa réfolution. Les quatre élemens conftituent ensemble une fubftance fans qualités, qui eft la matiere. Le feu eft chaud, l'eau humide, l'air froid, la terre feche, & il y a auffi quelque chofe de cette qualité dans l'air. Le feu occupe le lieu le plus élevé, & ils lui donnent le nom d'*éther*. C'eft-là que fut formé premiérement l'orbe des étoiles fixes, puis celui des étoiles errantes, & placent enfuite l'air après l'eau. Enfin la terre occupe le lieu le plus bas, qui eft en même tems le centre du monde.

Ils prennent le mot de *monde* en trois fens; premiérement pour Dieu même, qui s'approprie la fubftance univerfelle, qui eft incorruptible, non engendré, l'auteur de ce grand & bel ouvrage, qui enfin, au bout de certaines révolutions de tems, engloutit en lui-même toute la fubftance, & l'engendre de nouveau hors de lui-même. Ils donnent auffi le nom de *monde* à l'arrangement des corps céleftes, & appellent encore ainfi la réunion des deux idées précédentes. Le monde eft la difpofition de la fubftance univerfelle en qualités particulieres, ou, comme dit Pofidonius dans fes *Elemens fur la Science des Chofes céleftes*, l'affemblage du ciel & de la terre, & des natures qu'ils contiennent; ou bien l'affemblage des Dieux, des hommes, & des chofes qui font créées pour leur ufage. Le ciel eft la derniere circonfèrence dans laquelle réfide tout ce qui parti-

ci-

cipe à la Divinité. Le monde eſt gouverné avec intelligence & conduit par une Providence, comme s'expliquent Chryſippe dans ſes livres des *Elemens des Choſes céleſtes*, & Poſidonius dans ſon treizieme livre des *Dieux*. On ſuppoſe dans ce ſentiment que l'entendement eſt répandu dans toutes les parties du monde, comme il l'eſt dans toute notre ame, moins cependant dans les unes & plus dans les autres. Il y en a de certaines où il n'a qu'un uſage de faculté, comme dans les os & les nerfs; il y en a encore dans lesquelles il agit comme entendement, par exemple, dans la partie principale de l'ame. C'eſt ainſi que le monde univerſel eſt un animal doué d'ame & de raiſon, dont la partie principale eſt l'éther, comme le dit Antipater Tyrien dans ſon huitieme livre du *Monde*. Chryſippe, dans ſon premier livre de la *Providence*, & Poſidonius dans ſon livre des *Dieux*, prennent le ciel pour la partie principale du monde : Cléanthe admet le ſoleil; mais Chryſippe, d'un avis encore plus différent, prétend que c'eſt la partie la plus pure de l'éther, qu'on appelle auſſi *le Premier des Dieux*, qui pénétre, pour ainſi dire, comme un ſens, dans les choſes qui ſont dans l'air, dans les animaux & dans les plantes; mais qui n'agit dans la terre que comme une faculté.

Il n'y a qu'un monde, terminé, & de forme ſphérique; forme la plus convenable pour le mou-

ve-

vement, comme dit Poſidonius dans ſon quinzieme livre du *Syſtéme Phyſique*, avec Antipater dans
ſes livres du *Monde*. Le monde eſt environné
extérieurement d'un vuide infini, & incorporel. Ils
appellent *incorporel* ce qui, pouvant être occupé
par des corps, ne l'eſt point. Quant à l'intérieur
du monde, il ne renferme point de vuide, mais
tout y eſt néceſſairement uni enſemble par le rapport & l'harmonie que les choſes céleſtes ont avec
les terreſtres. Il eſt parlé du vuide dans le premier livre de Chryſippe ſur cet article, & dans ſon
premier livre des *Syſtémes Phyſiques*, auſſi-bien
que dans la *Phyſique* d'Apollophane, dans Apollodore, & dans Poſidonius au deuxieme livre de
ſon traité de *Phyſique*. Ils diſent que les choſes
incorporelles ſont ſemblables, & que le tems
eſt incorporel, étant un intervalle du mouvement
du monde. Ils ajoutent que le paſſé & le futur
n'ont point de bornes, mais que le préſent eſt
borné. Ils croyent auſſi que le monde eſt corruptible, puiſqu'il a été produit; ce qui ſe prouve
par ce qu'il eſt compoſé d'objets qui ſe comprennent par les ſens, outre que ſi les parties du
monde ſont corruptibles, le tout l'eſt auſſi. Or
les parties du monde ſont corruptibles, puiſqu'elles ſe changent l'une dans l'autre; ainſi le monde
eſt corruptible auſſi. D'ailleurs ſi on peut prouver qu'il y a des choſes qui changent de maniere qu'elles ſoient dans un état plus mauvais
qu'el-

qu'elles n'étoient, elles font corruptibles. Or cela a lieu par rapport au monde, car il eft fujet à
dés excès de fécherefse & d'humidité. Voici
comment ils expliquent la formation du monde.
Après que la fubftance (1) eût été convertie de
feu en eau par le moyen de l'air, la partie la plus
groffiere, s'étant arretée & fixée, forma la terre; la
moins groffiere fe changea en air; & la plus fubtile produifit le feu; de forte que de leur mélange provinrent enfuite les plantes, les animaux &
les autres genres. Ce qui regarde cette production du monde & fa corruption, eft traité
par Zénon dans fon livre de l'*Univers*, par Chryfippe dans fon premier livre de la *Phyfique*, par
Pofidonius dans fon premier livre du *Monde*, par
Cléanthe, & par Antipater dans fon dixieme livre fur le même fujet. Au refte Panetius foutient
que le monde eft incorruptible. Sur ce que le
monde eft un animal doué de vie, de raifon &
d'intelligence, on peut voir Chryfippe dans fon
premier livre de *la Providence*, Apollodore dans
fa *Phyfique* & Pofidonius. Le monde eft un animal au fens de fubftance, doué d'une ame fenfible; car ce qui eft un animal eft meilleur que
ce qui ne l'eft point: or il n'y a rien de plus excellent que le monde; donc le monde eft un animal. Qu'il eft doué d'une ame, c'eft ce qui paroît

(1) La matiere. Voyez ci-deffus.

roît par la nôtre, ·laquelle en eſt une portion détachée: Boëthe nie cependant que le monde ſoit
animé.   Quant à ce que le monde eſt unique, on peut conſulter Zénon, qui l'affirme dans
ſon livre de l'*Univers*, Chryſippe, Apollodore
dans ſa *Phyſique*, & Poſidonius dans le premier
livre de ſon *Syſtême Phyſique*. Apollodore dit
qu'on donne au monde le nom de *tout*, & que
ce terme ſe prend auſſi d'une autre maniere pour
déſigner le monde avec le vuide qui l'environne
extérieurement.   Il faut ſe ſouvenir que le monde eſt borné, mais que le vuide eſt infini.

Pour ce qui eſt des aſtres, les étoiles fixes
ſont emportées circulairement avec le ciel; mais
les étoiles errantes ont leur mouvement particulier.   Le ſoleil fait ſa route obliquement dans
le cercle du Zodiaque, & la lune a pareillement
une route pleine de détours.   Le ſoleil eſt un
feu très pur, dit Poſidonius dans ſon dix-ſeptie-
me livre des *Météores*; & plus grand que la terre,
ſelon le même Auteur dans ſon ſeizieme livre du
Syſtême Phyſique.   Il le dépeint de forme ſphérique, ſuivant en cela la proportion du monde.
Il paroît être un globe igné, parce qu'il fait toutes les fonctions du feu; plus grand que le globe de la terre, puiſqu'il l'éclaire en tout ſens, &
& qu'il repand même ſa lumiere dans toute l'é-
tendue du ciel.   On conclut encore de l'ombre,
que forme la terre en guiſe de cône, que le ſoleil

leil la furpaffe en grandeur, & que c'eſt pour cette raiſon qu'on l'apperçoit par-tout. La lune a quelque choſe de plus terreſtre, comme étant plus près de la terre. Au reſte les corps ignés ont une nourriture, auſſi-bien que les autres aſtres. Le ſoleil ſe nourrit dans l'Océan, étant une flamme intellectuelle. La lune s'entretient de l'eau des rivieres, parce que, ſelon Poſidonius dans ſon ſixieme livre du *Syſtême Phyſique*, elle eſt mêlée d'air & voiſine de la terre, d'où les autres corps tirent leur nourriture. Ces Philoſophes croyent que les aſtres ſont de figure ſphérique, & que la terre eſt immobile. Ils ne penſent pas que la lune tire ſa lumiere d'elle-même, ils tiennent au contraire qu'elle la reçoit du ſoleil. Celui-ci s'éclipſe, lorſque l'autre lui eſt oppoſée du côté qu'il regarde la terre, dit Zénon dans ſon livre de l'*Univers*. En effet le ſoleil diſparoît à nos yeux pendant ſa conjonction avec la lune, & reparoît lorſque la conjonction eſt finie. On ne ſauroit mieux remarquer ce phénomene que dans un baſſin où on a mis de l'eau. La lune s'éclipſe, lorſqu'elle tombe dans l'ombre de la terre. De là vient que les éclipſes de lune n'arrivent que quand elle eſt pleine, quoiqu'elle ſoit tous les mois vis-à-vis du ſoleil; car comme elle ſe meut obliquement vers lui, ſa latitude varie ſelon qu'elle ſe trouve au Nord, ou au Midi. Mais lorſque ſa latitude ſe rencontre avec cel-

celle du foleil & avec celle des corps qui font
entre-deux & qu'avec cela elle eft oppofée au
foleil, alors s'enfuit l'éclipfe. Poffdonius dit
que le mouvement de fa latitude fe rencontre
avec celle des corps intermédiaires dans l'Eere-
viffe, le Scorpion, le Belier & le Taureau.

Dieu, felon les Stoïciens, eft un animal immortel, raifonnable, parfait, ou intellectuel dans fa félicité, inacceffible au mal, lequel prend foin du
monde & des chofes y contenues. Il n'a point
de forme humaine, il eft l'architecte de l'Univers,
& le pere de toutes chofes. On donne auffi vul-
gairement la qualité d'architecte du monde à cette partie de la Divinité qui eft répandue en toutes
chofes, & qui reçoit diverfes dénominations, eu
égard à fes différens effets. On l'appelle *Jupiter*, parce que, felon la fignification de ce terme, c'eft d'elle que viennent toutes chofes, &
qu'elle eft le principe de la vie, ou qu'elle eft
unie à tout ce qui vit ; *Minerve*, parce que fa
principale action eft dans l'éther; *Junon*, entant
qu'elle domine dans l'air; *Vulcain*, entant qu'elle préfide au feu artificiel; *Neptune*, entant qu'elle tient l'empire des eaux; *Cerès*, entant qu'elle
gouverne la terre. Il en eft de même des autres
dénominations fous lefquelles on la diftingue rélativement à quelque propriété. Le monde entier & le ciel font fa fubftance de Dieu, difent
Zénon, Chryfippe dans fon livre onzieme des
Dieux,

Dieux, & Poſidonius dans ſon premier livre, intitulé de même.   Antipater, dans ſon ſeptiéme
livre du *Monde*, compare la ſubſtance divine à
celle de l'air, & Boëthe, dans ſon livre de la
Nature, veut qu'elle reſſemble à la ſubſtance
des étoiles fixes.

Quant à la nature, tantôt ils donnent ce nom
à la force qui unit les parties du monde, tantôt
à celle qui fait germer toutes choſes ſur la terre.
La nature eſt une vertu, qui, par un mouvement
qu'elle a en elle-même, agit dans les ſemences ;
achevant & uniſſant dans des *eſpaces* de tems
marqués ce qu'elle produit, & formant des choſes pareilles à celles dont elle a été ſéparée (1).
Au reſte elle réunit dans cette action l'utilité avec
le plaiſir, comme cela paroît par la formation de
l'homme.   Toutes choſes ſont ſoumiſes à une
deſtinée, diſent Chryſippe dans ſes livres ſur ce
ſujet, Poſidonius dans ſon deuxieme livre ſur la
même matiere, & Zénon, auſſi-bien que Boëthe, dans ſon onzieme livre de la *Deſtinée*. Cette deſtinée eſt l'enchaînement des cauſes, ou la
raiſon par laquelle le monde eſt dirigé.

Les Stoïciens prétendent que la divination a
un fondement réel, & qu'elle eſt même une prévi-
ſion.   Ils la réduiſent en Art par rapport à certains

_____

(1) C'eſt-à-dire, je crois, dont elle a été ſéparée avec
les ſemences dans leſquelles elle agit.

tains évenemens, comme difent Zénon, Chryfippe dans fon deuxieme livre de la *Divination*,
Athénodore, & Pofidonius dans fon douzieme livre du *Syſtême Phyſique*, ainſi que dans fon cinquieme livre de la *Divination*. Panetius eſt d'un
fentiment contraire; il refufe à la divination ce
que lui prêtent les autres.

Ils difent que la fubſtance de tous les êtres
eſt la matiere premiere. C'eſt le fentiment de
Chryfippe dans fon premier livre de *Phyſique*,
& celui de Zénon. La matiere eſt ce, dont
toutes chofes, quelles qu'elles foient, font produites. On l'appelle *fubſtance* & *matiere* en deux
fens, entant qu'elle eſt fubſtance & matiere dont
toutes chofes font faites, & entant qu'elle eſt
fubſtance & matiere de chofes particulieres. Comme matiere univerfelle, elle n'eſt fujette, ni à
augmentation, ni à diminution; comme matiere
de chofes particulieres, elle eſt fufceptible de
ces deux accidens. La fubſtance eſt corporelle
& bornée, difent Antipater dans fon deuxieme
livre de la *Subſtance*, & Apollodore dans fa *Phyſique*. Elle eſt auſſi paſſible, felon le même Auteur; car ſi elle n'étoit pas muable, les chofes,
qui fe font, ne pourroient en être faites. De là
vient auſſi qu'elle eſt diviſible à l'infini. Chryfippe trouve cependant que cette diviſion n'eſt point
infinie, parce que le fujet, qui reçoit la diviſion, n'eſt point infini; mais il convient que la
diviſion ne finit point. Les

Les mélanges se font par l'union de toutes les parties, & non par une simple addition de l'une à l'autre, ou de maniere que celles-ci environnent celles-là, comme dit Chrysippe dans son troisieme livre de *Physique*. Par exemple, un peu de vin, jetté dans la mer, résiste d'abord en s'étendant; mais s'y perd ensuite.

Ils croyent aussi qu'il y a certains Démons, qui ont quelque sympathie avec les hommes, dont ils observent les actions, de même que des Héros, qui sont les ames des gens de bien.

Quant aux effets qui arrivent dans l'air, ils disent que l'hyver est l'air refroidi par le grand éloignement du soleil; le printems, l'air temperé par le retour de cet astre; l'été, l'air échauffé par son cours vers le Nord; & l'automne l'effet de son départ vers les lieux d'où viennent les vents (1). La cause de ceux-ci est le soleil, qui convertit les nuées en vapeurs. L'arc-en-ciel est composé de rayons, refléchis par l'humidité des nuées, ou, comme dit Posidonius dans son traité des *Choses célestes*, c'est l'apparence d'une portion du soleil, ou de la lune vûe dans une nuée pleine de rosée, concave & continue, qui se manifeste sous la forme d'un cercle,

de

_____

(1) Il manque ici quelque chose dans le Grec; on y supplée par toute une période. J'ai mieux aimé suivre *Fougerolles*, qui ne supplée qu'un mot, quoiqu'il ne soit pas d'ailleurs heureux dans presque tout ce livre.

de la même maniere qu'un objet vû dans un miroir. Les cometes, tant celles qui font cheve-
lues, que les autres qui reſſemblent à des torches,
font des feux produits par un air épais, qui s'é-
leve juſqu'à la ſphere de l'éther. L'étoîle vo-
lante eſt un feu raſſemblé, qui s'enflamme dans
l'air, & qui, étant emporté fort rapidement,
paroît à l'imagination avoir une certaine longueur.
La pluye ſe forme des nuées, qui ſe convertiſ-
ſent en eau lorſque l'humidité, élevée de la terre, ou de la mer par la force du ſoleil, ne trouve pas à être employée à d'autre effet. La pluye,
condenſée par le froid, ſe réſoud en gelée blanche. La grêle eſt une nuée compacte, rompue
par le vent; la neige, une nuée compacte qui ſe
change en une matiere humide, dit Poſidonius
dans ſon huitieme livre du *Syſtême Phyſique*. L'éclair
eſt une inflammation des nuées, qui s'entre-cho-
quent & ſe déchirent par la violence du vent, dit
Zénon dans ſon livre de l'*Univers*. Le tonnerre eſt un bruit, cauſé par les nuées qui ſe heurtent
& ſe fracaſſent. La foudre eſt une forte & ſubite inflammation, qui tombe avec impétuoſité ſur la
terre par le choc, ou la rupture des nuées, & ſelon
d'autres; un amas d'air enflammé & rudement pouſſé
ſur la terre. L'ouragan eſt une forte de foudre,
qui s'élance avec une force extrême, ou un aſſemblage de vapeurs embraſées, & détachées d'u-
ne nuée qui ſe briſe. Le tourbillon eſt une nuée

en-

environnée de feu & accompagnée d'un vent qui
fort des cavités de la terre, ou jointe à un vent
comprimé dans les fouterrains, comme l'explique
Pofidonius dans fon huitieme livre. Il y en a
de différente efpece. Les uns caufent les tremblemens de terre, les autres les gouffres, ceux-
ci des inflammations, ceux-là des bouillonne-
mens.

Voici comme ils conçoivent l'arrangement du
monde. Ils mettent la terre au milieu, & la font
fervir de centre; enfuite ils donnent à l'eau, qui
eft de forme-fphérique, le même centre qu'a la
terre; de forte que celle-ci fe trouve être placée
dans l'eau; après ce dernier élement, vient l'air
qui l'environne comme une fphere. Ils pofent
dans le ciel cinq cercles, dont le premier eft le
cercle arctique qu'on voit toujours; le fecond,
le tropique d'été; le troifieme, le cercle équi-
noctial; le quatrieme, le tropique d'hyver; le
cinquieme, le cercle antarctique, qu'on n'apperçoit pas. On appelle ces cercles *Paralleles*,
parce qu'ils ne fe touchent point l'un autre, &
qu'ils font décrits autour du même Pôle. Le
zodiaque eft un cercle oblique, qui, pour ainfi
dire, traverfe les cercles parallèles. La terre eft
auffi partagée en cinq zônes: en zône fepten-
trionale au-delà du cercle arctique, inhabitable
par fa froidure; en zône temperée; en zône
torride., ainfi nommée à caufe de fa chaleur,

qui

qui la rend inhabitable ; en zône temperée , comme celle qui lui eſt oppoſée , & en zône au- ſtrale , auſſi inhabitable pour ſa froidure que le ſont les deux autres.

Les Stoïciens ſe figurent que la nature eſt un feu plein d'art, lequel renferme dans ſon mou- vement une vertu générative; c'eſt-à-dire un eſ- prit qui a les qualités du feu & celles de l'art. Ils croient l'ame douée de ſentiment, & l'appellent *un Eſprit formé avec nous* ; auſſi en font-ils un corps, qui ſubſiſte bien après la moit, mais qui cependant eſt corruptible. Au reſte ils tiennent que l'ame de l'Univers, dont les ames des ani-maux ſont des parties, n'eſt point ſujette à cor-ruption.

Zénon Cittien , Antipater dans ſes livres de l'*Ame* & Poſidonius nomment l'ame *un Eſprit doué de chaleur*, qui nous donne la reſpiration & le mouvement. Cléanthe eſt d'avis que toutes les ames ſe conſervent juſqu'à la conflagration du monde; mais Chryſippe reſtreint cette durée aux ames des Sages. Ils comptent huit parties de l'ame; les cinq ſens, les principes de génération, la faculté de parler, & celle de raiſonner. La vûe eſt une figure conoïde, formée par la lu-mière entre l'œil & l'objet vû, dit Chryſippe dans ſon deuxieme livre de *Phyſique*. Selon l'opinion d'Apollodore, la partie de l'air, qui forme la pointe du cône, eſt tournée vers l'œil, & la ba-ſe ſe vers l'objet, comme ſi on écartoit l'air avec un baton pour rendre l'objet viſible. L'ouïe ſe fait par le moyen de l'air qui ſe trouve entre celui qui parle & celui qui écoute, lequel, frappé orbiculairement, enſuite agité en ondes, s'inſinue dans l'oreille de la même maniere qu'une pierre, jettée dans l'eau, l'agite & y cauſe une ondulation. Le ſommeil conſiſte dans un relâchement des ſens, occaſionné par la partie principale de l'ame. Ils donnent pour cauſe des paſſions les changemens de l'eſprit.

La ſemence, diſent les Stoïciens, eſt une choſe propre à en produire une pareille à celle dont elle a été ſéparée. Par rapport aux hommes, elle ſe mêle avec les parties de l'ame, en ſuivant la proportion de ceux qui s'uniſſent. Chryſippe, dans ſon deuxieme livre de *Phyſique*, appelle les ſemences un *Eſprit joint à la ſubſtance*; ce qui paroît par les ſemences qu'on jette à terre, & qui, lorſqu'elles ſont fletries, n'ont plus la vertu de rien produire, parce que la force en eſt perdue. Sphœrus aſſûre que les ſemences proviennent des corps entiers; de ſorte que la vertu générative appartient à toutes les parties du du corps. Il ajoute que les germes des animaux femelles n'ont point de fécondité, étant foibles, en petite quantité & de nature aqueuſe.

La partie principale de l'ame eſt ce qu'elle

H 3 ren-

renferme de plus excellent. C'eſt-là que ſe forment les images que l'ame conçoit, que naiſſent les penchans, les deſirs, & tout ce qu'on exprime par la parole. On place cette partie de l'ame dans le cœur.

Ceci, je crois, peut ſuffire pour ce qui regarde les ſentimens des Stoïciens ſur la Phyſique, autant qu'ils concernent l'ordre de cet ouvrage. Voyons encore quelques différences d'opinions, qui ſubſiſtent entre ces Philoſophes.

ARIS.

A R I S T O N.

ARiſton *le Chauve*, natif de Chio & ſurnommé *Sirene*, faiſoit conſiſter la fin, qu'on
doit ſe propoſer, à être indifférent ſur ce où il
n'y a ni vice, ni vertu. Il n'exceptoit aucune
de ces choſes, ne penchoit pas plus pour les unes
que pour les autres, & les regardoit toutes
du même œil. *Le Sage*, ajoutoit-il, *doit reſſem-
bler à un bon Acteur, qui ſoit qu'il joue le rôle de Therſite*
(1), *ou celui d'Agamemnon, s'en acquitte d'une maniere également convenable.* Il vouloit qu'on ne s'ap-
pliquât, ni à la Phyſique, ni à la Logique, ſous prétexte que l'une de ces ſciences étoit au-deſſus de
nous, & que l'autre ne nous intéreſſoit point. La
Morale lui paroiſſoit être le ſeul genre d'étude
qui fût propre à l'homme. Il comparoit les raiſonnemens de la Dialectique aux toiles d'arai-
gnées, qui, quoiqu'elles ſemblent renfermer beaucoup d'art, ne ſont d'aucun uſage. Il n'étoit
ni de l'avis de Zénon, qui croyoit qu'il y a pluſieurs ſortes de vertus, ni de celui des Philoſophes Mégariens, qui diſoient que la vertu eſt une
choſe unique, mais à laquelle on donne pluſieurs
noms.

(1) Homme laid & groſſier.

H 4

noms. Il la définissoit *la Maniere dont il se faut conduire par rapport à une chose*. Il enseignoit cette Philosophie dans le Cynosarge (1), & devint ainsi Chef de Secte. Miltiade & Diphilus furent appellés *Aristoniens* du nom de leur Maître. Au reste il avoit beaucoup de talent à persuader, & étoit extrêmement populaire dans ses leçons. De là cette expression de Timon.

Quelqu'un, sorti de la famille de cet Ariston, qui étoit si affable.

Diocles de Magnésie raconte qu'Ariston, s'étant attaché à Polemon, changea de sentiment à l'occasion d'une grande maladie où tomba Zénon. Il insistoit beaucoup sur le dogme Stoïcien, que le Sage ne doit point juger par simple opinion. Persée, qui contredisoit ce dogme, se servit de deux freres jumeaux, dont l'un vint lui confier un dépôt, que l'autre vint lui redemander, & le tenant ainsi en suspens, il lui fit sentir son erreur. Il critiquoit fort & haïssoit Arcésilas; de sorte qu'un jour ayant vû un monstrueux taureau qui avoit une matrice, il s'écria: *Hélas! voilà pour Arcésilas un argument contre l'évidence* (2). Un Philosophe Académicien lui soutint qu'il n'y avoit rien de certain. *Quoi! dit-il, ne voyez vous pas ce-*

---

(1) Nom d'un Temple d'Hercule à Athenes. *Pausanias,* Voyage de l'Attique, ch. 18.

(2) Il fut le premier qui soutint le pour & le contre.

celui qui eft affis à côté de vous? „ Non, répon-
„ dit l'autre". Sur quoi Arifton reprit, *Qui vous*
a ainfi aveuglé ? qui vous a ôté l'ufage des
yeux (1)?

On lui attribue les ouvrages fuivans: *Deux*
livres d'Exhortations. Des Dialogues fur la
Philofophie de Zénon. Sept autres Dialogues
d'école. Sept Traités fur la Sageffe. Des Traités
fur l'Amour. Des Commentaires fur la vaine Gloi-
re. Quinze livres de Commentaires. Trois livres
de Chofes mémorables. Onze livres de Chries. Des
Traités contre les Orateurs. des Traités contre les
Repliques d'Alexinus. Trois Traités contre les
Dialecticiens. Quatre livres de Lettres à
Cléanthe.

Panetius & Soficrate difent qu'il n'y a que
ces lettres qui foient de lui, & attribuent les autres ouvrages de ce catalogue à Arifton le Péripatéticien.

Selon la voix commune, celui, dont nous
parlons, étant chauve, fut frappé d'un coup de
foleil; ce qui lui caufa la mort. C'eft à quoi nous
avons fait alluffon dans ces vers Choliambes (2)
que nous avons compofés à fon fujet.

Pourquoi vieux & chauve, Arifton, donnois-tu
ta tête à rôtir au foleil? En cherchant plus de cha-
leur

(1) Vers d'un Poëte inconnu. *Ménage.*
(2) Sorte de vers Iambes.

*leur qu'il ne t'en faut, tu tombes, sans le vouloir,
dans les glaçons de la mort.*

Il y a eu un autre Ariston, natif d'Ioulis,
Philosophe Péripatéticien; un troisieme, Musicien
d'Athenes; un quatrieme, Poëte Tragique; un
cinquieme du bourg d'Alæe, qui écrivit des Systêmes de Rhétorique, & un sixieme, né à Alexandrie, & Philosophe de la Secte Péripatéticienne.

H E R I L L E.

HErille de Carthage faifoit confifter dans la fcience la fin que l'on doit fe propofer; c'eft-à-
dire, à vivre de telle forte qu'on rapporte toutes
fes actions au deffein de vivre avec fcience, de
crainte qu'on ne s'abrutiffe dans l'ignorance. Il
définiffoit la fcience une *Capacité d'imagination à
recevoir les chofes qui font le fujet de la raifon.*

Quelquefois il doutoit qu'il y eût de fin proprement dite, parce qu'elle change felon les circonftances & les actions; ce qu'il éclairciffoit par
la comparaifon d'une certaine quantité de metal,
qui peut auffi bien fervir à faire une ftatue d'Alexandre qu'une de Socrate. Il difoit qu'il y a de la
différence entre la fin & ce qui n'eft que fin fub-
ordonnée; que tous ceux, qui n'ont point la
fageffe en partage, tendent à la derniere, & que
l'autre n'eft recherchée que par les feuls Sages.
Il croyoit encore que les chofes, qui tiennent le
milieu entre le vice & la vertu, font indifférentes. Quant à fes ouvrages, il eft vrai qu'ils font
fort courts, mais pleins de feu & de force contre
Zénon, qu'il prend à tâche de contredire. On
raconte qu'étant enfant, il étoit fi cheri des
uns & des autres, que Zénon, pour les écarter,

fit couper les cheveux à Herille ; ce qui réuffit
au gré du Philofophe. Ses œuvres font intitulées :
*De l'Exercice. Des Paffions. De l'Opinion. Le Lé-
giflateur. L'Accoucheur* (1). *Antipheron le Précepteur. Le Faifeur de préparations. Le Direc-
teur. Mercure , Medée. Dialogues fur des
Queftions morales.*

(1) Dialogues, qui portoient ce nom. Nous avons con-
fervé le mot dans la Vie de Platon , en mettant *Dialogues
Mantiques.*

D E N Y S.

DEnys , furnommé *le Transfuge*, établiffoit la volupté pour fin. Le goût pour ce fyftême lui vint d'un accident aux yeux, mais fi violent, que n'en pouvant fouffrir l'excès, il fe dépouilla du préjugé que la douleur eft indifférente. Il étoit fils de Théophante, & natif de la ville d'Héraclée. Diocles dit qu'il fut premiérement difciple d'Héraclide fon concitoyen, enfuite d'Alexinus, puis de Menedeme, & en dernier lieu de Zénon.

Il eut d'abord beaucoup d'amour pour les Lettres, & s'appliqua à toutes fortes d'ouvrages de Poëfie, jufque-là qu'étant devenu partifan d'Aratus, il tâcha de l'imiter. Il renonça enfuite à Zénon & fe tourna du côté des Philofophes Cyrénaïques , dont il prit tellement les fentimens, qu'il entroit publiquement dans les lieux de débauche, & fe vautroit, fous les yeux d'un chacun, dans le fein des voluptés. Etant octogénaire, il mourut, à force de fe paffer de nourriture. On lui attribue les ouvrages fuivans: *Deux livres de l'Apathie. Deux de l'Exercice. Quatre de la Volupté.* Les autres ont pour titres: *De la Richeffe. Des Agrémens. De la Douleur. De l'Ufage des*

Hom.

Hommes.   Du Bonheur.   Des Anciens Rois. Des
Cho*ſes qu'on loue.   Des Mœurs étrangeres.*

Tels ſont ceux qui ont fait claſſe à part, en
s'éloignant des opinions des Stoïciens. Zénon eut
pour ſucceſſeur Cléanthe, de qui nous avons maintenant à parler.

CLE-

CLEANTHE.

Léanthe, fils de Phanius, naquit dans la ville d'Asse, témoin Antisthene dans ses *Successions*. Sa premiere profession fut celle d'Athlete. Il vint à Athenes, n'ayant, dit-on, que quatre drachmes pour tout bien. Il fit connoissance avec Zénon, se donna tout entier à la Philosophie, & persévera toujours dans le même dessein. On a conservé le souvenir du courage avec lequel il supportoit la peine, jusque-là que contraint par la misere de servir pour domestique, il pompoit la nuit de l'eau dans les jardins, & s'occupoit le jour à l'étude ; ce qui lui attira le surnom de *Puiseur d'eau*. On raconte aussi qu'appellé en Justice pour rendre raison de ce qu'il faisoit pour vivre & se porter si bien, il comparut avec le témoignage du jardinier dont il arrosoit le jardin, & que l'aiant produit avec le certificat d'une marchande chez laquelle il blutoit la farine, il fut renvoyé absous. A cette circonstance on ajoute que les Juges de l'Aréopage, épris d'admiration, décreterent qu'il lui seroit donné dix Mines ; mais que Zénon l'empêcha de les accepter. On dit aussi qu'Antigone lui en donna trois mille, & qu'un jour qu'il conduisoit de jeunes gens à quelque spectacle, une bouffée de vent ayant levé son habit, il parut sans veste ; tellement que touchés

de

de ſon état, les Athéniens, au rapport de Demetrius de Magnéſie dans ſes *Synonimes*, lui firent
préſent d'une veſte de couleur de ſaffran.　L'hiſtoire porte qu'Antigone ſon diſciple lui demanda
pourquoi il pompoit de l'eau, & s'il ne faiſoit rien
de plus, & qu'à cette queſtion Cléanthe répondit :
Eſt-ce que je ne bêche & n'arroſe point la terre ? ne
fais-je pas tout au monde par amour pour la Philo-
ſophie ? Zénon lui-même l'exerçoit à ces travaux,
& vouloit qu'il lui apportât chaque fois un obole
de ſon ſalaire.　En ayant raſſemblé une aſſez
grande quantité, il les montra à ſes amis, & leur
dit : *Cléanthe pourroit, s'il le vouloit, entretenir un*
autre Cléanthe, tandis que ceux, qui ont dequoi ſe
nourrir, cherchent à tirer d'autres les choſes néceſſai-
res à la vie, quoiqu'ils ne s'appliquent que foible-
ment à la Philoſophie.　De là vient qu'on lui donna le nom de *ſecond Hercule.*　Il avoit beaucoup
d'inclination pour la ſcience, & peu de capacité
d'eſprit, à laquelle il ſuppléoit par le travail &
l'aſſiduité.　De là ce que dit Timon.

　Quel eſt ce belier qui ſe gliſſe par-tout dans la
foule, cet bébeté Vieillard, ce bourgeois d'Aſſe, ce
grand parleur, qui reſſemble à un mortier ?

　Il enduroit patiemment les riſées de ſes compagnons. Quelqu'un l'ayant appellé *âne,* il convint qu'il étoit celui de Zénon, dont il pouvoit
ſeul porter le paquet. On lui faiſoit honte de ſa
timidité.　*C'eſt un heureux défaut,* dit-il ; *j'en com-*
mets moins des fautes.　　　　　　　　　　　Il

Il préféroit sa pauvreté à l'opulence. *Les ri-*
ches, disoit-il, *jouent à la boule; mais moi, j'ôte*
à la terre sa dureté & sa stérilité à force de travail.
Il lui arrivoit quelquefois, en bêchant, de parler en lui-même. Ariston, le prit un jour sur le
fait & lui demanda, ,, Qui grondez-vous?'' Il
se mit à rire & répondit: *Je murmure contre un*
Vieillard, qui, quoique chauve, manque de bon sens.
Quelqu'un trouvoit mauvais qu'Arcésilas négli-
geât les devoirs de la vie. *Taisez-vous*, dit Cléanthe, *& ne méprisez pas ce Philosophe. Quoi-*
qu'il anéantisse par ses discours les devoirs de la vie,
il les établit par ses actions. ,, Je n'aime pas les
,, flatteurs, interrompit Arcésilas''. *Aussi n'est-ce*
pas, reprit Cléanthe, *vous flatter que de dire que vos*
actions & vos discours se contredisent. Quelqu'un
le pria de lui apprendre quel précepte il devoit le
plus souvent inculquer à son fils. *Celui*, dit-il,
qu'exprime ce vers d'Electre, *Silence, vas douce-*
ment. Un Lacédémonien lui vantoit le travail
comme un bien. *Mon cher fils*, lui répondit-il
avec transport, *je vois que tu es né d'un sang géne-*
reux. Hecaton, dans son traité des *Usages*, rapporte qu'un jeune garçon d'assez bonne mine lui
tint ce raisonnement; Si celui, qui se donne un
coup au ventre, est dit se frapper cette partie du
corps, ne sera-t-il pas dit se donner un coup à la
hanche s'il se frappe à cet endroit? *Jeune homme*
lui dit Cléanthe, *garde cela pour toi; mais sache*
que

que les termes analogues ne désignent pas toujours des choses, ni des actions analogues. Quelque autre garçon discouroit en sa présence. Il lui demanda s'il avoit du sentiment. „ Ouï, dit l'autre"; *Et comment donc se fait-il,* repliqua Cléanthe, *que je ne sente pas que tu en ayes?* Un jour Sosithée le Poëte déclama contre lui sur le Théâtre en ces termes, *Ceux que la folie de Cléanthe mene comme des bœufs;* mais quoiqu'il fût présent, il ne perdit point contenance. Les spectateurs applaudirent à son sang froid, & chasserent le déclamateur. Celui-ci, s'étant ensuite repenti de l'avoir injurié, Cléanthe l'excusa, & dit qu'il ne lui conviendroit pas de conserver du ressentiment pour une petite injure, tandis que Bacchus & Hercule ne s'irritent pas des insultes que leur font les Poëtes.

Il comparoit les Péripatéticiens aux instrumens de Musique, qui rendent des sons agréables; mais ne s'entendent pas eux-mêmes. On raconte qu'ayant un jour avancé l'opinion de Zénon, qui soutient que l'on peut juger des mœurs par la physionomie, quelques jeunes gens d'humeur bouffonne lui amenerent un campagnard libertin qui avoit les marques d'un homme endurci aux travaux de la campagne, & prierent Cléanthe de leur apprendre quel étoit son caractere. Il hésita quelque tems, & ordonna au personnage de se retirer. Cet homme, en tournant le dos, commenmença à éternuer; sur quoi Cléanthe dit : *Je suis au fait de ses mœurs; il est dévoué à la mollesse.* Un homme s'entretenoit en lui-même. *Tu pàrles*, lui dit-il, *à quelqu'un qui n'est pas mauvais.* Un autre lui reprochant de ce qu'à un âge si avancé il ne finissoit pas ses jours. *J'en ai bien la pensée*, répondit-il, *mais lorsque je considere que je me porte bien à tous égards, que je puis lire, que je suis en état d'écrire, je change d'avis.* On rapporte que faute d'avoir dequoi acheter du papier, il couchoit par écrit sur des cranes & des os de bœufs tout ce qu'il entendoit dire à Zénon. Cette maniere de vivre lui acquit tant d'estime, que quoique Zénon eût quantité d'autres disciples de mérite, il fut celui qu'il choisit pour lui succéder.

Il a laissé d'excellens ouvrages, dont voici le catalogue. *Du Tems. Deux livres sur la Physiologie de Zénon. Quatre livres d'Explications d'Héraclite. Du sentiment. De l'Art. Contre Démocrite. Contre Aristarque. Contre Herille. Deux livres des Penchans. De l'Antiquité. Un Traité des Dieux. Des Géans. Des Nôces. Du Poëte. Trois livres des Devoirs. Des bons Conseils. Des Agrémens. Un ouvrage d'Exhortation. Des Vertus. Du bon Naturel. Sur Gorgippe. De l'Envie. De l'Amour. De la Liberté. De l'Art d'aimer. De l'Honneur. De la Gloire. Le Politique. Des Conseils. Des Loix. Des Jugemens. De l'Education. Trois livres du Dis-*

Difcours. De la Fin. De l'Honnête. Des Actions. De la Science. De la Royauté. De l'Amitié. Des Repas. Un ouvrage fur ce que la vertu des hommes & dés femmes eft la même. Un autre, fur ce que le Sage doit s'appliquer à enfeigner. Un autre de Difcours, intitulés Cbries. Deux livres de l'Ufage. De la Volupté. Des Chofes propres. Des Chofes ambiguës. De la Dialectique. Des Modes du Difcours. Des Prédicamens. Voilà fes œuvres..

Il mourut de cette maniere. Ayant la gencive enflée & pourrie, les Médecins lui prefcrivirent une abftinence de toute nourriture pendant deux jours; ce qui lui procura un fi grand foulagement, que les Médecins, étant revenus au bout de ce tems-là, lui permirent de vivrè comme à fon ordinaire. Il refufa de fuivre leur avis, fous prétexte qu'il avoit déjà fourni toute fa carriere; de forte qu'il mourut volontairement d'inanition au même âge que Zénon, difent quelques-uns, & après avoir pris dix-neuf ans les leçons de ce Philofophe: Voici des vers de notre façon à fon fujet.

J'admire la conduite de Cléanthé; mais je loue encore plus la Mort, qui, voyant ce Vieillard accablé, d'années, trancha le fil de fes jours, & voulut que celui, qui avoit tant puifé d'eau dans cette vie, fe repofât dans l'autre..

SPHOE-

SPHOERUS.

Sphœrus du Bosphore fut, comme nous l'avons dit, disciple de Cléanthe, après avoir été celui de Zénon. Ayant fait des progrès dans l'étude, il se rendit à Alexandrie auprès de Ptolomée Philopator. Un jour que la conversation tomba sur la question si le Sage doit juger des choses par simple opinion, Sphœrus décida négativement. Le Roi, pour le convaincre de son erreur, ordonna qu'on lui présentât des grenades de cire moulée. Sphœrus les prit pour du fruit naturel; sur quoi le Roi s'écria qu'il s'étoit trompé dans son jugement. Sphœrus répondit sur le champ & fort à propos qu'il n'avoit pas jugé décisivement, mais probablement que ce fussent des grenades, & qu'il y a de la différence entre une idée qu'on admet positivement, & une autre qu'on reçoit comme probable. Mnésistrate le reprenoit de ce qu'il n'attribuoit point à Ptolomée la qualité de Roi ; *Aussi ne l'est-il pas , dit-il, entant qu'il regne; mais entant qu'il est Ptolomée, aimant la sagesse.*

On a de lui les ouvrages suivans : *Deux livres du Monde. Des Elemens de la Semence. De la Fortune. Des plus petites Choses. Contre les Atômes & les Simulacres. Des Sens. Des cinq Dissertations d'Heraclite. De la Morale. Des Devoirs. Des*

Pen-

Penchans. Deux livres des Passions. Des Disserta-
tions. De la Royauté. De la République de Lacédé-
mone. Trois livres sur Lycurgue & Socrate. De la
Loi. De la Divination. Des Dialogues d'Amour.
Des Philosophes Erétriens. Des Similitudes. Des
Définitions. De l'Habitude. Trois livres des Choses
sujettes à contradiction. Du Discours. De l'Opulen-
ce. De la Gloire. De là Mort. Deux livres sur le
Système de la Dialectique. Des Prédicamens. Des
Ambiguïtés. Des Lettres.

CHRY-

CHRYSIPPVS

Stoicus Zenonis et Cleantis in schola Succes,
Apud Fulvium Orsinum in numismate æreo

CHRYSIPPE.

CHryſippe, fils d'Apollonius, nâquit à Soles, ou à Tarſe, ſelon Alexandre dans ſes *Succeſſions*. Il s'exerça au combat de la lance, avant qu'il ne devint diſciple de Zénon, ou de Cléanthe, qu'il quitta lorſqu'il vivoit encore, aſſûrent Diocles & pluſieurs autres. Il ne fut pas un des médiocres Philoſophes. Il avoit beaucoup de génie, l'eſprit ſi délié & ſi ſubtil en tout genre, qu'en pluſieurs choſes il s'écartoit de l'avis, non ſeulement de Zénon, mais de Cléanthe même, à qui il diſoit ſouvent qu'il n'avoit beſoin que d'être inſtruit de ſes principes, & que pour les preuves, il ſauroit bien les trouver lui-même. Cependant il ne laiſſoit pas que de ſe dépiter lorſqu'il diſputoit contre lui, juſqu'à dire fréquemment qu'il étoit heureux à tous égards, excepté en ce qui regardoit Cléanthe. Il étoit ſi bon Dialecticien, & ſi eſtimé de tout le monde pour ſa ſcience, que bien des gens diſoient que ſi les Dieux faiſoient uſage de la Dialectique, ils ne pouvoient ſe ſervir que de celle de Chryſippe. Au reſte, quoiqu'il fût extrêmement fécond en ſubtilités, il ne parut pas auſſi habile ſur la diction que ſur les choſes. Perſonne ne l'égaloit pour la conſtance & l'aſſiduité au travail, témoin ſes ouvrages, qui ſont au nombre de ſept cens

cinq

cinq volumes. Mais la raison de cette multitude de
productions, est qu'il traitoit plusieurs fois le même
sujet, qu'il mettoit par écrit tout ce qui lui venoit
dans la pensée, qu'il retouchoit souvent ce qu'il a-
voit fini, & qu'il farcissoit ses compositions d'un infinité de preuves. Il avoit tellement pris cette habitude, qu'il transcrivit presque toute entiere la
Medée d'Euripide dans quelques opuscules, jusque-
là que quelqu'un, qui avoit cet ouvrage entre les
mains, & à qui un autre demandoit ce qu'il conte-
noit, repondit que c'étoit la *Medée de Chrysippe*.
De là vient aussi qu'Apollodore l'Athénien, dans
sa *Collection des Dogmes Philosophiques*, voulant prouver que quoiqu'Epicure ait enfanté ses ouvrages,
sans puiser dans les sources des autres, ses livres
sont beaucoup plus nombreux que ceux de Chrysippe, dit que si on ôtoit des écrits de celui-ci
ce qui appartient à autrui, il ne resteroit que le
papier vuide. Tels sont les termes dans lesquels
s'exprime Apollodore à cette occasion. Diocles
rapporte qu'une vieille femme, qui étoit auprès de
Chrysippe, disoit qu'ordinairement il écrivoit cinq
cens versets par jour. Hécaton assûre qu'il ne s'avisa
de s'appliquer à la Philosophie que parce que ses
biens avoient été confisqués au profit du Roi. Il
avoit la complexion délicate & la taille fort courte, comme il paroît par sa statue dans la place
Céramique, & qui est presque cachée par une
autre statuë équestre, placée près de là; ce qui
donnè·

donna occafion à Carnéade de l'appeller *Chrypfippe*, au-lieu de Chryfippe (1). On lui reprochoit qu'il n'alloit pas aux leçons d'Arifton, qui avoit un grand nombre de difciples. *Si j'avois pris garde au grand nombre*, répondit-il, *je ne me ferois pas adonné à la Philofophie.* Un Dialecticien obfédoit Cléanthe & lui propofoit des fophismes. *Ceffez*, lui dit Chryfippe, *de détourner ce fage Vieillard de chofes plus importantes, & gardez vos raifonnemens pour nous, qui fommes plus jeunes.* Un jour qu'il étoit feul avec quelqu'un à parler tranquillement fur quelque fujet, d'autres s'approcherent & fe mêlerent de la converfation. Chryfippe, s'appercevant que celui, qui lui parloit, commençoit à s'échauffer dans la difpute, lui dit: *Ah!* (2) *frere, je vois que ton vifage fe trouble. Quittes promptement cette fureur, & donnes-toi le tems de penfer raifonnablement.* Il étoit fort tranquille lorfqu'il étoit à boire, excepté qu'il remuoit les jambes; de forte que fa fervante difoit qu'il n'y avoit que les jambes de Chryfippe qui fuffent yvres. Il avoit une fi haute opinion de lui-même, que quelqu'un lui ayant demandé à qui il confieroit fon fils, il répondit, *A moi. Car fi je favois que quelqu'un me furpaffât en fcience, j'irois dès ce moment étudier fous lui la Philofophie.*

(1) *Chrypfippe* veut dire caché par un cheval, & *Chryfippe* fignifie un cheval d'or.
(2) Vers d'Euripide dans Orefte. *Menage.*

Tome II.   I

pbie. Aussi lui appliqua-t-on ces paroles, *Celui-là seul a des* (1) *lumieres ; les autres ne font que s'agiter comme des ombres.* On disoit aussi de lui que s'il n'y avoit point de Chrysippe, il n'y auroit plus d'école au Portique. Enfin Sotion, dans le huitieme livre de ses *Successions*, remarque que lorsqu'Arcésilas & Lacydes vinrent à l'Académie, il se joignit à eux dans l'étude de la Philosophie, & que ce fut ce qui lui donna lieu d'écrire contre la coutume & celle qu'il avoit suivie dans ses ouvrages, en se servant des argumens des Académiciens sur les grandeurs & les quantités (2).

Hermippe dit que Chrysippe, étant occupé dans le College Odéen, fut appellé par ses disciples pour assister au sacrifice, & qu'ayant bû du vin doux pur, il lui prit un vertige, dont les suites lui causerent la mort cinq jours après. Il mourut âgé de soixante-&-treize ans dans la CXLIII. Olympiade, selon Apollodore dans ses *Chroniques.* Nous lui avons composé cette Epigramme.

Alleché par le vin, Chrysippe en boit jusqu'à ce que la tête lui tourne. Il ne soucie plus ni du Portique, ni de sa patrie, ni de sa vie ; il abandonne tout pour courir au séjour des morts.

Il y en a qui prétendent qu'il mourut à force d'avoir trop ri, voici à propos de quoi. Ayant

vû

(1) Vers d'Homére sur Tiresias.
(2) C'est-à-dire qu'il combattit ses principes & l'évidence des sens. *Kuhnius.*

vû un âne manger fes figues, il dit à la vieille
femme qui demeuroit avec lui, qu'il falloit donner à l'animal du vin pur à boire, & que là-deſſus
il éclata ſi fort de rire, qu'il en rendit l'eſprit.
Il paroît que le mépris faiſoit partie de ſon caractere, puiſque d'un ſi grand nombre d'ouvrages
écrits de ſa main, il n'en dédia pas un ſeul à aucun Prince. Il ne ſe plaiſoit qu'avec ſa Vieille,
dit Demetrius dans ſes *Synonimes*. Ptolomée
ayant écrit à Cléanthe de venir lui-même le voir,
ou du moins de lui envoyer quelque autre, Sphœrus s'y en fut; mais Chryſippe refuſa d'y aller.
Demetrius ajoute qu'après avoir mandé auprès
de lui les fils de ſa ſœur, Ariſtocréon & Philo-
crate, il les inſtruiſit, & qu'enſuite s'étant attiré
des diſciples, il fut le premier qui s'enhardit à
enſeigner en plein air dans le Lycée.

Il y a eu un autre Chryſippe de Gnide,
Médecin de profeſſion, & de qui Eraſiſtrate
avoue avoir appris beaucoup de choſes. Un ſecond Chryſippe fut le fils de celui-ci, Médecin
de Ptolomée, & qui par une calomnie fut foüetté
& mis à mort. Un troiſieme fut diſciple d'Eraſiſtrate, & le quatrieme écrivit ſur les occupations
de la Campagne.

Le Philoſophe, dont nous parlons, avoit coutume de ſe ſervir de ces ſortes de raiſonnemens.
Celui, qui communique les myſteres à des gens
qui ne ſont pas initiés, eſt un impie: or celui,

qui préfidé aux myfteres, les communique à des
perfonnes non-initiées ; donc celui, qui préfide
aux myfteres, eft un impie. Ce qui n'eft pas dans
la ville, n'eft point dans la maifon : or il n'y a
point de puits dans la ville ; donc, il n'y en a pas
dans la maifon. S'il y a quelque part une tête, vous
ne l'avez point : or il y a quelque part une tête
que vous n'avez point ; donc vous n'avez point de
tête. Si quelqu'un eft à Megare, il n'eft point à Athenes : or l'homme eft à Megare ; donc il n'y a
point d'homme à Athenes ; & au contraire s'il
eft à Athenes, il n'eft point à Megare. Si vous
dites quelque chofe, cela vous paffe par la bouche : or vous parlez d'un chariot ; ainfi un chariot vous paffe par la bouche. Ce que vous n'a-
vez pas jetté vous l'avez : or vous n'avez pas jetté des cornes, donc vous avez des cornes. D'autres attribuent cet argument à Eubulide.

Certains Auteurs condamnent Chryfippe comme
ayant mis au jour plufieurs ouvrages honteux &
obfcenes. Ils citent celui fur les *Anciens Phyficiens*, où il fe trouve une piéce d'environ fix
cens verfets, contenant une fiction fur Jupiter
& Junon, mais qui renferme des chofes qui ne
peuvent fortir que d'une bouche impudique. Ils
ajoutent que malgré l'obfcénité de cette hiftoire,
il la prôna comme une Hiftoire Phyfique, quoiqu'elle convienne bien moins aux Dieux qu'à des
lieux de débauche. Auffi ceux, qui ont parlé
des

des *Tablettes*, n'en ont point fait ufage, pas même Polemon, ni Hypficrate, ni Antigone; mais
c'eft une fiction de Chryfippe. Dans fon livre de
la *République* il ne fe déclare pas contre les maria-
ges entre pere & fille, entre mere & fils; il ne
les approuve pas moins ouvertement dès le commencement de fon traité fur *les Chofes qui ne font
point préferables par elles-mêmes.* Dans fon troifieme livre du *Droit*, ouvrage d'environ mille
verfets, il veut qu'on mange les corps morts. On
allegue encore contre lui ce qu'il avance dans le
deuxieme livre de fon ouvrage fur les Biens &
l'Abondance, où il examine comment & pourquoi
le Sage doit chercher fon profit : que fi c'eft pour la
vie même, il eft indifférent de quelle maniere il
vive; que fi c'eft pour la volupté, il n'importe pas
qu'il en jouiffe ou non; que fi c'eft pour la vertu,
elle lui fuffit feule pour le rendre heureux. Il
traite du dernier ridicule les gains que l'on fait,
foit en recevant des préfens de la main des Prin-
ces, parce qu'ils obligent à ramper devant eux,
foit en obtenant des bienfaits de fes amis, parce
qu'ils changent l'amitié en commerce d'intérêt,
foit en recueillant du fruit de la fageffe, parce
qu'elle devient mercenaire. Tels font les points
contre lefquels on fe recrie.

Mais comme les ouvrages de Chryfippe font
fort célebres, j'ai cru en devoir placer ici le catalogue, en les rangeant fuivant leurs différentes

clas-

classes. *Propositions sur la Logique : que les matieres de Logique font du nombre des recherches d'un
Philosophe. Six Traités fur les Définitions de la
Dialectique à Métrodore. Un Traité des Noms fuivant la Dialectique à Zénon. Un Traité fur l'Art
de la Dialectique à Aristagoras. Quatre de Propofitions conjointes qui font vraifemblables, à Diofcoride. De la Logique concernant les chofes.* Premiere
collection : *Un Traité des Propofitions. Un de
celles qui ne font point fimples. Deux de ce qui eft
compofé, à Athénade. Trois des Négations à Aristagoras. Un des Chofes qui peuvent être Prédicamens, à Athénodore. Deux de celles qui fe difent
privativement. Un à Thearus. Trois des meilleures
Propofitions à Dion. Quatre de la Différence des
tems indéfinis. Deux des Chofes qui fe difent rélativement à certains tems. Deux des Propofitions parfaites.* Seconde collection : *Un Traité des Chofes vrayes, exprimées difjonctivement, à Gorgippide. Quatre des Chofes vrayes, exprimées
conjonctivement, au même. Un de la Diftinction
au même. Un touchant ce qui eft par conféquence. Un des Chofes ternaires, auffi à Gorgippide.
Quatre des Chofes poffibles à Cliton. Un fur les
Significations des Mots par Philon. Un fur ce
qu'il faut regarder comme faux.* Troifieme collection : *Deux Traités des Préceptes. Deux d'Interrogations. Quatre de Réponfes. Un Abrégé d'Interrogations. Un autre de Réponfes. Deux livres de De-*

mandes , & deux de Solutions. Quatrieme collection : *Dix Traités de Prédicamens à Métrodore.*
Un des Cas de déclinaison droits & obliques à Phi-
larque. Un des Conjonctions à Apollonide. Quatre
des Prédicamens à Pasylus. Cinquieme collection :
Un Traité des cinq Cas de déclinaison. Un des Cas
définis énoncés suivant le sujet. Un d'appellatifs. Deux
de subinsinuation à Stesagoras. Des Regles de Logique
par rapport aux mots & au discours. Premiere collection : *Six Traités d'Expressions au singulier & au*
plurier. Cinq d'Expressions à Sosigene & Alexan-
dre. Quatre d'Anomalies d'Expressions à Dion. Trois
de Syllogismes Sorites, considérés par rapport aux
mots. Un de Solécismes. Un de Discours solécisans
à Denys. Un de la Diction à Denys. Seconde collection : *Cinq Traités d'Elemens du Discours , &*
de Choses qui sont le sujet du Discours. Quatre de
la Construction du Discours. Trois de la Construc-
tion & des Elemens du Discours à Philippe. Un
des Elemens du Discours à Nicias. Un des·Choses
qu'on dit rélativement à d'autres. Troisieme collection : *Deux Traités contre ceux qui ne font point*
usage de la Division. Quatre d'Ambiguïtés à Apol-
la. Un des Figures équivoques. Deux des Figures
équivoques conjointes. Deux sur ce que Panthoede a
écrit des Equivoques. Cinq Traités d'Introduction
aux Ambiguïtés. Un Abrégé d'Equivoques à
Epicrate. Deux de Choses réunies , servant d'In-
troduction à la matiere des Equivoques. Col-

lec-

lections sur les Discours & Figures de Logique.
Premiere collection: *Cinq Traités sur l'Art des
Discours & des Modes à Dioscoride. Trois des Discours. Deux de la Constitution des Figures à Stésa-
goras. Un d'Assemblage de Propositions figurées.
Un Traité de Discours conjoints & réciproques. Un
à Agatbon , ou des Problèmes consequens. Un de
Conclusions à Aristagoras. Un sur ce qu'un même
Discours peut être diversement tourné par le moyen
des Figures. Deux sur les Difficultés qu'on oppose à
ce qu'un même Discours puisse être exprimé par Syllogisme & sans Syllogisme. Trois sur ce qu'on ob-
jecte toucbant les Solutions des Syllogismes. Un à
Timocrate sur ce que Pbilon a écrit des Figures.
Deux de Logique composée à Timocrate &* Pbilomatbes: Un des Discours & des Figures.* Deuxieme
collection: *Un Traité à Zenon sur les Discours concluans. Un au même sur les Syllogismes qu'on nomme*
premiers , & qui ne sont pas démonstratifs. *Un
sur l'Analyse de Syllogismes. Deux des Discours
trompeurs à Pasylus. Un de. Considérations sur les
Syllogismes , c'est-à-dire Syllogismes introductifs à
Zénon. Cinq des Syllogismes, dont les Figures sont
fausses. Un d'Analyses de Discours Syllogistiques
dans les cbofes où manque la démonstration ; savoir
Questions figurées, à Zénon & Pbilomatbes;* mais
ce dernier ouvrage passe pour supposé. Troisieme
collection: *Un Traité des Discours incidens à Atbé-
nade ,* ouvrage supposé. *Trois de Discours incidens*

vers

vers le milieu, ouvrages suppofés de même. *Un Traité contre les Diffonctifs d'Amenius.* Quatrieme collection : *Trois Traités de Queftions politiques à Meléagre. Un Traité de Difcours hypothétiques fur les Loix, au même. Deux Traités de Difcours hypothétiques pour fervir d'Introduction. Deux autres de Difcours, contenant des Confidérations hypothétiques. Deux Traités de Réfolutions d'hypothétiques d'Hedyllus. Trois Traités de Réfolutions d'hypothétiques d'Alexandre;* ouvrage fuppofé. *Deux Traités d'Expofitions à Laodamas.* Cinquieme collection : *Un Traité d'Introduction à ce qui eft faux, à Ariftocréon. Un de Difcours faux pour Introduction, au même. Six Traités du Faux, au même.* Sixieme collection : *Un Traité contre ceux qui croyent qu'il n'y a pas de différence entre le Vrai & le Faux. Deux contre ceux qui développent les Difcours faux en les coupant, à Ariftrocréon. Un Traité où l'on démontre qu'il ne faut point partager les infinis. Trois pour réfuter les difficultés contre l'opinion qu'il ne faut point divifer les infinis, à Pafylus. Un Traité des Solutions fuivant les Anciens, à Diofcoride. Trois de la Solution de ce qui eft faux, à Ariftocréon. Un Traité de la Solution des hypothétiques d'Hedylle, à Ariftocréon & Apolla.* Septieme collection : *Un Traité contre ceux qui difent qu'un Difcours faux fuppofe des affomptions fauffes. Deux de la Négation à Ariftocréon. Un contenant des Difcours négatifs pour s'exer-*

I 5 *cer.*

cer. *Deux des Discours sur les Opinions, & des Argumens arrêtans à Onetor. Deux des Argumens cachés à Athénade.* Huitieme collection: *Huit Traités de l'Argument, intitulé* Personne, *à Ménecrate. Deux des Discours, composés de Choses définies & de Choses infinies, à Pasylus. Un de l'Argument, intitulé* Personne, *à Epicrate.* Neuvieme collection: *Deux Traités des Sophismes à Héraclide & Pollis. Cinq des Discours ambigus de Dialectique à Dioscoride. Un contre l'Art d'Arcésilas à Sphærus.* Dixieme collection: *Six Traités contre l'Usage à Metrodore. Sept sur l'Usage à Gorgippide. Articles de la Logique*, différens des quatre chefs généraux dont on a parlé, & qui contiennent *diverses Questions de Logique* qui ne sont pas réduites en corps. *Trente-neuf Traités de Questions* particularisées. En tout les ouvrages de Chrysippe sur la Logique se montent à trois cens onze volumes.

Ses ouvrages de Morale, qui roulent sur la maniere de rectifier les notions morales, contiennent ce qui suit: Premiere collection: *Un Traité de la Description du Discours à Théospore. Un Traité de Questions morales. Trois d'Assomptions vraisemblables pour des opinions, à Philomathes. Deux de Définitions selon des gens civilisés, à Métrodore. Deux de Définitions selon des gens rustiques, à Metrodore. Sept de Définitions selon leurs genres, au-même. Deux des Définitions suivant d'autres*

sys-

fyftêmes, *au même*. Deuxieme collection : *Trois Traités des Chofes femblables à Ariftoclée. Sept des Définitions à Métrodore.* Troifieme collection : *Sept Traités des Difficultés qu'on fait mal à propos contre les Définitions, à Laodamas. Deux de Chofes vraifemblables fur les Définitions, à Diofcoride. Deux des Genres & des Efpeces à Gorgippide. Un des Diftinctions. Deux des Chofes contraires, à Denys. Chofes vraifemblables fur les Diftinctions, les Genres & les Efpeces. Un Traité des Chofes contraires.* Quatrieme collection : *Sept Traités de l'Etymologie à Diocles; quatre autres Traités au même.* Cinquieme collection : *Deux Traités des Proverbes à Zenodote. Un des Poëmes à Philomathes. Deux de la Maniere dont il faut écouter les Poëmes. Un contre les Critiques à Diodore. De la Morale, confidérée par rapport aux notions communes, aux fyftêmes & aux vertus qui en réfultent.* Collection premiere : *Un Traité contre les Peintures, à Timonacte. Un fur la Maniere dont nous parlons & penfons. Deux des Notions à Laodamas. Deux de l'Opinion à Pythonacte. Un Traité pour prouver que le Sage ne doit point juger par opinion. Quatre de la Compréhenfion, de la Science & de l'Ignorance. Deux du Difcours. De l'Ufage du Difcours à Leptena.* Deuxieme collection : *Deux Traités pour prouver que les Anciens ont jugé de la Dialectique par Démonftration, à Zénon. Quatre de la Dialectique à Ariftocréon. Trois des Chofes qu'on* oppofe aux Dialecticiens. *Quatre de la Rhétorique à Diofcoride.* Troifieme collection : *Trois Traités de l'Habitude à Cléon. Quatre de l'Art & du Défaut d'Art à Ariftocréon. Quatre de la Différence des Vertus à Diodore. Un pour faire voir que les Vertus font des qualités. Deux des Vertus à Pollis.* De la Morale par rapport aux Biens & aux Maux. Premiere collection : *Dix Traités de l'Honnête & de la Volupté à Ariftocréon. Quatre pour prouver que la Volupté n'eft point la fin qu'il faut fe propofer. Quatre pour prouver que la Volupté n'eft pas un bien. Des chofes qu'on dit* (1).

___

(1) Le refte de ce catalogue manque. Voyez dans *Ménage* plufieurs titres d'ouvrages de Chryfippe, qui font recueillis d'ailleurs. Au refte, il faut remarquer fur tout ce catalogue que fi quelques-uns de ces titres ne font peut-être pas rendus exactement, c'eft que le fens des termes Grecs n'eft pas toujours clair.

ΠΥΘΑΓΟΡΗΣ ΣΑΜΙΩΝ

PYTAGORAS
Philosophiam primus hoc est Sapientiam
studiosam appellavit
Ex nummo æreo in Thesauro Christina Regina Aug.

LIVRE VIII.

✱✱✱✱✱✱✱✱✱✱✱✱✱✱✱✱✱✱✱✱✱✱✱✱✱✱✱✱✱✱

PYTHAGORE.

APrès avoir parlé de la Philofophie Ionique qui dut fon commencement à Thalès, & des hommes célebres. qu'elle a produits, venons à la Secte Italique, dont Pythagore fut le fondateur. Her-mippe le dit fils de Mnéfarque, Graveur de cachets; Ariftoxene le fait naître Tyrrhénien, dans l'une des Ifles dont les Athéniens fe mirent en poffeffion lorsqu'ils en eurent chaffé les Tyrrhéniens; quelques-uns lui donnent Marmacus pour pere, pour ayeul Hippafus, fils d'Eutyphron, & pour bifayeul Cléonyme, fugitif de Phliunte. Ils ajoutent que Marmacus demeuroit à Samos; que pour cette raifon Pythagore fut

fur-

furnommé *Samien*; qu'étant venu de là à Lesbos,
Zoïle fon oncle paternel le recommanda à Phérecyde; qu'il y fabriqua trois coupes d'argent, &
qu'il en fit préfent à chacun des trois Prêtres
d'Egypte. Il eut des freres, dont l'aîné fe nommoit *Eunome*, & le puiné *Tyrrhenus*. Son domestique s'appelloit *Zamolxis*, auquel, dit Hérodote,
facrifient les Getes, dans la fuppofition qu'il
eft Saturne.

Pythagore fut donc difciple de Phérecyde de
Syros, après la mort duquel il fe rendit à Samos
& y étudia fous Hermodamante, déjà avancé en
âge., & neveu de Créophile. Jeune & plein
d'envie de s'inftruire, Pythagore quitta fa patrie,
& fe fit initier à tous les myfteres, tant de la religion des Grecs, que des religions étrangeres.
Il paffa enfin en Egypte, muni de lettres de recommandation que Polycrate lui donna pour
Amafis. Antiphon, dans l'ouvrage où il parle
de ceux qui fe font diftingués par la vertu, rapporte qu'il apprit la langue Egyptienne, & fréquenta beaucoup les Chaldéens. Etant en Crete
avec Epimenide, il defcendit dans la caverne
du mont Ida, & après être entré dans les
fanctuaires des Temples d'Egypte, où il s'inftruifit des chofes les plus fecrettes de la religion, il revint à Samos, qu'il trouva opprimée
par Polycrate. Il en fortit pour aller fe fixer à
Cro-

Crotone en Italie, où il donna des Loix aux
Italiotes (1). Il fe chargea du maniment des affaires publiques, qu'il adminiftra conjointement
avec fes difciples, qui étoient au nombre de
trois cens ou à peu près; mais avec tant de fâ-
geffe, qu'on pouvoit avec juftice regarder leur
gouvernement comme une véritable Ariftocratie.

Héraclide du Pont rapporte que Pythagore difoit ordinairement qu'autrefois il fut Æthalide,
& qu'on le crut fils de Mercure; que Mercure
lui aiant promis de lui accorder la grace qu'il
fouhaiteroit hormis celle d'être immortel, il lui
demanda le don de conferver la mémoire de tout
ce qui lui arriveroit pendant fa vie & après fa
mort; qu'effectivement il fe rappelloit toutes les
chofes qui s'étoient paffées pendant fon féjour fur la terre, & qu'il fe réfervoit ce don de
fouvenir pour l'autre monde; que quelque tems
après l'octroi de cette faveur, il anima le corps
d'Euphorbe, lequel publia qu'un jour il devint
Æthalide; qu'il obtint de Mercure que fon ame
voltigeroit perpétuellement de côté & d'autre;
qu'elle s'infinueroit dans tels arbres ou animaux
qu'il lui plairoit; qu'elle avoit éprouvé tous les
tourmens qu'on endure aux Enfers, & les fupplices des autres ames détenues dans ce lieu. A
ce

(1) Habitans des pays qu'on appelloit *la Grande Grece.*

ce détail Pythagore ajoutoit qu'Euphorbe étant mort, fon ame paffa dans Hermotime; qui, pour perfuader la chofe, vint à Branchide, où étant entré dans le Temple d'Apollon, il montra le bouclier y attaché par Ménelas; que ce fut à fon retour de Troye qu'il confacra à ce Dieu le bou. clier, déjà tout pourri, & dont le tems n'avoit épargné que la face d'yvoire; qu'après le décès d'Hermotime, il revêtit le perfonnage de Pyr. rhus, pêcheur de Delos; que lui Pythagore avoit préfent à l'efprit tout ce qui s'étoit fait dans ces différentes métamorphofes; c'eft-à-dire qu'en premier lieu il avoit été Æthalide, en fe- cond lieu Euphorbe, en troifieme lieu Hermoti- me, en quatrieme lieu Pythagore, & qu'enfin il avoit la mémoire récente de tout ce qu'on vient de dire.

Il y en a qui prétendent que Pythagore n'a rien écrit; mais ils fe trompent groffiérement, n'eût-on d'autre garand qu'Héraclide le Phyficien. Il déclare ouvertement que Pythagore, fils de Mnéfarque, s'eft plus que perfonne exercé à l'hiftoire, & qu'ayant fait un choix des écrits de ce genre, il a donné des marques de fcience, de profonde érudition, & fourni des modèles de l'art d'écrire. Héraclide s'exprimoit en ces termes, parce que dans l'exorde de fon Traité de *Phyfique* Pythagore fe fert de ces ex. preffions: *Par l'air que je refpire, par l'eau que je*

bois,

bois, je ne souffrirai pas qu'on méprise cette science.
On attribue trois ouvrages à ce Philosophe, un
de *l'Institution*, un de *la Politique*, & un de *la
Physique*; mais ce qu'on lui donne, appartient à
Lysis de Tarente, Philosophe Pythagoricien,
qui, s'étant réfugié à Thebes, fut précepteur
d'Epaminondas. Heraclide, fils de Sérapion,
dit dans l'*Abrégé de Sotion* que Pythagore composa premiérement un Poëme sur l'*Univers*; ensuite un Discours des *Mysteres*, qui commence par
ces mots : *Jeunes gens, respectez en silence ces choses saintes*; en troisieme lieu un Traité sur l'*Ame*;
en quatrieme lieu un sur la *Pieté*; en cinquieme
lieu un autre qui a pour titre, *Helothale, pere
d'Epicharme de Co*; en sixieme lieu un ouvrage,
intitulé *Crotone*, & d'autres. Quant au *Discours
mystique*, on le donne à Hippasus, qui le composa exprès pour décrier Pythagore. Il y a encore plusieurs ouvrages d'Aston de Crotone, qui
ont couru sous le nom du meme Philosophe.
Aristoxene assûre que Pythagore est redevable de
la plûpart de ses dogmes de Morale à Thémisto-
clée, Prêtresse de Delphes. Ion de Chio, dans
ses *Triagmes* (1), dit qu'ayant fait un Poëme,
il l'attribua à Orphée. On veut aussi qu'il soit
l'auteur d'un ouvrage, intitulé *Considerations*, &
qui

(1) Ouvrage, ainsi nommé de ce que le sujet, sur lequel il roule, est de prouver que toutes choses sont composées de trois. *Menage.*

qui commence par ces mots : *N'offenses personne.*

Soficrate, dans ses *Successions*, dit que Pythagore, interrogé par Léonte, Tyran de Phliasie,
qui il étoit, lui répondit: *Je suis Philosophe*, &
qu'il ajouta que la vie ressembloit aux solemnités des
Jeux publics où s'assembloient diverses fortes de
personnes, les uns pour disputer le prix, les autres pour y commercer, d'autres pour être spectateurs & pour réformer leurs mœurs, en quoi ils
font les plus louables; qu'il en est de même de
la vie; que ceux-ci naissent pour être esclaves
de la gloire, ceux-là des richesses qu'ils convoitent,
& d'autres, qui, n'ayant d'ardeur que pour la
vérité, embrassent la Philosophie.   Ainsi parle
Soficrate; mais dans les trois opuscules dont nous
avons fait mention, ce propos est attribué à Pythagore, comme l'ayant dit en général.   Il des-
approuvoit les prieres que l'on adressoit aux
Dieux pour soi-même en particulier, à cause de
l'ignorance où l'on est de ce qui est utile.   Il
appelle l'yvresse *un Mal causé à l'esprit.*   Il blâmoit tout excès, & disoit qu'il ne faut ni excéder
dans le travail, ni passer les bornes dans les alimens.   Quant à l'amour, il en permettoit l'usage en hyver, le défendoit absolument en été, &
consentoit qu'on s'y livrât, mais fort peu, en automne & au printems. Néanmoins il s'expliquoit
sur le tout qu'il n'y avoit aucune saison dans laquelle cette passion ne fût nuisible à la santé,

Jufque-là qu'aiant été requis de dire fon fentiment fur le tems qu'il croyoit le plus propre à fatisfaire cette paffion, il répondit, *Celui où vous formerez le deffein de vous énerver.*

Il partageoit de cette maniere les différens tems de la vie. Il donnoit vingt ans à l'enfance, vingt à l'adolefcence, vingt à la jeuneffe, & autant à la vieilleffe, ces différens âges correspondant aux faifons, l'enfance au printems, l'adolescence à l'été, la jeuneffe à l'automne, la vieilleffe à l'hyver. Par l'*adolescence* Pythagore entendoit l'âge de puberté, & l'âge viril par *la jeuneffe.* Selon Timée, il fut le premier qui avança que les amis doivent avoir toutes chofes communes, & qui dépeignit l'amitié *une Egalité de biens & de fentimens.* Conformément au principe du Philofophe, fes difciples fe dépouilloient de la propriété de leurs biens, mettoient leurs facultés en maffe, & s'en faifoient une fortune à laquelle chacun avoit part avec autant de droit l'un que l'autre. Il falloit qu'ils obfervaffent un filence de cinq ans, pendant lesquels ils ne devoient être qu'attentifs à écouter. Aucun n'étoit admis à voir Pythagore qu'après cette épreuve finie. Alors ils étoient conduits à fa maifon, & avoient la permiffion de fréquenter fon école. Hermippe, dans fon deuxieme livre fur *Pythagore*, affûre qu'ils ne fe fervoient point de planchés

de

de cyprès pour la conſtruction de leurs ſépul-
chres, par ſcrupule de ce que le ſceptre de Jupiter étoit fait de ce bois.

Pythagore paſſe pour avoir été fort beau de ſa
perſonne; tellement que ſes diſciples croyoient
qu'il étoit Apollon, venu des régions Hyperbo-
rées. On raconte qu'un jour étant deshabillé,
on lui vit une cuiſſe d'or. Il s'eſt même trouvé des gens qui n'ont point héſité de ſoutenir
que le fleuve Neſſus l'appella par ſon nom pendant qu'il le traverſoit. On lit dans Timée, livre dixieme de ſes *Hiſtoires*, qu'il diſoit que les
filles, qui habitent avec des hommes ſans changer d'état, doivent être cenſées Déeſſes, Vierges, Nymphes, & enſuite nommées Matrones.
Anticlide, dans ſon deuxieme livre d'*Alexandre*,
veut qu'il ait porté à ſa perfection la Géometrie,
des premiers élemens de laquelle Mœris avoit été
l'inventeur; qu'il s'appliqua ſur-tout à l'Arith-
metique qui fait partie de cette ſcience, & qu'il
trouva la regle d'une corde (1). Il ne négli-
gea pas non plus l'étude de la Médecine. Apollodore *le Calculateur* rapporte qu'il immola une
Hécatombe lorſqu'il eut découvert que le côté
de l'hypotenuſe du triangle rectangle eſt égal
aux

---

(1) *Menage* ſemble expliquer cela de quelque invention
de Muſique. Il y a auſſi un inſtrument à une corde,
qu'*Eſtienne* dit avoir été inventé par les Arabes; mais
peut-être cela porte-t-il ſur ce qui ſuit.

aux deux autres; fur quoi furent compofés ces vers: *Pythagore trouva cette fameufe ligne pour laquelle il offrit aux Dieux un grand facrifice en actions de graces.*

On prétend auffi qu'il fut le premier qui forma des Athletes, en leur faifant manger de la viande, & qu'il commença par Eurymene, dit Phavorin dans le troifieme livre de fes *Commentaires.* Cet Auteur ajoute, dans le huitieme livre de fon *Hiftoire diverfe*, que jufqu'alors ces gens ne s'étoient nourris que de figues feches, de fromages mous & de froment. Mais d'autres foutiennent que ce fut Pythagore le Baigneur qui prefcrivit cette nourriture aux Athletes, & non celui-ci, lequel, tant s'en faut qu'il leur eût ordonné de fe repaitre de viande, défendoit au contraire de tuer les animaux, comme ayant en commun avec les hommes un droit par rapport à l'ame, dont ils font doués auffi bien que nous. Rien n'eft plus fabuleux que ce conte; mais ce qu'il y a de vrai, c'eft qu'il recommandoit l'abftinence de toute viande, afin que les hommes s'accoutumaffent à une maniere de vivre plus commode, qu'ils fe contentaffent d'alimens fans apprêt, qu'ils s'accommodaffent de mêts qui n'euffent pas befoin de paffer par le feu, & qu'ils appriffent à étancher leur foif en ne bûvant que de l'eau claire. Il infiftoit d'autant plus fur la néceffité de fuftenter le

corps

corps de cette maniere, qu'elle conttibuoit à
lui donner de la fanté & à aiguifer l'efprit.
Auffi ne. pratiquoit- il fes actes de piété qu'à
Delos devant l'autel d'*Apollon le Pere*, placé derriere l'Autel des Cornes, parce qu'on n'y offroit
que du froment, de l'orge, des gâteaux fans
feu, & qu'on n'y immoloit aucune victime, dit
Ariftote dans fa *République de Delos*. Il a encore
le nom d'avoir été le premier qui avança que
l'ame change alternativement de cercle de néces-
fité, & revêt différemment d'autres corps d'a-
nimaux.

Selon Ariftoxene le Muficien, il fut encore
celui qui avant tout autre introduifit parmi les
Grecs l'ufage des poids & des mefures. Parmenide eft un autre garand qu'il dit le premier que
l'étoilé du matin & celle du foir font le même
aftre. Pythagore étoit en fi grande admiration,
que fes difciples appelloient fes difcours autant
de voix divines, & lui-même a écrit quelque
part dans fes œuvres qu'il y avoit deux cens fept
ans qu'il étoit venu de l'autre monde parmi les
hommes. Ses difciples lui demeuroient conftam-
nient attachés, & fa doctrine lui attiroit de tous
côtés une foule d'auditeurs, de Lucques, d'Anco-
ne & de la Pouille, fans même en excepter Rome.
Ses dogmes furent inconnus jufqu'au tems de Philolaus, le feul qui publia ces trois fameux ouvrages que Platon ordonna qu'on lui achetât pour le

prix

prix de cent mines. On ne lui comptoit pas
moins de six cens disciples, qui venoient de nuit
prendre ses lecons; & si quelques-uns avoient mérité d'être admis à le voir, ils en écrivoient à
leurs amis comme s'ils avoient à leur faire part du
plus grand bonheur qui eût pû leur arriver. Au
rapport de Phavorin dans ses *Histoires diverses*,
les habitans de Metapont appelloient sa maison
le *Temple de Cérès*, & la petite rue, où elle é-
toit située, un *Endroit consacré aux Muses*. Au
reste les autres Pythagoriciens disoient qu'il ne
falloit point divulguer toutes choses à tout le
monde, comme s'exprime Aristoxene dans le dixieme livre de ses *Loix d'Institution*, où il remarque
que Xenophile Pythagoricien étant interrogé comment on devoit s'y prendre pour bien élever un
enfant, il répondit qu'il falloit qu'il fût né dans
une ville bien gouvernée. Pythagore forma en
Italie plusieurs grands hommes célebres par leur
vertu, entre autres les Législateurs Zaleucus &
Charondas. Il étoit sur-tout zélé partisan de l'a-
mitié, & s'il apprenoit que quelqu'un participoit
à ses symboles, aussitôt il recherchoit sa compagnie & s'en faisoit un ami.

Voici quels étoient ces symboles: *Ne remuez
point le feu avec l'épée. Ne passez point par-dessus
la balance. Ne vous asséyez pas sur le boisseau. Ne
mangez point votre cœur. Otez les fardeaux de con-
sert, mais n'aidez pas à les imposer. Ayez toujours*

vos

vos couvertures pliées. Ne portez pas l'image de Dieu enchassée dans votre anneau. Enfouissez les traces de la marmite dans les cendres. Ne nettoyez pas votre siége avec de l'huile. Gardez-vous de lâcher de l'eau, le visage tourné vers le soleil. Ne marchez point hors du grand chemin. Ne tendez pas legérement la main droite. Ne vous logez point sous un toit où nichent des hirondelles. Il ne faut pas nourrir des oiseaux à ongles crochus. N'urinez ni sur les rognures de vos ongles, ni sur vos cheveux coupés, & prenez garde que vous n'arrétiez le pied sur les unes & les autres. Détournez-vous d'un glaive pointu. Ne revenez pas sur les frontières de votre pays, après en être sorti. Voici l'explication de ces expressions figurées. *Ne remuez pas le feu avec l'épée* signifie que nous ne devons pas exciter la colere & l'indignation de gens plus puissans que nous. *Ne passez point par-dessus la balance,* veut dire qu'il ne faut pas transgresser l'équité & la justice. *Ne vous asseyez pas sur le boisseau ;* c'est à-dire qu'on doit prendre également soin du présent & de l'avenir, parce que le boisseau (1) est la mesure d'une portion de nourriture pour un jour. *Ne mangez point votre cœur* signifie qu'il ne faut pas se laisser abattre par le chagrin & l'ennui. *Ne retournez point sur vos pas, après vous être mis en voyage,* est un averti-

(1) Il y a en Grec, *Le Chénix.*

tiſſement qu'on ne doit point regretter la vie lorſqu'on eſt près de mourir, ni être touché des plaiſirs de ce monde. Ainſi s'expliquent ces ſymboles, & ceux qui les ſuivent ; mais auxquels nous ne nous arrêterons pas plus long-tems. Pythagore défendoit ſur-tout de manger du rouget & de la ſeche ; défenſe dans laquelle il comprenoit le cœur des animaux & les fê-ves. Ariſtote y ajoute la matrice des animaux & le poiſſon nommé *Mulet*. Pour lui, com-me le préſument quelques-uns, il ne vivoit que de miel, ou de rayons de miel avec du pain, & ne goutoit d'aucun vin pendant le jour. La plûpart du tems il mangeoit avec ſon pain des legumes crûs ou bouillis, & rarement des choſes qui venoient de la mer. Il portoit une robe blanche, qu'il avoit toujours ſoin de tenir fort propre, & ſe ſervoit de couvertures de laine de même couleur, l'uſage de la toile n'ayant point encore été introduit dans ces endroits-là. Ja-mais on ne le ſurprit en gourmandiſe, ni en débau-che d'amour, ou en yvreſſe. Il s'abſtenoit de rire aux dépens d'autrui, & ſavoit ſi bien réprimer la co-lere, qu'elle n'eut jamais aſſez de force ſur ſa raiſon pour le réduire à frapper perſonne, eſclave ou non.

Il comparoit l'inſtruction à la maniere dont les cicognes nouriſſent leurs petits. Il ne ſe ſervoit que de cette partie de la divination qui conſiſte dans les préſages & les augures, n'emploiant ja-mais celle qui ſe fait par le feu, hormis l'en-

cens, que l'on brule dans les facrifices fans victimes. Sa coutume, dit-on, étoit de n'offrir
que des coqs & des chevreaux de lait, de
ceux qu'on appelle tendres; mais aucun agneau.
Ariftoxene rapporte qu'il permettoit de manger
toutes fortes d'animaux, excepté le bœuf qui
fert au labourage, le belier & la brebis.

Le même Auteur, ainfi que nous l'avons déjà
rapporté, dit que Pythagore tenoit fes dogmes
de Themiftoclée, Prêtreffe de Delphes. Jerôme
raconte qu'il defcendit aux Enfers; qu'il y vit
l'ame d'Héfiode attachée à une colomne d'airain
& grinçant les dents; qu'il y apperçut encore
celle d'Homere pendue à un arbre, & environnée
de ferpens, en punition des chofes qu'il avoit at-
tribuées aux Dieux; qu'il y fut auffi témoin des
fupplices infligés à ceux qui ne s'acquittent pas
envers leurs femmes des devoirs de maris; & que
par tous ces recits Pythagore fe rendit fort re-
fpectable parmi les Crotoniates. Ariftippe de
Cyrene obferve dans fon traité de *Phyfiologie*
que le nom de *Pythagore*, donné à ce Philofophe, fait allufion à ce qu'il paffoit pour dire la
vérité, ni plus ni moins qu'Apollon Pythien lui-
même. On dit qu'il recommandoit à fes difciples de fe faire ces queftions à chaque fois qu'ils
rentroient chez eux: *Par où as-tu paffé? qu'as-tu
fait? quel devoir as-tu négligé de remplir?* Il
défendoit d'offrir aux Dieux des victimes égor-
gées, & vouloit qu'on ne fît fes adorations que
de-

devant des Autels qui ne fussent pas teints du sang
des animaux. Il interdisoit les juremens par des
Dieux; juremens d'autant plus inutiles, que chacun pouvoit mériter par sa conduite d'en être cru
sur sa parole. Il vouloit qu'on honorât les vieillards, parce que les choses, qui ont l'avantage
de la priorité de tems, exigent plus d'estime que
les autres, comme dans la nature le lever du soleil est plus estimable que le coucher, dans le
cours de la vie son commencement plus que sa
fin, dans l'existence la génération plus que la
corruption. Il recommandoit de réverer les Dieux
avant les Démons (1), les Héros plus que les mortels, & ses parens plus que les autres hommes.
Il disoit qu'il faut converser avec ceux-ci de maniere que d'amis ils ne deviennent pas ennemis;
mais tout au contraire que d'ennemis on s'en fasse des amis. Il n'approuvoit pas qu'on possedât
rien en particulier, exhortoit chacun à contribuer
à l'exécution des Loix, & à s'opposer à l'injustice.

Il trouvoit mauvais que l'on gâtât ou détruisît
les arbres dans le tems de la maturité de leurs
fruits, & que l'on maltraitât les animaux qui ne
nuisent point aux hommes. Il inculquoit la pudeur & la piété, & vouloit qu'on tint un milieu
entre la joye excessive & la tristesse; qu'on évi-
tât de trop s'engraisser le corps; que tantôt on
in-

_____

(1) Autrement, les Demi-Dieux.

interrompît les voyages, & que tantôt on les re-
prît; qu'on cultivât sa mémoire; qu'on ne dît
& ne fît rien dans la colere; qu'on respectât toutes fortes de divinations; qu'on s'exerçât à jouer
de la lyre; & qu'on aimât à chanter les louanges des Dieux & des grands hommes.

Pythagore excluoit les fêves des alimens, parce qu'étant spiritueuses, elles tiennent de la nature de ce qui est animé. D'autres prétendent
que si on en mange, elles rendent le ventre plus
leger, & les représentations, qui s'offrent à l'esprit pendant le sommeil, moins grossieres &
plus tranquilles.

Alexandre, dans ses *Successions des Philosophes*,
dit avoir lû dans les Commentaires des Pythagoriciens; que l'Unité est le principe de toutes choses; que de là est venue la Dualité qui est infinie, & qui est sujette à l'Unité comme à sa cause; que de l'Unité & de la Dualité infinie proviennent les nombres, des nombres les points,
& des points les lignes; que des lignes procedent les figures planes, des figures planes les solides,
des solides les corps, qui ont quatre élemens, le
feu, l'eau, la terre & l'air; que de l'agitation
& des changemens de ces quatre élemens dans
toutes les parties de l'Univers résulte le monde,
qui est animé, intellectuel & sphérique, ayant
pour centre la terre, qui est de même figure &
habitée tout autour; qu'il y a des Antipodes;

qu'eux

qu'eux & nous, marchons pieds contre pieds; que la
lumiere & les ténebres, le froid & le chaud, le fec &
l'humide font en égale quantité dans le monde;
que quand la portion de chaleur prédomine, elle
amene l'été, & que lorsque la portion de froidure
l'emporte fur celle de la chaleur, elle caufe
l'hyver; que fi ces portions de froid & de chaud
fe trouvent dans un même dégré de proportion,
elles produifent les meilleures faifons de l'année;
que le printems, où tout verdit, eft fain, & que
l'automne, où tout deffeche, eft contraire à la
fanté; que même par rapport au jour, l'aurore
ranime par-tout la vigueur, au-lieu que le foir
répand fur toutes chofes une langueur qui le
rend plus mal-fain; que l'air, qui environne la
terre, eft immobile, propre à caufer des maladies, & à tuer tout ce qu'il repferme dans fon
volume; qu'au contraire celui, qui eft au-deffus,
agité par un mouvement continuel, n'ayant
rien que de très pur & de bienfaifant, ne contient que des êtres tout à la fois immortels &
divins; que le foleil, la lune & les autres aftres
font autant de Dieux par l'excès de chaleur
qu'ils communiquent, & qui eft la caufe de la
vie; que la lune emprunte fa lumiere du foleil;
que les hommes ont de l'affinité avec les Dieux,
en ce qu'ils participent à la chaleur; que pour
cette raifon la Divinité prend foin de nous; qu'il
y a une deftinée pour tout l'Univers en gé-

né-

néral, pour chacune de ses parties en particulier,
& qu'elle est le principe du gouvernement du monde; que les rayons du soleil pénetrent l'éther froid
& l'éther épais. Or ils appellent l'air l'éther froid,
& donnent le nom d'éther épais à la mer & à
l'humide. Ils ajoutent que ces rayons du soleil
percent dans les endroits les plus profonds, &
que par ce moyen ils vivifient toutes choses; que
tout ce qui participe à la chaleur est doué de
vie; que par conséquent les plantes sont animées,
mais qu'elles n'ont pas toutes une ame; que l'a-
me est une partie détachée de l'éther froid &
chaud, puisqu'elle participe à l'éther froid;
qu'elle différe de la vie en ce qu'elle est immor-
telle, ce dont elle est détachée, étant de même
nature; que les animaux s'engendrent les uns des
autres par le moyen de la semence, mais que
celle, qui naît de la terre, n'a point de consistence; que la semence est une distillation du
cerveau, laquelle contient une vapeur chaude;
que lorsqu'elle est portée dans la matrice, les
matieres grossieres & le sang, qui viennent du
cerveau, forment les chairs, les nerfs, les os,
le poil & tout le corps, mais que la vapeur, qui
accompagne ces matieres, constitue l'ame &
les sens; que le premier assemblage des parties
du corps se fait dans l'espace de quarante
jours, & qu'après que, suivant des regles de
proportion, l'enfant a acquis son parfait accrois-

fe-

semént en sept ou neuf, ou au plus tard en dix
mois, il vient au monde; qu'il a en lui-même les
principes de vie, qu'il reçoit joints enfemble, &
dont chacun fe développe dans un tems marqué,
felon des regles harmoniques; que les fens font
en général une vapeur extrêmement chaude, & la
vûe en particulier, ce qui fait qu'elle pénétre
dans l'air & dans l'eau; que la chaleur éprouvant
une réfiftance de la part du froid, fi la vapeur
de l'air étoit froide, elle fe perdroit dans un air
de même qualité. Il y a des endroits où Pythagore appelle les yeux *les portes du foleil*, & en
dit autant fur l'ouïe & fur les autres fens.

Il divife l'ame humaine en trois parties, qui
font l'efprit, la raifon & la paffion. Ce Philofophe enfeigne que l'efprit & la paffion appartiennent auffi aux autres animaux; que la raifon
ne fe trouve que dans l'homme; que le principe
de l'ame s'étend depuis le cœur jufqu'au cerveau,
& que la paffion eft la partie de l'ame qui réfide
dans le cœur; que le cerveau eft le fiége de la
raifon & de l'efprit, & que les fens paroiffent être
des écoulemens de ces parties de l'ame; que
celle, qui confifte dans le jugement, eft immor-
telle, à l'exclufion des deux autres; que le fang fert
à nourrir l'ame; que la parole en eft le fouffle;
qu'elles font l'une & l'autre invifibles, parce
que l'éther lui-même eft imperceptible; que les
veines, les arteres & les nerfs font les liens de

l'ame; mais que lorfqu'elle vient à fe fortifier &
qu'elle fe renférme en elle-même, alors les paroles & les actions deviennent fes liens (1); que
l'ame, jettée en terre, erre dans l'air avec l'apparence d'un corps; que Mercure eft celui qui préfide fur ces êtres, & que de là lui viennent les
noms de *Conducteur*, de *Portier*, & de *Terreftre*,
parce qu'il tire les ames des corps, de la terre
& de la mer, qu'il conduit au Ciel les amés
pures, & ne permet pas que les ames impures
approchent, ni de celles qui font pures, ni
fe joignent les unes aux autres; que les Furies
les attachent avec des liens qu'elles ne peuvent
rompre; que l'air entier eft rempli d'ames; qu'on
les appelle Démons & Héros; qu'ils envoyent
aux hommes les fonges, leur annoncent la fanté
& la maladie, de même qu'aux quadrupedes &
aux autres bêtes; que c'eft à eux que fe rapportent les purifications, les expiations, les divinations de toute efpece, les préfages, & les autres
chofes de ce genre.

 Pythagore difoit qu'en ce qui regarde l'homme,
rien n'eft plus confidérable que la difpofition de
l'ame au bien, ou au mal, & que ceux, à qui
une bonne ame écheoit en partage, font heureux;
qu'elle n'eft jamais en repos, ni toujours dans le
même mouvement; que le jufte a l'autorité de
ju-

(1) Il n'y a point de note fur ce paffage.

jurer, & que c'eft par équité que l'on donne à
Jupiter l'épithete de *Jureur* ; que la vertu, la
fanté & en général toute forte de bien, fans en
excepter Dieu même, font une harmonie, au
moïen de laquelle toutes chofes fe foutiennent;
que l'amitié eft auffi une égalité harmonique ;
qu'il faut honorer les Dieux & les Héros, mais
non également; qu'à l'égard des Dieux, on doit
en tout tems célebrer leurs louanges avec cha-
fteté & en habit blanc, au-lieu que pour les
Héros, il fuffit qu'on leur porte honneur après
que le foleil a achevé la moitié de la courfe de
la journée; que la pureté de corps s'acquiert par
les expiations, les ablutions & les afperfions,
en évitant d'affifter aux funerailles, en fe fevrant
des plaifirs de l'amour, en fe préfervant de toute
fouillure, en s'abftenant de manger de la chair
d'animaux fujets à la mort & fufceptibles de corruption, en prenant garde de ne point fe nourrir
de mulets & de furmulets, d'œufs, d'animaux
ovipares, de fêves, & d'autres alimens prohibés
par les Prêtres qui préfident aux myfteres qu'on
célebre dans les Temples. Ariftote, dans fon
livre des *Fêves*, dit que Pythagore en défendoit
l'ufage, foit parce qu'elles ont la figure d'une
chofe honteufe, foit parce qu'étant le feul des
legumes qui n'a point de nœuds, elles font
l'emblême de la cruauté & reffemblent à la

K 5   mort;

mort (1), ou parce qu'elles deffechent, ou qu'elles ont quelque affinité avec toutes les productions de la nature, ou parce qu'enfin on s'en servoit dans le gouvernement Oligarchique pour tirer au fort les fujets qu'on avoit à élire. Il ne vouloit point qu'on ramaffât ce qui tomboit de la table pendant le repas, afin qu'on s'accoutumât à manger modérément, ou bien en vûe de quelque cérémonie myftérieufe. En effet Ariftophane, dans fon traité des *Demi-Dieux*, dit que ce qui tombe de la table appartient aux Héros. Voici fes termes; *Ne mangez point ce qui eft tombé de la table:* Pythagore comprenoit dans fes défenfes celle de manger d'un coq blanc, par la raifon que cet animal eft fous la protection de Jupiter, que la couleur blanche eft le fymbole des bonnes chofes, que le coq eft confacré à la lune, & qu'il indique les heures (2). Il en difoit autant de certains poiffons, lefquels, confacrés aux Dieux, il ne convenoit pas plus de fervir aux hommes, qu'il étoit à propos de préfenter les mêmes mêts aux perfonnes libres & aux efclaves. Il ajoutoit que ce qui eft blanc tient de la nature du bon, & le noir du mauvais; qu'il ne faut pas rompre le pain, parce qu'anciennement les amis s'affem-

bloient

---

(1) Allufion à ce qu'on touchoit les genoux de ceux dont on imploroit la miféricorde, & à ce que la mort eft dite inexorable. *Aldobrandin.*

(2) Je fuis fur ce paffage une favante note de *Ménage.*

bloient pour le manger enfemble, comme cela fe
pratique encore chez les étrangers, infinuant
par-là qu'on ne doit pas diffoudre l'union de l'a-
mitié. D'autres interpretent ce précepte comme
rélatif au jugement des Enfers, d'autres comme
ayant rapport au courage qu'il faut conferver pour
la guerre, d'autres encore comme une marque
que le pain eft le commencement de toutes chofes. Enfin le Philofophe prétendoit que la forme fphérique eft la plus belle des corps folides, &
que la figure circulaire l'emporte en beauté fur
les figures planes; que la vieilleffe, & tout ce qui
éprouve quelque diminution, reffortit à une loi
commune; qu'il en eft de même de la jeuneffe &
de tout ce qui prend quelque accroiffement; que la
fanté eft la perféverance de l'efpece dans le même
me état, au-lieu que la maladie en eft l'altération.
Il recommandoit de préfenter du fel dans les repas, afin qu'on penfât à la juftice, parce que le
fel préferve de corruption, & que par l'effer-
vefcence du foleil il eft formé des parties les plus
pures de l'eau de la mer.

Voilà ce qu'Alexandre dit avoir lû dans les
Commentaires des Philofophes Pythagoriciens, &
en quoi Ariftote eft d'accord avec lui.

Timon, qui cenfure Pythagore dans fes poéfies
bouffonnes, n'a pas épargné fa gravité & fa
modeftie.

Pythagore, dit-il, *ayant renoncé à la Magie,*
s'eft

s'eſt mis à enſeigner des opinions pour ſurprendre
les hommes par ſes converſations graves & myſté-
rieuſes.

Xénophane relève ce qu'aſſûroit Pythagore
qu'il avoit exiſté auparavant ſous une autre forme,
lorſque dans une Elegie il commence par ces paroles : *Je vais parler d'autres choſes, je vais vous
indiquer le chemin.* Voici comme en parle Xénophane :

On rapporte qu'en paſſant, il vit un jeune chien
qu'on battoit avec beaucoup de cruauté. Il en eut com-
paſſion, & dit : Arrêtez, ne frappez plus. C'eſt l'ame
infortunée d'un de mes amis ; je le reconnois à ſa voix.

Cratinus lui lance auſſi des traits dans ſa piéce
intitulée, *La Pythagoricienne.* Il l'apoſtrophe en
ces termes dans celle qui a pour titre, *Les Ta-
rentins :*

*Ils ont coutume, lorſque quelqu'un ſans étude vient
parmi eux, d'eſſayer la force de ſon génie, en
confondant ſes idées par des objections, des concluſions, des propoſitions compoſées de membres qui ſe
reſſemblent, des erreurs & des diſcours am-
poulés ; tellement qu'ils le jettent dans un ſi étrange
embarras, qu'il n'en peut ſortir.*

Mnéſimaque, dans ſa piéce d'Alcméon, s'exprime ainſi.

*Nous ſacrifions à Apollon, comme ſacrifient les
Pythagoriciens, ſans rien manger d'animé.*

Ariſtophon de ſon côté plaiſante ſur le compte

du

du Philofophe dans fa piéce, intitulée *Le Pytha-goricien.*

Pythagore racontoit qu'étant defcendu aux Enfers, il vit la maniere de vivre des morts & les obferva tous ; mais qu'il remarqua une grande différence entre les Pythagoriciens & les autres, les premiers ayant feuls l'honneur de manger avec Pluton en con-fidération de leur piété. A. *Il faut, felon ce que vous dites, que ce Dieu ne foit pas délicat, puif-qu'il fe plait dans la compagnie de gens fi fales.*

Il dit auffi dans la même piéce : *Ils mangent des legumes & boivent de l'eau ; mais je défie que perfonne puiffe fupporter la vermine qui les couvre, leur manteau fale & leur craffe.*

Pythagore eut une fin tragique. Il étoit chez Mylon avec fes amis ordinaires, quand quelqu'un de ceux, qu'il avoit refufé d'admettre dans cette compagnie, mit le feu à la maifon. Il y en a qui accufent les Crotoniates d'avoir commis cette action par la crainte qu'ils avoient de fe voir im-pofer le joug de la Tyrannie. Ceux-là racon-tent que s'étant fauvé de l'incendie, & étant res-té feul, il fe trouva près d'un champ planté de fêves, à l'entrée duquel il s'arrêta, en difant : *Il vaut mieux fe laiffer prendre que fouler aux pieds ces legumes, & j'aime mieux périr que par-ler.* Ils ajoutent qu'enfuite il fut égorgé par ceux qui le pourfuivoient ; que plufieurs de fes amis, au nombre d'environ quarante, périrent dans cette occasion; qu'il y en eut fort peu qui se sauvèrent, entre autres Archytas de Tarente & Lysis, dont nous avons parlé ci-dessus. Dicéarque dit que Pythagore mourut à Métapont dans le Temple des Muses où il s'étoit réfugié, & où la faim le consuma au bout de quarante jours. Héraclide, dans son abrégé des *Vies* de Satyrus, prétend que Pythagore, ayant enterré Phérecyde dans l'Isle de Delos, revint en Italie, se trouva à un grand festin d'amitié que donnoit Mylon de Crotone, & qu'il s'en fut de là à Métapont, où, ennuyé de vivre, il finit ses jours en s'abstenant de nourriture. D'un autre côté Hermippe rapporte que dans une guerre entre les Agrigentins & les Syracusains, Pythagore courut avec ses amis au secours des premiers; que les Agrigentins furent battus, & que Pythagore lui-même fut tué par les vainqueurs pendant qu'il faisoit le tour d'un champ planté de fèves. Il raconte encore que les autres, au nombre de près de trente-cinq, furent brulés à Tarente, parce qu'ils s'opposoient à ceux qui avoient le gouvernement en main. Une autre particularité dont Hermippe fait mention, est que le Philosophe, étant venu en Italie, se fit une petite demeure sous terre; qu'il recommanda à sa mere d'écrire sûr des tablettes tout ce qui se passeroit; qu'elle eût soin d'en marquer les époques, & de les lui envoyer lorsqu'il reparoîtroit; que sa mere exécuta la commission; qu'au

bout

bout de quelque tems, Pythagore reparut avec
un air défait & décharné; que s'étant présenté
au peuple, il dit qu'il venoit des Enfers; que
pour preuve de vérité, il lut publiquement tout
ce qui étoit arrivé pendant son absence; que les
assistans, émûs de ses discours, s'abandonnerent
aux cris & aux larmes; que regardant Pythagore
comme un homme divin, ils lui amenerent leurs
femmes pour être instruites de ses préceptes, &
que ces femmes furent celles qu'on appella *Pytha-*
goriciennes. Tel est le recit d'Hermippe.

Pythagore avoit épousé une nommée *Theano*,
fille de Brontin de Crotone. D'autres disent qu'elle étoit femme de Brontin, & qu'elle fut disciple
du Philosophe. Il eut aussi une fille, nommée
Damo, selon Lysis dans son épître à Hipparque,
où il parle ainsi de Pythagore : *Plusieurs person-*
nes vous accusent de rendre publiques les lumieres
de la Philosophie, contre les ordres de Pythagore,
qui, en confiant ses commentaires à Damo sa fille,
lui défendit de les laisser sortir de chez elle. En
effet quoiqu'elle pût en avoir beaucoup d'argent,
elle ne voulut jamais les vendre, & aima mieux,
toute femme qu'elle étoit, préférer à la richesse
la pauvreté & les exhortations de son pere. Pythagore eut encore un fils, nommé *Telauge,* qui
lui succéda, & qui, selon le sentiment de quelques-uns, fut le Maître d'Empédocle. On cite
ces paroles que celui-ci adressa à Telauge : *Illustre*
fils.

fils de Theano & de Pythagore. Ce Telauge n'a rien écrit ; mais on attribue quelques ouvrages à sa mere. C'est elle, qui, étant interrogée quand une femme devoit être censée pure du commerce des hommes, répondit qu'*elle l'étoit toujours avec son mari, & jamais avec d'autres.* Elle exhortoit aussi les mariées, qu'on conduisoit à leurs maris, de ne quitter leur modestie qu'avec leurs habits, & de la reprendre toujours en se r'habillant. Quelqu'un lui ayant demandé de quelle modestie elle parloit, elle répondit, *De celle qui est la principale distinction de mon sexe.*

Héraclide, fils de Serapion, dit que Pythagore mourut âgé de quatre-vingts ans, selon le partage qu'il avoit lui-même fait des différens âges de la vie ; mais suivant l'opinion la plus générale, il parvint à l'âge de quatre-vingt-dix ans. Ces vers, que j'ai composés à son sujet, contiennent des allusions à ses sentimens.

Tu n'es pas le seul, ô Pythagore ! qui t'abstiens de manger des choses animées ; nous faisons la même chose. Car qui de nous se nourrit de pareils alimens ? Lorsqu'on mange du rôti, du bouilli, ou du salé, ne mange-t-on pas des choses qui n'ont plus ni vie, ni sentiment ?

En voici d'autres semblables :

Pythagore étoit si grand Philosophe, qu'il ne vouloit point gouter de viande, sous prétexte que c'eût été un crime. D'où vient donc en régaloit-il

ses

ses amis? Etrange manie! de regarder comme per-
mis aux autres ce que l'on croit mauvais pour
soi-même.

En voici encore d'autres.

Veut-on connoître l'esprit de Pythagore, que l'on
envisage la face empreinte sur le (1) bouclier d'Eu-
phorbe. Il prétend que c'est-là ce qu'il étoit lors-
qu'il vivoit autrefois, & qu'il n'étoit point alors ce
qu'il est à présent. Traçons ici ses propres paroles:
Lorsque j'existois alors, je n'étois point ce que je
suis aujourd'hui.

Ceux-ci font allusion à sa mort.

Hélas! pourquoi Pythagore honore t-il les fèves
au point de mourir avec ses disciples pour l'amour
d'elles. Il se trouve près d'un champ planté de ce
legume; il aime mieux négliger la conservation de
sa vie par scrupule de les fouler aux pieds en
prenant la fuite, qu'échapper à la main meur-
triere des Agrigentins en se rendant coupable d'un
crime.

Il fleurissoit vers la LX. Olympiade. L'école,
dont il fut le fondateur, dura près de dix-neuf gé-
nérations, puisque les derniers Pythagoriciens,
que connut Aristoxene, furent Xénophile Chal-
cidien de Thrace, Phanton de Phliasie,
Eche-

---

(1) Il y a, *regardez le milieu du bouclier d'Euphorbe.*
On·dit que le milieu des boucliers étoit relevé en bosse.
Le sens d'ailleurs donne à connoître qu'on voyoit sur
celui-ci les traits d'Euphorbe.

Echecrates, Diocles, & Polymneste, auſſi Phliaſiens. Ces Philoſophes étoient diſciples de Philolaus & d'Euryte, tous deux natifs de Tarente.

Il y eut quatre Pythagores qui vécurent dans le même tems, & non loin les uns des autres. L'un étoit de Crotone, homme d'un caractere fort tyrannique; l'autre de Phliaſie, Maître d'exercices & Baigneur (1), à ce qu'on dit; le troiſieme, né à Zacynthe, auquel on attribue des myſteres de Philoſophie qu'il enſeignoit, & l'uſage de cette expreſſion proverbiale, *Le Maître l'a dit.* Quelques-uns ajoutent à ceux-là un Pythagore de Reggio, Statuaire de profeſſion, & qui paſſe pour avoir le premier réuſſi dans les proportions; un autre de Samos, auſſi Statuaire; un troiſieme, Rhéteur, mais peu eſtimé; un quatrieme, Médecin, qui donna quelque traité ſur la Hernie & ſur Homere. Enfin Denys parle d'un Pythagore, Ecrivain en langue Dorique, Eratoſthene, en cela d'accord avec Phavorin dans ſon *Hiſtoire Diverſe,* dit que dans la XLVIII. Olympiade celui-ci combattit le premier, ſelon les regles de l'art, dans les combats du ceſte; qu'ayant été chaſſé & inſulté par les jeunes gens à cauſe qu'il portoit une longue chevelure

(1) Je prens ce mot pour l'équivalent du Grec, où il y a proprement, *qui ſignait les Athletes.*

re & une robe de pourpre, il fut si sensible à cet affront, qu'il alla se mesurer avec des hommes & les vainquit. Théætete lui adresse cette Epigramme :

Passant, sachez que ce Pythagore de Samos à longue chevelure se rendit fameux dans les combats du Ceste. Oui, te dit-il, je suis Pythagore, & si tu t'informes à quelque habitant d'Elée quels furent mes exploits, tu en apprendras des choses incroyables.

Phavorin assûre que ce Pythagore se servoit de définitions tirées des Mathématiques, que Socrate & ses sectateurs en firent un plus fréquent usage, lequel Aristote & les Stoïciens suivirent après eux (1). On le répute encore pour le premier qui donna au ciel le nom de *Monde*, & qui crut que la terre est orbiculaire ; ce que néanmoins Théophraste attribue à Parmenide, & Zénon à Hésiode. On prétend de plus qu'il eut un adversaire dans la personne de Cydon, comme Socrate eut le sien dans celle d'Antidocus (2). Enfin on a vû courir l'Epigramme suivante à l'occasion de cet Athlete :

Ce Pythagore de Samos, ce fils de Crateus, tout à la fois enfant & Athlete, vint du berceau à Olym.

_____

(1) *Fougerolles* dit que Phavorin s'est trompé, en confondant Pythagore l'Athlete avec le Philosophe. Diogene ne distingue pas clairement ces sujets.

(2) Voyez la note de *Menage*.

Olympie se diſtinguer dans les combats du Ceſte.

Revenons à Pythagore le Philoſophe, dont voici une lettre.

Pythagore à Anaximene.

„ Vous, qui êtes le plus eſtimable des hom-
„ mes, ſi vous ne ſurpaſſiez Pythagore en no-
„ bleſſe & en gloire, vous euſſiez certainement
„ quitté Milet pour nous joindre. Vous en
„ êtes détourné par l'éclat que vous tenez de
„ vos ancêtres, & j'avoue que j'aurois le mê-
„ me éloignement, ſi j'étois Anaximene ? Je
„ conçois d'ailleurs que ſi vous quittiez vos vil-
„ les, vous les priveriez de leur plus beau luſtre,
„ & les expoſeriez à l'invaſion des Medes (1).
„ Il n'eſt pas toujours à propos de contempler
„ les aſtres, il convient auſſi que l'on dirige ſes
„ penſées & ſes ſoins au bien de ſa patrie.
„ Moi-même, je ne m'occupe pas tant de
„ mes raiſonnemens, que je ne m'intéreſſe
„ quelquefois aux guerres qui diviſent les
„ Italiotes ".

Après avoir fini ce qui regarde Pythagore, il nous reſte à parler de ſes plus célebres ſectateurs, & de ceux que l'on met communément dans ce nom-

---

(1) Voyez dans le livre ſecond une lettre d'Anaximene à Pythagore.

nombre; à quoi nous ajouterons la suite des plus
favans hommes jusqu'à Epicure, comme nous
nous le sommes proposé dans le plan de cet Ouvrage. Nous avons déjà fait mention de Thea-
nus & de Telauge, à présent nous entrerons en
matière par Empedocle, qui, selon quelques-uns,
fut disciple de Pythagore.

EMPEDOCLE.

Empedocle d'Agrigente fut fils de Meton, & petit-fils d'Empedocle. C'eſt le ſentiment d'Hippobote & celui de Timée, qui, dans le quinzieme livre de ſes *Hiſtoires*, dépeint Empedocle, ayeul du Poëte, comme un homme fort diſtingué. Hermippe approche de leur opinion, & Héraclide, dans ſon traité des *Maladies*, la confirme, en aſſûrant que le grand-pere d'Empedocle deſcendoit de famille noble, & qu'il entretenoit des chevaux pour ſon ſervice. Eratoſthene, dans ſes *Victoires Olympiques* ajoute à toutes ces particularités que le pere de Meton remporta le prix dans la LXXI. Olympiade, en quoi il s'appuye du témoignage d'Ariſtote. Apollodore *le Grammairien*, dans ſes *Chroniques*, eſt de l'avis de ceux qui font Empedocle fils de Meton. Glaucus rapporte qu'il ſe rendit chez les Thuriens lorsque cette Colonie ne venoit que d'être fondée. Ce même Auteur remarque plus bas que ceux, qui racontent qu'il s'enfuit de ſa patrie, & que s'étant réfugié chez les Syracuſains, il porta avec eux les armes contre le peuple d'Athenes, ne prennent pas garde aux époques: „ car, dit-il, ou il devoit être mort en ce tems-„ là, ou fort avancé en âge; ce qui n'eſt nulle-

„ ment

ΑΚΡΑΓΑΝ ΤΙΝΩΝ

EMPEDOCLES
Philosophus Agrigen.
tinus.

„ ment vraiſemblable, puisqu'Ariſtote obſerve
„ qu'Héraclite & Empedocle moururent à l'âge
„ de ſoixante ans. Mais, continue Glaucus,
„ ce qui peut avoir donné lieu à l'erreur, c'eſt
„ que celui, qui dans la LXXI. Olympiade
„ remporta le prix à la courſe du cheval, por-
„ toit le même nom, comme il conſte par cet-
„ te époque, que rapporte Apollodore". Satyrus, dans ſes *Vies*, dit qu'Empedocle étoit fils
d'Exænete; qu'il eut un fils appellé de ce nom;
que dans la même Olympiade le pere fut vainqueur à la courſe du cheval, & le fils à la lutte,
ou à la courſe; ſelon le témoignage d'Héraclide
dans ſon *Abrégé*. J'ai lû dans les *Commentaires*
de Phavorin qu'à cette occaſion Empedocle ſacri-
fia pour les ſpectateurs la figure d'un bœuf, qu'il
avoit pêtrie de miel & de farine. Ce même Auteur lui donne un frere, qu'il nomme *Calli-
cratide*.

Telauge, fils de Pythagore, aſſûre, dans une lettre
à Philolaus qu'Empedocle étoit iſſû d'Archinomus. Au reſte, on ſait de lui-même qu'il naquit
à Agrigente en Sicile. Voici ce qu'il dit de ſa
patrie dans l'exorde de ſes vers ſur les purifications.

*Chers Amis, qui habitez la fameuſe Cité, ſituée
près du fleuve Acragas, cette ville ſi conſidérable.*

C'en eſt aſſez ſur ſon origine. Timée raconte dans ſon neuvieme livre qu'il fut diſciple de

Pythagore; mais qu'ayant été surpris, comme
Platon, dans un larcin de papiers, il ne fut
plus admis aux converfations de ce Philofophe.
C'eft de lui qu'Empedocle parle dans ces
vers.

Entre ceux-là étoit un homme qui connoiffoit
les chofes les plus fublimes., & qui poffedoit plus
que perfonne les richeffes de l'ame.

D'autres prétendent qu'en s'énonçant ainfi ,
Empedocle avoit égard à Parmenide. Néanthe
rapporte que les Pythagoriciens avoient coutume
de converfer enfemble jufqu'au tems de Philolaus & d'Empedocle; mais que depuis que celui-
ci eut divulgué leurs fentimens par fes vers, on
fit une loi qu'aucun Poëte ne feroit admis dans
leurs entretiens. On raconte la même chofe de
Platon, qui pour un pareil cas fut exclu du commerce des Pythagoriciens. Cependant Empedocle ne défigne pas lequel de ces Philofophes
fut celui dont il étudia les préceptes, & on ne
peut guères ajouter foi à une prétendue épître de
Telaugp, où il eft dit qu'il s'attacha à Hippafe
& à Brontin. Selon Théophafte, il fut l'émule
de Parmenide, lequel il fe propofa pour modele
dans fes poéfies. En effet il parle dans fes vers
de la doctrine de la nature , mais Hermippe
foutient que ce fut Xénophane, & non Parmenide, qu'Empedocle voulut égaler; qu'ayant
été long-tems en liaifon avec le premier, il en

imi-

imita le génie poétique, & qu'enfuite il fréquenta les Pythagoriciens. Alcidamas, dans
fa *Phyfique*, rapporte que Zénon & Empédocle prirent dans le même tems les in-
ftructions de Parmenide, mais qu'après s'être
féparés, Zénon continua fes études de Philofophie en particulier, & qu'Empedocle fe mit
fous la difcipline d'Anaxagore & de Pythagore,
ayant imité l'un dans fes recherches fur la nature, & l'autre dans la gravité de fes mœurs &
de fon extérieur.

Ariftote, dans fon ouvrage intitulé *Le Sophifte*,
attribue à Empedocle l'invention de la Rhétorique, & donne celle de la Dialectique à Zénon.
Dans fon livre des *Poëtes* il dit qu'Empedocle
reffembloit beaucoup à Homere, qu'il avoit l'é-
locution forte, & qu'il étoit riche en métaphores
& en d'autres figures poétiques. Il compofa entre autres un poëme fur la defcente de Xerxès
en Grece & un Hymne à Apollon; piéces que
fa fœur ou fa fille, affûre Jerôme, mit au feu,
l'Hymne fans y penfer, mais les *Perfiques* à
deffein, fous prétexte que c'étoit un ouvrage imparfait. Le même Auteur veut qu'Empedocle
ait auffi écrit des tragedies & des ouvrages de
politique; mais Héraclide, fils de Sérapion, prétend que les tragédies, qu'on lui fuppofe, font
d'un autre. Jerôme attefte qu'il lui en eft tombé quarante-trois entre les mains, & Neanthe

certifie avoir lû des tragedies faites par Empedô-
cle dans le tems de sa jeunesse.

Satyrus, dans ses *Vies*, le qualifie Médecin
& excellent Orateur.   La preuve qu'il en allegue, est qu'il eut pour disciple Gorgias de Léonte, fameux en ce genre de science, & qui a laissé
des regles sur l'Art de bien dire.   Apollodore,
dans ses *Chroniques*, remarque que Gorgias vécut jusqu'à l'âge de cent neuf ans, & Satyrus raconte qu'il disoit avoir connu Empedocle, exerçant la Magie.   Lui-même en convient dans ses
poésies lorsqu'entre autres choses il dit:

*Vous connoîtrez les remedes qu'il y a pour les
maux & pour soulager la vieillesse; vous serez le
seul à qui je donnerai ces lumieres.   Vous répri-
merez la fureur des vents infatigables qui s'élevent
sur la terre, & dont l'haleine dessèche les champs
labourés; ou bien, si vous voulez, vous pourrez
exciter les ouragans, vous ferez naitre la secheres-
se dans les tems pluvieux, vous ferez tomber dans
les saisons les plus arides ces torrens d'eau qui dé-
racinent les arbres & gâtent les moissons, vous
pourrez même évoquer les morts.*

Timée, dans le dix-huitieme livre de ses
Histoires, dit aussi qu'Empedocle se fit admirer à
plusieurs égards; qu'un jour sur-tout les vents
périodiques, qu'on nomme *Etésiens*, s'étant élevés avec tant de violence qu'ils gâtoient tous les
fruits, il ordonna qu'on écorchât des ânes; que

de

de leur peau on fît des outres, qu'enfuite on
les plaçât au haut des collines & fur les fommets
des montagnes pour rompre le vent, lequel ceffa
en effet; ce qui le fit furnommer *Maître des vents.*

Heraclide, dans fon livre des *Maladies*, asfûre qu'Empedocle dicta à Paufanias ce qu'il a
écrit touchant une femme que l'on réputoit pour
morte. Selon Ariftippe & Satyrus, il avoit
pour Paufanias une amitié fi particuliere, qu'il
lui dédia fon ouvrage fur la Nature, en em-
ployant ces termes : *Ecoutes-moi, Paufanias, fils
du fage Anchite.* Il lui fit encore l'Epigramme
fuivante :

*Cela eft la patrie du célebre difciple d'Efculape,
de Paufanias, furnommé fils d'Anchite, de celui
qui a fauvé du pouvoir de Proferpine plufieurs mala-
des, attaqués de langueurs mortelles.*

Héraclide définit cet empêchement de la refpiration un état, dans lequel le corps peut fe
conferver trente jours fans refpiration & fans
battement de poux. De là vient qu'il appelle
Empedocle *Médecin* & *Devin* ; ce qu'il infere
encore de ces vers :

*Je vous falue, chers Amis, qui habitez la fa-
meufe & grande Cité près des rives dorées du fleuve Acragas ; vous ne vous attachez qu'à des chofes
utiles, & je vous parois un Dieu, plutôt (1) qu'un*

mor-

mortel, lorfque je viens, honoré convenablement de
tout le monde, me rendre auprès de vous. Quand,
orné de couronnes ou de guirlandes, j'approche de
ces floriffantes villes, les hommes & les femmes
viennent en foule me rendre leurs hommages. Je
fuis accompagné de ce grand nombre de gens qu'attire la recherche du gain, de ceux qui s'appliquent
à la Divination, de ceux enfin qui fouhaitent d'acquerir la fcience de connoître les maladies & de
procurer la fanté.

Empedocle appelloit Agrigente une ville confidérable, parce que, dit Potamilla, elle conte-
noit huit cens (1) mille habitans. De là ce mot
d'Empedocle fur la molleffe de cette ville: *Les
Agrigentins jouiffent des plaifirs avec autant d'ardeur que s'ils devoient mourir demain, & bâtiffent
des maifons comme s'ils avoient toujours à vivre.*
Cléomene, chantre de vers heroïques, recita à
Olympie ceux qu'Empedocle fit pour l'ufage des
expiations, comme le rapporte Phavorin dans
fes *Commentaires.* Ariftote dit qu'Empedocle
avoit de généreux fentimens, & qu'il étoit fi
éloigné de tout efprit de domination, qu'au rapport de Xanthus qui vante fes qualités, la Royauté

à Empedocle qu'il eft un Dieu; mais outre que le Grec
ne dit pas abfolument cela, je ne penfe pas que jamais
perfonne fe foit férieufement dit immortel. *Menage* explique cela des progrès d'Empedocle dans la fageffe.

(1) *Menage* corrige d'après Bochart & Diodore : *deux
cens mille.*

té lui ayant été offerte, il la refuſa par prédi-
lection pour une condition médiocre. Timée
ajoute à ce trait le recit d'une occaſion où il fit
voir qu'il avoit le cœur populaire. Il fut invité à un repas par un des principaux de la
ville, & comme on ſe mit à boire avant que de
ſervir ſur table, Empedocle, témoin du ſilence
des autres conviés, s'impatienta & ordonna qu'on
apportât dequoi manger. Le maître du logis
s'excuſa ſur ce qu'il attendoit un Officier du Conſeil. Il arriva enfin, & ayant été établi Roi de
la fête par les ſoins de celui qui donnoit le régal, il fit entrevoir aſſez clairement des diſpoſitions à la tyrannie, en voulant que les conviés
bûſſent, ou qu'on leur répandît le vin ſur la tête. Empedocle ſe tut; mais le lendemain il
convoqua le Conſeil, fit condamner à mort cet
Officier & celui qui avoit fait les fraix du repas.
Tel fut le commencement de la part qu'il prit
aux affaires publiques. Une autre fois le Médecin Acron prioit le Conſeil de lui aſſigner une
place où il pût élever un monument à ſon pere,
comme ayant ſurpaſſé tous les Médecins en ſavoir. Empedocle empêcha qu'on ne lui octroyât
ſa demande, tant par des raiſons priſes de l'é-
galité, que par le diſcours qu'il lui tint: *Quelle inſcription voulez-vous*, lui demanda-t-il, *qu'on
mette ſur le monument?* ſera-ce cette Epitaphe:

Le grand Médecin Acron d'Agrigente, fils d'un

*pere célebre, repofe ici fous le précipice de fa glo-
rieufe patrie* (1). D'autres traduifent ainfi lè fecond vers, *Ce grand tombeau contient une grande tête.*
Il y a des Auteurs qui attribuent cela à Simonide.

Enfin Empedocle abolit le Confeil des Mille,
& lui fubftitua une Magiftrature de trois ans, dans
laquelle il admettoit non feulement les riches ,
mais auffi des perfonnes qui foutinffent les droits
du peuple. Timée, qui parle fouvent de hui,
dit pourtant qu'il ne paroiffoit pas avoir un fyftême utile au bien de fa patrie, parce qu'il témoignoit beaucoup de préfomption & d'amour
propre, témoin ce qu'il dit dans ces vers:

*Je vous falue : ma perfonne vous paroît celle
d'un Dieu, plutôt que d'un mortel, quand je viens
vers vous, & le refte.*

On raconte que lorfqu'il affifta aux Jeux Olympiques, il attira fur lui l'attention de tout le
monde ; de forte que dans les converfations
on ne s'entretenoit de perfonne autant que
d'Empedocle. Néanmoins dans le tems qu'on
rétablit la ville d'Agrigente, les parens de fes
ennemis s'oppoferent à fon retour ; ce qui l'engagea à fe retirer dans le Péloponnefe, où il finit
fa vie. Timon ne l'a pas épargné, au contraire il l'invective dans ces vers:

Em-

_____

(1) Il y a ici un jeu de mots, qui perd fon fel dans
la traduction ; il confifte en ce que le mot de *grand* eft
repeté plufieurs fois.

Empedocle, hériffé de termes du Barreau, & en
ceci fupérieur aux autres, créa des Magiftrats qui
avoient befoin qu'on leur donnât des feconds.

Il y a différentes opinions fur le fujet de fa
mort. Héraclide, qui détaille l'hiftoire de la
femme cenfée n'être plus en vie, dit qu'Empedocle, l'ayant ranimée & mérité beaucoup de
gloire par ce prodige, fit un facrifice dans le
champ de Pyfianacte, auquel il invita fes amis,
du nombre defquels fut Paufanias; qu'après le
repas, quelques-uns fe retirerent pour fe repofer, quelques autres fe mirent fous les arbres
d'un champ voifin, d'autres s'en allerent où
ils voulurent; qu'Empedocle fe tint dans la place
qu'il avoit occupée pendant le repas; que le lendemain chacun s'étant levé, il n'y eut qu'Empedocle qui ne parut point; qu'on le chercha &
queftionna les Domeftiques pour favoir ce qu'il
étoit devenu; qu'un d'entre eux déclara qu'à mi-
nuit il avoit entendu une voix forte, qui appelloit Empedocle par fon nom; que là-deffus il s'étoit
levé, mais qu'il n'avoit apperçu rien d'autre
qu'une lumiere célefte & la lueur de flambeaux;
que ce difcours caufa une furprife extrême; que
Paufanias defcendit de la chambre & envoya des
gens à la découverte d'Empedocle; qu'enfin il
ceffa de fe donner des peines inutiles, en difant
qu'Empedocle avoit reçu un bonheur digne de la
dévotion qu'il avoit fait paroître, & qu'il fal-

L. 4.   loit

loit lui immoler des victimes comme à un homme
élevé au rang des Dieux. Hermippe contredit
Héraclide en ce que le facrifice fut offert à l'occafion d'une femme d'Agrigente nommée *Pan-
thée*, qu'Empedocle avoit guérie, quoiqu'aban-
donnée des Médecins : à quoi il ajoute que le
nombre de ceux, qu'il avoit invités, fe montoit
à près de quatre-vingt perfonnes. Hippobote
raconte qu'à fon reveil Empedocle prit le chemin du mont Ethna, qu'il fe précipita dans les
ouvertures de cette montagne, & difparut ainfi
dans le deffein de confirmer par-là le bruit de fon
apothéofe ; mais que la chofe fe découvrit par un fan-
dale, travaillé avec de l'airain, que le volcan rejetta en
vomiffant des flammes, & que l'on reconnut être un
des fiens, tels qu'il avoit coutume d'en porter. Néanmoins ce fait fut toujours démenti par Paufanias.

Diodore d'Ephefe, en parlant d'Anaximandre, dit qu'Empedocle le prenoit pour modele,
qu'il l'imitoit dans fes expreffions ampoulées &
affectoit la gravité de fon habillement. On ajoute à cela que les habitans de Selinunte, étant
affligés de la pefte, caufée par l'infection d'une
riviere voifine qui exhaloit de fi mauvaifes o-
deurs, qu'elles produifoient des maladies & faifoient avorter les femmes, Empedocle imagina
de conduire à fes propres dépens deux autres rivieres dans celle-là pour en adoucir les eaux par
ce mélange ; qu'effectivement il fit ceffer le fleau ;

qu'en-

qu'ensuite il se présenta aux Selinuntiens pendant
qu'ils assistoient à un festin auprès de ce fleuve;
qu'à son aspect ils se levèrent & lui rendirent
les honneurs divins.; que ce fut pour les confirmer dans l'opinion qu'il étoit un Dieu, qu'il
prit la résolution de se jetter dans le feu. Mais
ce recit est contesté par Timée, qui dit formel-
lement qu'il se retira dans le Peloponnese, d'où
il ne revint jamais ; de sorte qu'on ne sait de
quelle maniere il finit ses jours. Dans son quatrieme livre il prend à tâche de décréditer le recit d'Heraclide, en disant que Pysianacte étoit
de Syracuse, qu'il n'avoit point de champ à A-
grigente, & qu'au reste ce bruit s'étant répandu
touchant Empedocle, Pausanias, qui étoit riche,
érigea à sa mémoire un monument, soit statue
ou chapelle: „ Et comment poursuit-il, Empe-
„ docle se seroit-il jetté dans les ouvertures du
„ mont Ethna, lui qui n'en fit jamais mention,
„ quoiqu'il ne demeurât pas loin de là. Il mou-
„ rut donc dans le Peloponnese, & on ne doit pas
„ être surpris si on ne rencontre pas son sépulchre,
„ puisqu'on ignore la sépulture de plusieurs autres".
Timée conclut, en reprochant à Heraclide la
coutume d'avancer des paradoxes; jusqu'à parler d'un Homme, tombé de la lune en terre.
Hippobote dit qu'Empedocle eut d'abord à A-
grigente une statue couverte, dressée à son
honneur; mais qu'ensuite elle fut placée décou-

verte vis-à-vis le Sénat des Romains, qui la
transporterent dans cet endroit. Il est aussi re-
présenté dans quelques tableaux, qui existent encore. Néanthe de Cyzique, qui a écrit sur les
Pythagoriciens, rapporte qu'après la mort de
Meton, la Tyrannie commença à s'établir, &
qu'Empedocle persuada aux Agrigentins de cal-
mer leurs séditions & de conserver l'égalité dans
leur gouvernement. Comme il possedoit de gros
biens, il dôta plusieurs filles qui n'en avoient pas,
& Phavorin, dans le premier livre de ses *Com-*
mentaires, dit qu'il étoit dans une si grande o-
pulence, qu'il portoit la pourpre, un ornement
d'or autour de la tête, des sandales d'airain,
& une couronne Delphienne. Il avoit la chevelure longue, l'air imposant, se faisoit suivre
par des Domestiques, & ne changeoit jamais de
maniere & d'arrangement. C'est ainsi qu'il paroissoit
en public, & l'on remarquoit dans son maintien
une sorte d'apparence royale qui le rendoit re-
spectable. Enfin un jour qu'il se transportoit en
chariot à Messine pour y assister à une fête so-
lemnelle, il tomba & se cassa la cuisse; accident
dont il mourut à l'âge de soixante-&-dix-sept ans.
Il a son tombeau à Megare. Aristote est d'un
autre avis touchant son âge. Il ne lui donne
que soixante ans de vie; d'autres cent & neuf. Il
fleurissoit vers la LXXXIV. Olympiade. Demetrius de Trœzene, dans son livre contre les *Sophis-*
tes,

tes, nous apprend, en se servant des expressions d'Homere, *qu'ayant pris un licou, il se pendit à un cornouiller fort haut, afin que son ame descendît de là aux Enfers.* Mais dans la lettre de Telauge, dont nous avons parlé, il est dit qu'il tomba dans la mer par un effet de vieillesse, & qu'il s'y noya. Telles sont les opinions qu'on a sur sa mort. Voici des vers satyriques qui se trouvent sur son sujet dans notre Recueil de vers de toutes sortes de mesures.

Empedocle, tu as purifié ton corps par le moyen des flammes dévorantes qui s'élancent continuellement à travers des ouvertures de l'Etna. Je ne dirai pas que tu t'y es plongé de propos délibéré. Qu'on ignorât ton sort, c'étoit-là ton dessein; mais qu'il t'en coutât la vie, n'étoit pas ta volonté.

En voici encore d'autres:

Empedocle, dit-on, mourut d'une chûte de chariot, qui lui cassa la cuisse droite. S'il fut assez mal-avisé pour s'être jetté dans les ouvertures du mont Etna, comment se peut-il que ses os reposent dans son sépulcre à Megare?

Au reste Empedocle croyoit qu'il y a quatre élemens, le feu, l'eau, la terre & l'air, accompagnés d'un accord qui les unit, & d'une antipathie qui les sépare. Il les nomme, *le prompt Jupiter, Junon qui donne la vie, Pluton, & Nestis qui remplit de larmes les yeux des humains.* Jupiter est le feu, Junon la terre, Pluton l'air,

& Neſtis l'eau.. Il ajoute que ces élemens, ſüjets à de continuels changemens, ne périſſent jamais, & que cet órdre de l'Univers eſt éternel. Il conclut enfin que tantôt une correſpondance unit ces parties, & que tantôt une contrariété les fait agir ſéparément.. Il eſtimoit que le ſoleil eſt un amas de feu, & un aſtre plus grand que la lune; que celle-ci reſſemble à un diſque pour la figure; que le ciel eſt ſemblable à du criſtal, & que l'ame revêt toutes ſortes de formes de plantes & d'animaux. Il aſſûroit qu'il ſe ſouvenoit d'avoir été autrefois jeune garçon & jeune fille, plante, poiſſon & oiſeau.

On a en cinq cens. vers ce qu'il a compoſé ſur la Nature & ſur les Expiations, & en ſix cens ce qu'il a écrit de la Médecine. Nous avons parlé plus haut de ſes tragédies.

EPICHARME.

Epicharme, natif de Co & fils d'Elothale, étudia fous Pythagore. Il n'avoit que trois mois lorfqu'on le porta à Megare de Sicile, & de là à Syracufe, comme il le dit lui-même dans fes œuvres. Voici l'infcription qui fe trouve au bas de fa ftatue :

Autant le foleil furpaffe en éclat les autres af-tres, & autant la force des vagues de la mer l'empor-te fur la rapidité des fleuves ; autant Epicharme, couronné par Syracufe fa patrie, excelle en fageffe par-deffus les autres hommes.

Il a laiffé des Commentaires, qui contiennent des fentences, & dans lesquels il traite de la Natu-re & de la Médecine. A la plûpart de ces Com-mentaires font joints des vers acroftiches, qui prouvent indubitablement qu'il en eft l'Auteur.

Il mourut agé de quatre-vingt-dix ans.

ARCHYTAS.

Rchytas de Tárente, iſſu de Mnéſagore, ou d'Heſtiée ſelon Ariſtoxene, embraſſa la ſéête de Pythagore. Ce fut lui qui, par une lettre qu'il écrivit à Denys, ſauva la vie à Platon, dont le Tyran avoit réſolu la mort. Il réuniſſoit en ſa perſonne tant de vertus, qu'admiré des uns & des autres pour ſon mérite, on lui confia juſqu'à ſept fois la Régence, malgré la Loi qui défendoit qu'on l'exerçât plus d'un an.

Platon lui écrivit deux fois en réponſe à une lettre qu'il en avoit reçue, & qui étoit conçue en ces termes.

Archytas à Platon, ſanté.

„ Je vous félicite de votre rétabliſſement, „ ſuivant ce que vous m'en dites, & comme je „ l'ai appris de Damiſcus. Quant aux écrits „ dont vous m'avez parlé, j'en ai eu ſoin, & „ me ſuis rendu en Lucanie auprès des parens „ d'Ocellus. Les Commentaires ſur la Loi, la „ Royauté, la Pieté, & la Génération de toutes „ choſes ſont entre mes mains. Je vous en ai „ même fait tenir une partie; mais juſqu'ici on n'a „ en-

ARCHYTAS
Pythagoricus Mechanicis clarus
Ex Nummo æreo apud Fulvium Ursinum

„ encore pû recouvrer les autres. S'ils se retrou-
„ vent, soiez persuadé que je ne manquerai pas
„ de vous les envoyer".

- Tel étoit le contenu de la lettre d'Archytas;
tel celui de la réponse suivante de Platon.

Platon à Archytas, sagesse.

„ Je ne saurois assez vous exprimer la satis-
„ faction avec laquelle j'ai reçu les écrits que
„ vous m'avez envoyés. Je fais de l'Auteur un cas
„ infini, je l'admire en ce qu'il se montre digne
„ de ses ancêtres du vieux-tems, & si estima-
„ bles pour leurs bonnes qualités. On les dit
„ originaires de Myra & du nombre de ces Troy-
„ ens que Laomedon amena avec lui; tous
„ gens pleins de vertus, selon le témoignage
„ qu'en rend l'histoire. Les Commentaires,
„ dont vous me parlez & que vous souhaitez,
„ ne sont pas encore en assez bon état; n'im-
„ porte, je vous les envoye tels qu'ils se trou-
„ vent. Nous pensons de même l'un & l'autre
„ sur le soin avec lequel ils méritent d'être con-
„ servés; aussi n'ai-je rien à vous recommander
„ là-dessus. Je finis, portez vous bien".

Voilà en quels termes ils s'écrivoient de part
& d'autre.

Il y a eu quatre Archytas. Le premier est
celui dont nous parlons; le second étoit de Mi-
ty-

pere célebre, repose ici sous le précipice de sa glorieuse patrie (1). D'autres traduisent ainsi le second vers, *Ce grand tombeau contient une grande tête.* Il y a des Auteurs qui attribuent cela à Simonide.

Enfin Empedocle abolit le Conseil des Mille, & lui substitua une Magistrature de trois ans, dans laquelle il admettoit non seulement les riches, mais aussi des personnes qui soutinssent les droits du peuple. Timée, qui parle souvent de lui, dit pourtant qu'il ne paroissoit pas avoir un système utile au bien de sa patrie, parce qu'il témoignoit beaucoup de présomption & d'amour propre, témoin ce qu'il dit dans ces vers:

Je vous salue : ma personne vous paroît celle d'un Dieu, plutôt que d'un mortel, quand je viens vers vous, & le reste.

On raconte que lorsqu'il assista aux Jeux Olympiques, il attira sur lui l'attention de tout le monde ; de sorte que dans les conversations on ne s'entretenoit de personne autant que d'Empedocle. Néanmoins dans le tems qu'on rétablit la ville d'Agrigente, les parens de ses ennemis s'opposerent à son retour ; ce qui l'engagea à se retirer dans le Péloponnese, où il finit sa vie. Timon ne l'a pas épargné, au contraire il l'invective dans ces vers :

Em-

___

(1) Il y a ici un jeu de mots, qui perd son sel dans la traduction ; il consiste en ce que le mot de *grand* est repeté plusieurs fois.

Empedocle, hériffé de termes du Barreau, & en
ceci fupérieur aux autres, créa des Magiftrats qui
avoient befoin qu'on leur donnât des feconds.

Il y a différentes opinions fur le fujet de fa
mort. Héraclide, qui détaille l'hiftoire de la
femme cenfée n'être plus en vie, dit qu'Empedocle, l'ayant ranimée & mérité beaucoup de
gloire par ce prodige, fit un facrifice dans le
champ de Pyfianacte, auquel il invita fes amis,
du nombre defquels fut · Paufanias; qu'après le
repas, quelques - uns fe retirerent pour fe repofer, quelques autres fe mirent fous les arbres
d'un champ · voifin, d'autres s'en allerent où
ils voulurent; qu'Empedocle fe tint dans la place
qu'il avoit occupée pendant le repas; que le lendemain chacun s'étant levé, il n'y eut qu'Empedocle qui ne parut point; qu'on le chercha &
queftionna les Domeftiques pour favoir ce qu'il
étoit devenu; qu'un d'entre eux déclara qu'à mi-
nuit il avoit entendu une voix forte, qui appelloit Empedocle par fon nom; que là-deffus il s'étoit
levé, mais qu'il n'avoit apperçu rien d'autre
qu'une lumiere célefte & la lueur de flambeaux;
que ce difcours caufa une furprife extrême; que
Paufanias defcendit de la chambre & envoya des
gens à la découverte d'Empedocle; qu'enfin il
céffa de fe donner des peines inutiles, en difant
qu'Empedocle avoit reçu un bonheur digne de la
dévotion qu'il avoit fait paroître, & qu'il fal-

H I P P A S U S.

Hippafus de Metapont étoit Pythagoricfen.
Il croyoit que le monde eft fujet à des vi-
ciffitudes dont le tems eft déterminé, que l'U-
nivers eft fini, & qu'il fe meut continuellement.

Demetrius, dans fon Traité des *Auteurs de
même nom*, veut qu'il n'ait laiffé aucun ouvrage.
Il y a eu deux Hippafus; celui-ci, & un autre
qui a traité en cinq livres de la République de
Lacédemone, fa patrie.

PHILOLAUS.

PHilolaüs de Crotone fut un autre Philofophe de la fecte de Pythagore. Ses ouvrages fur la Philofophie Pythagoricienne font ceux que Platon pria Dion de lui acheter. Ce Philofophe mourut, foupçonné d'afpirer à la Tyrannie. Voici une de mes Epigrammes à fon occafion.

Les foupçons eurent toujours de mauvaifes fuites. Ne fiffiez-vous aucun mal, on vous tiendra pour coupable, fi vous paroiffez en faire. Ainfi périt autrefois Philolaus par un foupçon qu'il vouloit impofer un rude joug à Crotone fa patrie.

Il étoit dans l'opinion que tout fe fait par le moyen de la néceffité & de l'harmonie. Il enfeigna le premier que la terre fe meut circulairement; doctrine que d'autres attribuent à Icetas de Syracufe. Il compofa un livre, que Platon, dit Hermippe d'après quelque Ecrivain, lorsqu'il vint trouver Denys en Sicile, acheta des parens de Philolaus pour la fomme de quarante mines d'Alexandrie, & qu'il tira de ce livre les matériaux dont il fe fervit pour bâtir fon *Timée.*

D'autres prétendent que Platon reçut ce livre de Denys, qu'il engagea à accorder la grace à un jeune homme, Difciple de Philolaus, lequel il **avoit**

avoit condamné à mort.　Demetrius, dans ſes *Auteurs de même nom,* aſſûre qu'il fut le premier qui publia les dogmes des Pythagoriciens ſur la Nature, & qui commencent par cette opinion : que *la Nature, le Monde & tout ce qu'il contient, renferment une harmonie des choſes finies avec les choſes infinies.*

EUDOXE.

EUdoxe, fils d'Æfchine, náquit à Gnide, & devint tout à la fois Aftrologue, Géomè-tre, Médecin & Légiflateur. Il apprit d'Archytas la Géometrie, & étudia la Médecine fous Philiftion de Sicile, dit Callimaque dans fes *Tables*. Sotion, dans fes *Succeffions*, nous informe qu'il eut Platon pour Maître. Dans fa vingt-troifieme année Eudoxe, pauvre & néceffiteux, mais auffi empreffé de s'inftruire que touché de la réputation des difciples de Socrate, s'en fut à Athenes avec le Médecin Théomedon, qui le nourriffoit, & qui, felon quelques-uns, avoit pour lui une tendreffe toute particuliere. Etant arrivé au Pyrée, il alloit réguliérement tous les jours à Athenes, d'où, après avoir entendu les Orateurs, il revenoit au logis. Son féjour dans ce lieu dura deux mois, au bout desquels il s'en retourna chez lui. Ses amis ayant contribué à lui amaffer quelque argent, il partit pour l'Egypte, accompagné du Médecin Chryfippe, & muni d'une lettre de recommandation qu'Agéfilas lui donna pour Néctanabe, qui parla en fa faveur aux Prêtres d'Egypte. Il s'arrêta dans ce pays pendant un an & quatre mois, fe faifant rafer la barbe & les fourcils. Si on en croit quelques-uns, il s'y occupa à compofer un ou-

vra-

vrage de Mathématique, qu'il intitula *Octaëtre*.
Il se rendit ensuite à Cyzique & dans la Propontide, où il exerça la Philosophie. Enfin, après
avoir vû Mausole, il reprit la route d'Athenes, &
y parut avec un grand nombre de disciples, dans
le dessein, à ce qu'on croit, de mortifier Platon,
qui n'avoit pas d'abord voulu le recevoir. Il y
en a qui disent qu'étant avec plusieurs autres à
un repas que donnoit celui-ci, il introduisit l'u-
sage de se placer à table en demi-cercle. Nico-
maque, fils d'Aristote, lui attribue d'avoir dit
que la volupté est un bien.

Eudoxe fut extraordinairement estimé dans sa
patrie, témoin le décret qu'on y fit à son honneur. La Grece n'eut pas moins de respect pour
lui, tant à cause des Loix qu'il donna à ses concitoyens, comme le rapporte Hermippe dans son
quatrieme livre des *Sept Sages*, que par rapport
à ses excellens ouvrages sur l'Astrologie, la Géometrie & d'autres Sciences.

Ce Philosophe eut trois filles, nommées *Ac-
tis*, *Philtis* & *Delphis*. Eratosthene, dans ses
livres adressés à Baton (1), dit qu'il écrivit aussi
des Dialogues Cyniques. D'autres au contraire
prétendent qu'ils furent l'ouvrage d'Auteurs Egyp-
tiens, qui les composerent en leur langue, & qu'Eudoxe les traduisit en Grec. Il prit de Chrysip-

pe

---

(1). D'autres traduisent *Hecaton*. Voyez *Ménage*.

pe de Gnide, fils d'Erinée, les notions des chofes qui regardent les Dieux, le Monde & les
Météores. Quant à la Médecine, il fut dres-
fé à cette fcience par Philiftion de Sicile. Au reste il a laiffé de fort beaux Commentaires.

Outre fes trois filles, Eudoxe eut un fils, appellé *Ariftagore*, qui éleva Chryfippe, fils d'Æth-
lius. Ce Chryfippe eft Auteur d'un Traité de
Médecine fur les maladies des yeux, auquel il
travailla par occafion, en faifant des recherches
Phyfiques.

Il y a eu trois Eudoxes; celui-ci; un autre,
Rhodien de naiffance & Hiftorien; un troifieme de
Sicile, fils d'Agathocle, Poëte Comique, trois
fois vainqueur dans les fêtes de Bacchus qui fe
célebroient en ville, & cinq fois dans celles de
la campagne, felon Apollodore dans fes *Chroniques*. Nous trouvons encore un Médecin de même nom, natif de Gnide, & de qui notre Eudoxe, dans fon livre de la *Circonférence de la
Terre*, dit qu'il avoit pour maxime d'avertir
qu'il falloit tenir fon corps & fes fens dans un
mouvement continuel par toutes fortes d'exercices.

Le même rapporte que cet Eudoxe de Gnide étoit en vogue vers la CIII. Olympiade, &
qu'il découvrit les regles des lignes courbes. Il
mourut dans la cinquante-troifieme année de fon
âge. Pendant qu'il étoit en Egypte auprès d'I-
fonuphis Héliopolitain, il arriva que le bœuf
Apis

Apis lui lêcha l'habit, d'où les Prêtres conclu-
.rent qu'il feroit fort célebre, mais qu'il ne vivroit pas longtems. Ce recit de Phavorin, dans
fes *Commentaires*, nous a donné matiere à cés
vers fur fon fujet.

On dit qu'Eudoxe, étant à Memphis, s'informa de fon fort en s'adreffant au bœuf célebre de
ces lieux. L'animal ne répondit rien. Eh! qu'auroit pû dire un bœuf? Apis manque de voix, la nature ne lui en pas donné l'ufage; mais fe tenant
de côté, il lêcha l'habit d'Eudoxe. Qu'annonçoit-
il par-là? qu'Eudoxe ne vivroit pas longtems. En
effet il mourut bientôt, n'ayant vécu que cinquan-
te-trois ans.

La grande réputation, qu'il avoit dans le monde, fit que par le changement de la feconde
lettre de fon nom, on l'appella d'un autre, qui
fignifioit *Homme célebre.*

Mais après avoir fait mention des Philofophes
Pythagoriciens les plus diftingués, venons-en à
divers autres qui fe font rendus illuftres, & commençons par Héraclite.

Fin de la I. Partie du
T O M E S E C O N D.

LES VIES
DES PLUS ILLUSTRES
PHILOSOPHES
DE L'ANTIQUITÉ,

Avec leurs Dogmes, leurs Systêmes, leur Morale,
& leurs Sentences les plus remarquables;

TRADUITES DU GREC DE DIOGENE LAËRCE:

Auxquelles on a ajouté la Vie de l'AUTEUR, celles
d'ÉPICTETE, de CONFUCIUS, & leur Morale,
& un Abrégé historique de la Vie des
Femmes Philosophes de l'Antiquité:

AVEC PORTRAITS.

TOME II. PARTIE II.

A AMSTERDAM,

CHEZ *J. H.* SCHNEIDER.

M. D. CC. LVIII.

ΗΡΑΚΛΕΙΤΟΣ
ΒΛΥΣΩΝΟΣ
ΕΨΕΣΙΟΣ

HERACLITVS

Omnia ex semet ipso didicit
Apud Magnum Etruriæ Ducem in marmore

LIVRE IX.

****

HERACLITE.

HEraclite, fils de Blyfon, ou d'Hera-
clionte, felon quelques-uns, nâquit à
Ephefe & fleurit vers la LXIX. Olympiade. Il étoit haut & décifif dans
fes idées comme on en peut juger par un de fes
oùvrages, où il dit que *Ce n'eft pas une grande
fcience qui forme l'efprit.* Il enfeignoit à Hefiode,
à Pythagore, à Xénophane & à Hécatée que la
feule fageffe confifte à connoître la volonté fuivant laquelle toutes chofes fe gouvernent dans
l'Univers, ajoutant qu'Homere & Archilochus
méritoient d'être chaffés des colleges à coups de
poing.

Il avoit pour maxime *qu'il faut étouffer les in-*

jures avec plus de soin qu'un incendie , & qu'un
peuple doit combattre pour ses loix comme pour ses
murailles.   Il reprit aigrement les Ephésiens sur
ce qu'ils avoient chassé son ami Hermodore.

Ils sont dignes, disoit-il, *qu'on les mette à mort*
dès l'âge de puberté, & qu'on laisse leur ville à
des enfans, eux qui ont été assez lâches pour en
chasser Hermodore leur bienfaiteur, en se servant
de ces expressions : Que personne ne mérite notre re-
connoissance, & si quelqu'un nous rend jusque-là
redevables envers lui, qu'il aille vivre ailleurs &
avec d'autres.

On dit même que requis par ses concitoyens
de leur donner des Loix, Héraclite rejetta leur
demande avec mépris , parce qu'une mauvaise
police avoit déjà corrompu la ville.   S'en étant
allé du côté du Temple de Diane, il s'y mit à
jouer avec des enfans. *De quoi vous étonnez-vous,*
gens perdus de mœurs ? dit-il à ceux qui l'exami-
noient.   *Ne vaut-il pas mieux s'amuser de cette*
façon que partager avec vous l'administration des
affaires publiques ? A la fin il devint si misanthro-
pe, qu'il se retira dans les montagnes, où il passoit sa vie, ne se nourrissant que d'herbes & de
racines.   Il en contracta une hydropisie , qui
l'obligea de revenir en ville, où il demanda
énygmatiquement aux Médecins *s'ils pourroient*
bien changer la pluye en sécheresse ? Ils ne le
comprirent point ; de sorte qu'il entra dans un

&

étable & s'y enfonça dans du fumier de vache,
espérant que la chaleur évaporeroit par les pôres
les eaux dont il étoit surchargé. Il éprouva l'i-
nutilité de ce rémede, & mourut âgé de soixante ans. Telle est notre Epigramme à son sujet.

*Je me suis souvent étonné qu'Héraclite se soit at-
tiré une dure mort par une vie si dure. Une fu-
neste hydropisie inonda son corps, glaça ses membres,
éteignit la lumiere de ses yeux & les couvrit de
ténebres.*

Hermippe rapporte qu'il consulta les Médecins
pour savoir s'il n'y avoit pas moyen de pomper
l'eau des intestins; qu'ils répondirent qu'ils n'en
connoissoient aucun; que là-dessus il alla se mettre au soleil; qu'il ordonna à des enfans de le
couvrir de fumier; que ce remede, dont il s'é-
toit avisé, l'exténua à un tel point, qu'il en mourut deux jours après; & qu'on l'enterra dans la
place publique. Néanthe de Cyzique dit au
contraire que n'ayant pû se tirer de dessous
le fumier, il resta dans cet état & fut mangé
des chiens.

Il se fit admirer dès l'enfance. Lorsqu'il étoit
jeune, il avouoit qu'il ne savoit rien, & quand il
eut atteint l'âge viril, il se vantoit de savoir tout.
Il n'eut point de Maître, aussi disoit-il qu'il ne
devoit sa Philosophie & toute sa science qu'à ses
propres soins. Néanmoins Sotion assûre avoir trouvé des Auteurs qui attestent qu'il fut disciple de

Xé-

Xénophane. Il cite même Ariston, lequel dans son livre sur Heraclite veut que ce Philosophe, ayant été guéri de son hydropisie, mourut d'une autre maladie, en quoi Hippobote est de même sentiment.

A la vérité l'ouvrage, qui porte son nom, a en général la Nature pour objet; aussi il roule sur trois sortes de matières, sur l'Univers, sur la Politique, & la Théologie. Selon quelques uns, il déposa cet ouvrage dans le Temple de Diane & l'écrivit exprès d'une manière obscure, tant afin qu'il ne fût entendu que par ceux qui en pourroient profiter, qu'afin qu'il ne lui arrivât pas d'être exposé au mépris du vulgaire. De là cette critique de Timon :

Entre ceux-là est Héraclite, ce criard mal-bâti, cet injurieux discoureur & ce diseur d'énygmes.

Théophraste attribue à son humeur mélancholique les choses qu'il a écrites imparfaitement & celles qu'il a traitées différemment de ce qu'elles sont. Antisthene, dans ses *Successions*, allegue pour preuve de sa grandeur d'ame, qu'il céda à son frere la présidence des affaires de Prêtrise. Au reste son livre lui acquit tant d'honneur, qu'il eut des sectateurs qui porterent le nom d'*Héraclitiens*.

Voici en général quelles furent ses opinions. Il croyoit que toutes choses sont composées du feu & se résolvent dans cet élement; que tout se

fait

fait par un deftin, & que tout s'arrange & s'u-
nit par les changemens des contraires; que
toutes les parties du monde font pleines
d'efprits & de Démons. Il a parlé auffi
des divers changemens qui fe remarquent dans
les mouvemens de la nature. Il croyoit
de plus que la grandeur du foleil eft telle qu'elle paroît; que la nature de l'amé eft une chofe
fi profonde, qu'on n'en peut rien définir, quelque route qu'on fuive pour parvenir à la connoître. Il difoit que l'opinion de foi-même eft une
maladie facrée, & la vûe une chofe trompeufe.
Quelquefois il s'énonce d'une manière claire &
intelligible; de forte que les efprits les plus lents
peuvent l'entendre, & que ce qu'il dit pénétre
jufque dans le fond de l'ame. Il eft incomparable
pour la briéveté & pour la force avec laquelle il s'explique; mais expofons fes fentimens plus en détail.

Suivant ce Philofophe, le feu eft un élement,
& c'eft de fes divers changemens que naiffent
toutes chofes, felon qu'il eft plus raréfié, ou
plus denfe. Il s'en tient-là, & n'explique rien
ouvertement. Il croit que tout fe fait par l'oppofition qu'une chofe a avec l'autre, & compare le cours de la nature à celui d'un fleuve. Il
fuppofe l'Univers fini, & n'admet qu'un feul monde, qui, comme il eft produit par le feu, fe
diffout auffi par cet élement au bout de certains
périodes; & cela en vertu d'une deftinée. Il

appelle l'action des contraires, qui produit la génération, une guerre & une discorde; il nomme celle, qui produit l'embrasement du monde, une paix & une union. Il qualifie aussi cette vicissitude un mouvement de haut en bas & de bas en haut, suivant lequel le monde se fait. Le feu condensé se change en humidité, qui, ayant acquis sa consistence, devient eau. L'eau épaissie se change en terre, & c'est-là le mouvement de haut en bas. Réciproquement la terre liquéfiée se change en eau, de laquelle naît ensuite tout le reste par l'évaporation qui s'éleve de la mer, & voilà le mouvement de bas en haut. Il est d'avis qu'il s'éleve des évaporations de la terre & de la mer, les unes claires & pures, les autres ténebreuses; que les premieres servent de nourriture au feu, & les secondes à l'eau.

Il n'explique pas de quelle nature est le ciel qui nous environne. Il y suppose des espèces de bassins, dont la partie concave est tournée de notre côté, & les évaporations pures, qui s'y rassemblent, forment des flammes que nous prenons pour des astres. Les flammes, qui forment le soleil, sont extrêmement pures & vives; celles des autres astres, plus éloignés de la terre, ont moins de pureté & de chaleur. La lune, comme plus voisine de la terre, ne passe pas par des espaces purs, au lieu que le soleil

est

eſt placé dans un lieu pur, clair , & éloigné
de nous à une diſtance proportionnée; ce qui
fait qu'il éclaire & échauffe davantage.' Les
éclipſes du ſoleil & de la lune viennent de ce
que les baſſins, qui forment ces aſtres, ſont
tournés à rebours de notre côté, & les phaſes,
que la lune préſente chaque mois, viennent de
ce que le baſſin, qui la forme, tourne peu à
peu. Les jours & les nuits, les mois, les ſai-
ſons, les années, les pluyes, les vents & autres
phénoménes ſemblables ont leur cauſe dans les
différences des évaporations. L'évaporation pure, enflammée dans le cercle du ſoleil, produit le jour; l'évaporation, contraire à celle-
là, cauſe la nuit. Pareillement la chaleur, augmentée par les évaporations [pures, occaſionne
l'été, & au contraire l'augmentation de l'humidité par les évaporations obſcures amene l'hyver.
Ainſi raiſonne Heraclite ſur les autres cauſes naturelles. Au reſte il ne s'explique , ni ſur
la forme de la terre, ni ſur les baſſins
des aſtres. Voilà ce qu'on ſait de ſes opinions.

Nous avons eu occaſion de parler dans la Vie
de Socrate de ce que ce Philoſophe penſoit d'Héraclite après en avoir lû le livre que lui remit Euripide, comme le rapporte Ariſton. Néanmoins
Seleucus *le Grammairien* dit qu'un nommé Croton,
dans un ouvrage, intitulé *Le Verſeur d'eau*, ra-

con-

conte que ce fut un certain Crates qui le premier fit connoître ce livre en Grece, & qui en avoit cette idée, qu'il faudroit être nageur de Delos pour ne pas y fuffoquer. Ce livre d'Héraclite eft différemment intitulé, *Les Mufes* par les uns, *De la nature* par les autres. Diodote le défigne fous ce titre: *Le moyen de bien conduire fa Vie;* d'autres le diftinguent fous celui-ci: *La fcience des Mœurs, renfermant une regle de conduite univerfelle.*

Héraclite, interrogé pourquoi il ne répondoit pas à ce qu'on lui demandoit, repliqua: *C'eft afin que vous parliez.* Il fut recherché de Darius, & ce Prince avoit tant d'envie de jouïr de fa compagnie, qu'il lui écrivit cette lettre.

Le Roi Darius, fils d'Hyftafpe, au fage Héraclite d'Ephefe, falut.

„ Vous avez compofé un livre fur la Nature,
„ mais en termes fi obfcurs & fi couverts, qu'il
„ a befoin d'explication. En quelques endroits
„ fi on prend vos expreffions à la lettre, il fem-
„ ble que l'on ait une théorie de l'Univers, des
„ chofes qui s'y font, & qui cependant dépendent
„ d'un mouvement de la puiffance divine. On eft
„ arrêté à la lecture de la plûpart des paffages;
„ de forte que ceux-mêmes, qui ont manié le
„ plus de volumes, ignorent ce que vous avez
„ pré-

„ précifément voulu dire. Ainfi le Roi Darius,
„ fils d'Hyftaspe, fouhaite de vous entendre &
„ de s'inftruire par votre bouche de la doctrine
„ des Grecs. Venez donc au-plûtôt, & que je
„ vous voye dans mon Palais. C'eft affez la cou-
„ tume en Grece d'être peu attentif au mérite
„ des grands hommes, & de ne pas faire beau-
„ coup de cas des fruits de leurs veilles, quoi-
„ qu'ils foient dignes qu'on y prête une férieufe
„ attention, & que l'on s'empreffe à en profiter.
„ Il n'en fera pas de même chez moi. Je vous
„ recevrai avec toutes les marques d'honneur
„ poffibles, j'aurai journellement avec vous des
„ entretiens d'eftime & de politeffe, en un mot
„ vous ferez témoin du bon ufage que je ferai
„ de vos préceptes ".

Héraclite d'Ephefe au Roi Darius, fils d'Hyftaspe,
falut.

„ Tous les hommes, quels qu'ils foient, s'é-
„ cartent de la vérité & de la juftice. Ils n'ont
„ d'attachement que pour l'avarice, ils ne ref-
„ pirent que la vaine gloire par un entêtement
„ qui eft le comble de la folie. Pour moi, qui
„ ne connois point la malice, qui évite tout fu-
„ jet d'ennui, qui ne m'attire l'envie de perfon-
„ ne; moi, dis-je, qui méprife fouverainement

„ la vanité qui regne dans les Cours, jamais il
„ ne m'arrivera de mettre le pied sur les terres de
„ Perse.   Content de peu de chose, je jouïs
„ agréablement de mon sort & vis à mon gré ".

Telles furent les dispositions de ce Philosophe
à l'égard du Roi Darius.

Demetrius, dans son livre des *Auteurs de même nom*, rapporte qu'il eut du mépris pour les
Athéniens, malgré la grande opinion qu'ils
avoient de son mérite, & que quoiqu'il ne fût
pas fort estimé des Ephéssiens, il préfera de de-
meurer chez eux.   Demetrius de Phalere a aussi
parlé de lui dans sa *Défense de Socrate*.

Son Livre a eu plusieurs Commentateurs; Antisthene; Heraclite & Cléanthe, natifs du Pont;
Sphærus *le Stoïcien*; Pausanias, surnommé l'*He-
raclitiste*; Nicomede; Denys; & Diodote entre
les Grammairiens.   Celui-ci prétend que cet ouvrage ne roule pas sur la Nature, mais sur la
Politique, ce qui s'y trouve sur la premiere de
ces matieres, n'y étant proposé que sous l'idée
d'exemple.   Jerôme nous instruit qu'un nommé
Scythinus, Poëte en vers Iambes, avoit entrepris
de versifier cet ouvrage.

On lit diverses Epigrammes à l'occasion d'Héraclite, entre autres celle-ci :

*Je suis Heraclite; à quel propos, gens sans
lettres, voulez-vous me connoître de plus près? Un
travail, aussi important que le mien, n'est pas fait*

pour

*pour vous ; il ne 's'adreſſe qu'aux Savans. Un
ſeul me ſuffit autant que trois mille. Que dis-je?
Une infinité de lecteurs me vaut à peine un ſeul qui
m'entend. J'en avertis, j'en inſtruis les Mânes
& les Ombres.*

En voici d'autres ſemblables.

*Lecteur, ne parcourez pas Héraclite avec trop
de viteſſe. Les routes, qu'il trace, ſont difficiles à
trouver. Vous avez beſoin d'un guide qui vous
conduiſe à travers des ténebres qu'il répand ſur ſes
Ecrits, & à moins qu'un fameux Devin ne vous dé-
chiffre le ſens de ſes expreſſions, vous n'y verrez
jamais clair.*

Il y a eu cinq Heraclites. Le premier eſt celui-ci; le ſecond, Poëte Lyrique, qui a fait
l'éloge des douze Dieux; le troiſieme natif d'Halicarnaſſe & Poëte Elégiaque, au ſujet duquel
Callimaque compoſa ces vers.

*Heraclite, la nouvelle de ta mort m'a arraché
les larmes des yeux, en me ſouvenant combien de
jours nous avons paſſés enſemble à mêler le ſérieux
avec le badin. Hélas! où es-tu maintenant, cher
Hôte d'Halicarnaſſe? Tu n'exiſtes plus qu'en pouſſiere; mais les fruits de ta verve ſubſiſtent encore,
& ne ſont point ſoumis au pouvoir de la mort.*

Le quatrieme Héraclite de nom, né à Lesbos,
a écrit l'Hiſtoire de Macedoine; le cinquieme
n'a produit que des ſottiſes, auxquelles il s'eſt
amuſé, au-lieu de ſuivre ſa profeſſion de joüeur de
cithre.   X E-

XENOPHANE.

XEnophane, fils de Dexius, ou d'Orthomene au rapport d'Apollodore, naquit à Colophon. Timon parle de lui avec éloge.

Xenophané moins vain, & le fleau d'Homere par ses critiques. Chassé de sa patrie, il se réfugia à Zancle en Sicile, & de là à Catane. Selon les uns, il n'eut point de Maître; selon les autres, il fut disciple de Boton d'Athenes, ou d'Archelaus selon quelques-uns. Sotion le croit contemporain d'Anaximandre.

Il composa des poésies élégiaques & des vers Iambes contre Hesiode & Homere, qu'il critique sur les choses qu'ils ont dites des Dieux. Il déclamoit lui-même ses vers. On veut aussi qu'il ait combattu les sentimens de Thalès, de Pythagore & d'Epimenide. Au reste il mourut fort âgé; temoignage qu'il rend de lui-même dans ces vers :

Il y a déjà soixante-sept ans que la Grece vante mes lumieres, & dès avant ce tems-là j'en comptois vingt-cinq depuis ma naissance, si tant est que je puisse supputer mon âge avec certitude.

Il supposoit quatre élemens, dont toutes choses sont composées, & admettoit des mondes infinis, qu'il disoit n'être sujets à aucun changement.

ment. · Il croyoit que les nuées font formées de vapeurs que le foleil éleve & foutient dans l'air; que la fubftance divine eft fphérique & ne ressemble point à l'homme; qu'elle voit & entend tout, mais ne refpire point; qu'elle réunit tout en elle-même, l'entendement, la fageffe & l'éternité. Il eft le premier, qui ait dit que tout être créé eft corruptible. Il définiffoit l'ame un *Efprit*, & mettoit les biens au-deffous de l'entendement. Il étoit dans l'opinion qu'on ne doit approcher des Tyrans, ou en aucune façon, ou avec beaucoup de douceur. Empedocle lui ayant dit qu'il étoit difficile de rencontrer un homme fage, *Vous avez raifon*, répondit-il; *car pour en trouver un, il faut être fage foi-même.* Sotion prétend qu'avant lui perfonne n'avança que toutes chofes font incompréhenfibles; mais il fe trompe, Xénophane a écrit deux mille vers fur la fondation de Colophon & fur une colonie Italienne, envoyée à Elée. Il étoit en réputation vers la LX. Olympiade.

Demetrius de Phalere, dans fon livre de *la Vieilleffe*, & Panœtius *le Stoïcien*, dans fon ouvrage de *la Tranquillité*, racontent qu'il enterra fes fils de fes propres mains, comme Anaxagore. Il paroît, fuivant ce que dit Phavorin, livre premier de fes *Commentaires*, que les Philofophes Pythagoriciens Parmenifcus & Oreftade pra-

pratiquerent la même chose à l'égard de leurs
enfans.

Il y a eu un autre Xénophane de Lesbos,
Poëte en vers Iambes. Voilà ceux qu'on appelle *Philosophes divers*.

PAR-

PARMENIDE.

Parmenide, fils de Pyrithus & natif d'Elée, fut disciple de Xénophane, quoique Théophraste, dans son *Abrégé*, le fasse disciple d'Anaximandre. Cependant, bien qu'il ait eu Xénophane pour Maître ; au-lieu de l'avoir suivi, il se lia avec Aminias, ensuite avec Diochete, lequel, dit Sotion, étoit Pythagoricien & pauvre ; mais fort honnête homme. Aussi fut-ce pour ces raisons que Parmenide s'attacha plus à lui qu'à tout autre, jusque-là qu'il lui éleva une Chapelle après sa mort. Parmenide, également noble & riche, dut aux soins d'Aminias, & non aux instructions de Xénophane, le bonheur d'avoir acquis la tranquillité d'esprit.

On tient de lui ce système que la terre est ronde, & située au centre du monde. Il croyoit qu'il y a deux élemens, le feu & la terre, dont le premier a la qualité d'ouvrier, & le second lui sert de matière ; que l'homme a eté premiérement formé par le soleil, qui est lui-même composé de froid & de chaud ; qualités dont l'assemblage constitue l'essence de tous les êtres. Selon ce Philosophe, l'ame & l'esprit ne font qu'une même chose, comme le rapporte Théophraste, dans ses livres de *Physique*, où il détaille les sen-

ti-

timens de prefque tous les Philofophes. Enfin
il diftingue une double Philofophie, l'une fondée
fur la vérité, l'autre fur l'opinion. De là ce
qu'il dit : *Il faut que vous connoiffiez toutes chofes ;*
la fimple vérité qui parle toujours fincérement, &
les opinions des hommes, fur lesquelles il n'y a
point de fond à faire.

Il a expliqué en vers fes idées philofophiques
à la maniere d'Héfiode, de Xénophane & d'Empedocle. Il établiffoit la raifon dans le jugement,
& ne trouvoit pas que les fens puffent fuffire pour
juger fainement des chofes.

Que les apparences diverfes, difoit-il, *ne t'en-*
trainent jamais à juger, fans examen, fur le faux
rapport des yeux, des oreilles, ou de la langue.
Mais difcernes toutes chofes par la raifon.

C'eft ce qui donna à Timon occafion de dire,
en parlant de Parmenide, que fon *grand fens lui*
fit rejetter les erreurs qui s'infinuent dans l'imagi-
nation.

Platon compofa à la louange de ce Philofophe
un Dialogue qu'il intitula *Parmenide*, ou *Des*
Idées. Il fleuriffoit vers la LXIX. Olympiade,
& paroît avoir obfervé le premier que l'étoile du
matin & celle du foir font le même aftre, écrit
Phavorin dans le cinquieme livre de fes *Commen-*
taires. D'autres attribuent cette obfervation à
Pythagore. Callimaque contefte au Philofophe
le Poëme qu'on lui attribue.

L'his-

L'hiſtoire porte qu'il donna des Loix à ſes concitoyens. Speuſippe en fait foi dans ſon premier livre des *Philoſophes*, & Phavorin, dans
ſon *Hiſtoire Diverſe*, le répute pour le premier
qui s'eſt ſervi du ſyllogiſme, appellé *Achille*.

Il y a eu un autre Parmenide, Auteur d'un
traité de l'Art oratoire.

MELISSE.

MEliſſe de Samos & fils d'Ithagene, fut auditeur de Parmenide. Il eut auſſi des
entretiens ſur la Philoſophie avec Héraclite; qui
le recommanda aux Ephéſiens dont il étoit inconnu, de même qu'Hippocrate recommanda Démocrite aux Abdéritains. Ce fut un homme orné
de vertus civiles, par conſéquent fort chéri &
eſtimé de ſes concitoyens. Devenu Amiral, il
ſe conduiſit dans cet emploi de maniere à faire
paroître encore plus la vertu qui lui étoit naturelle.

Il ſuppoſoit l'Univers infini, immuable, immobile, unique, ſemblable à lui-même, & dont
tous les eſpaces ſont remplis. Il n'admettoit
point de mouvement réel, n'y en ayant d'autre
qu'un apparent & imaginaire. Par rapport aux
Dieux, il étoit d'avis qu'il n'en faut rien définir,
parce qu'on ne les connoît point aſſez pour expliquer leur eſſence.

Apollodore dit qu'il floriſſoit vers la LXXXIV.
Olympiade.

ZENON.

ZEnon naquit à Elée, Apollodore, dans ſes *Chroniques*, le dit iſſu de Pyrithus. Quelques-uns lui donnent Parmenide pour pere; d'autres le font fils de Teleutagore par nature, & celui de Parmenide par adoption. Timon parle de lui & de Meliſſe en ces termes:

Celui, qui poſſede les forces d'une double éloquence (1) *eſt à l'abri des atteintes de Zénon dont la critique n'épargne rien, & à couvert des contentions de Meliſſus, qui, ayant peu de fauſſes idées, en a corrigé beaucoup.*

Zénon étudia ſous Parmenide, qui le prit en amitié. Il étoit de haute taille, ſuivant la remarque de Platon dans le *Dialogue de Parmenide*, lequel dans celui des *Sophiſtes* lui donne le nom de *Palamede d'Elée*. Ariſtote lui fait gloire d'avoir inventé la Dialectique, & attribue l'invention de la Rhétorique à Empedocle. Au reſte Zénon s'eſt fort diſtingué, tant par ſa capacité dans la Philoſophie, que par ſon habileté dans la Politique. En effet on a de lui des ouvrages, pleins de jugement & d'érudition.

Ho.

(1) Il s'agit, je crois, du talent de diſputer pour & contre. Voyez *Menage*.

Heraclide, dans l'*Abrégé de Satyrus*, raconte
que Zénon, réfolu d'attenter à la vie du Tyran
Néarque, appellé par d'autres *Diomedon*, fut pris
& mis en lieu de fûreté; qu'interrogé fur fes complices & fur les armes qu'il avoit affemblées à Lipara, il répondit, exprès pour montrer qu'il étoit
abandonné & fans appui, que tous les amis du
Tyran étoient fes complices ; qu'enfuite ayant
nommé quelques-uns, il déclara qu'il avoit des
chofes à dire à l'oreille de Néarque, laquelle il
faifit avec les dents & ne lâcha que par les coups
dont il fut percé; de forte qu'il eut le même
fort qu'Ariftogiton, l'homicide d'un autre Tyran.

Demetrius, dans fes *Auteurs de même nom*,
prétend que Zénon arracha le nez à Néarque, &
Antifthene, dans fes *Succeffions*, affûre qu'après
qu'il eut nommé fes complices, le Tyran l'interrogea s'il y avoit encore quelque coupable ; qu'à
cette demande il répondit, *Oui, c'eft toi-même,
qui es la pefte de la ville*; qu'enfuite il adreffa ces
paroles à ceux qui étoient préfens, *Je m'étonne
de votre peu de courage, fi après ce qui m'arrive,
vous continuez encore de porter le joug de la Tyrannie*; qu'enfin s'étant mordu la langue en deux, il
la cracha au vifage du Tyran; que ce fpectacle
anima tellement le peuple, qu'il fe fouleva contre
Néarque & l'affomma à coups de pierres. La plûpart des Auteurs s'accordent dans les circonftances de cet évenement; mais Hermippe dit que

Zé-

Zénon fut jetté & mis en piéces dans un mortier. Cette opinion eſt celle que nous avons ſuivie dans ces vers ſur le ſort du Philoſophe.

Affligé de la déplorable oppreſſion d'Elée ta patrie, tu veus, courageux Zénon, en être le libérateur. Mais le Tyran, qui échappe à ta main, te ſaiſis de la ſienne, & t'écraſes, par un cruel genre de ſupplice, dans un mortier à coups de pilon.

Zénon étoit encore illuſtre à d'autres égards. Semblable à Héraclite, il avoit l'ame ſi élevée, qu'il mépriſoit les Grands. Il en donna des preuves en ce qu'il préfera à la magnificence des Athéniens Elée ſa patrie, chetive ville, autrefois appellée *Hyelé* & colonie des Phocéens ; mais recommandable pour la probité de ſes habitans. Auſſi alloit-il peu à Athenes, ſe tenant chez lui la plûpart du tems.

Il eſt le premier qui dans la diſpute ait fait uſage de l'argument, connu ſous le nom d'*Achille*, quoi qu'en puiſſe dire Phavorin, qui cite avant lui Parmenide & pluſieurs autres.

Il penſoit qu'il y a pluſieurs mondes, & point de vuide ; que l'eſſence de toutes choſes eſt compoſée des changemens réciproques du chaud, du froid, du ſec & de l'humide ; que les hommes ſont engendrés de la terre, & que l'ame eſt un mêlange des élemens dont nous avons parlé ; mais en telle proportion, qu'elle ne tient pas plus de l'un que de l'autre.

On raconte que piqué au vif à l'occasion de quelques injures que l'on vomissoit contre lui, quelqu'un l'ayant repris de sa colere, il répondit: *Si je ne suis pas sensible aux invectives, le serai-je aux louanges?*

En parlant de Zénon Cittien, nous avons fait mention de huit personnes de même nom. Celui-ci fleurissoit vers la LXXIX. Olympiade.

L E U C I P P E.

L Eucippe étoit d'Elée, ou d'Abdere felon quelques-uns, ou de Milet felon d'autres.

Ce difciple de Zénon croyoit que le monde eft infini; que fes parties fe changent l'une dans l'autre; que l'Univers eft vuide & rempli de corps; que les mondes fe forment par les corps qui tombent dans le vuide & s'accrochent l'un à l'autre; que le mouvement, qui réfulte de l'accroiffement de ces corps, produit les aftres; que le foleil parcourt le plus grand cercle autour de la lune; que la terre eft portée comme dans un chariot, qu'elle tourne autour du centre, & que fa figure eft pareille à celle d'un tambour. Ce Philofophe eft le premier qui ait établi les atômes pour principes. Tels font fes fentimens en général, les voici plus en détail.

Il croyoit, comme on vient de dire, que l'Univers eft infini; que par rapport à quelques-unes de fes parties il eft vuide, & plein par rapport à quelques autres. Il admettoit des élemens, qui fervent à produire des mondes à l'infini, & dans lefquels ils fe diffolvent. Les mondes, fuivant ce Philofophe, fe font de cette maniere: un grand nombre de corpufcules, détachés de l'infini & différens en toutes fortes de figures, volti-

gent

gent dans le vuide immenfe, jufqu'à ce qu'ils fe
raffemblent & forment un tourbillon, qui fe
meut en rond de toutes les manieres poffibles,
mais de telle forte que les parties, qui font femblables, fe féparent pour s'unir les unes aux autres. Celles, qui font agitées par un mouvement équivalent, ne pouvant être également tranf-
portées circulairement à caufe de leur trop grand
nombre, il arrive de là que les moindres paffent néceffairement dans le vuide extérieur, pendant que
les autres reftent, & que jointes enfemble, elles
forment un premier affemblage de corpufcules
qui eft fphérique. De cet amas conjoint fe fait
une efpece de membrane, qui contient en elle-
même toutes fortes de corps, lefquels étant agi-
tés en tourbillon à caufe de la réfiftance qui
vient du centre, il fe fait encore une petite membrane, fuivant le cours du tourbillon, par le
moyen des corpufcules qui s'affemblent continuellement. Ainfi fe forme la terre, lorfque les
corps, qui avoient été pouffés dans le milieu,
demeurent unis les uns aux autres. Réciproquement l'air, comme une membrane, augmente
felon l'accroiffement des corps qui viennent de
dehors, & étant agité en tourbillon, il s'approprie tout ce qu'il touche. Quelques-uns de ces
corpufcules, defféchés & entrainés par le tourbillon qui agite le tout, forment par leur entrelaffement un affemblage, lequel, d'abord humide

&

& bourbeux, s'enflamme enſuite & ſe transforme en autant d'aſtres différens. Le cercle du ſoleil eſt le plus éloigné, celui de la lune le plus
voiſin de la terre, ceux des autres aſtres tiennent
le milieu entre ceux-là. Les aſtres s'enflamment
par la rapidité de leur mouvement. Le ſoleil tire ſon feu des aſtres, la lune n'en reçoit que très
peu. Tous les deux s'éclipſent, parce que la
terre eſt entrainée par ſon mouvement vers le Midi; ce qui fait que les pays ſeptentrionaux ſont
pleins de neige, de brouillards & de glace. Le
ſoleil s'éclipſe rarement; mais la lune eſt continuellement ſujette à ce phénomene, à cauſe de
l'inégalité de leurs orbes. Au reſte, de même
que la géneration du monde, de même auſſi ſes
accroiſſemens, ſes diminutions & ſes diſſolutions
dépendent d'une certaine néceſſité, dont le Philoſophe ne rend point raiſon.

DE.

pratiquerent la même chose à l'égard de leurs enfans.

Il y a eu un autre Xénophane de Lesbos, Poëte en vers Iambes. Voilà ceux qu'on appelle *Philosophes divers.*

PARMENIDE.

PArmenide, fils de Pyrithus & natif d'Elée, fut
disciple de Xénophane, quoique Théophraste, dans son *Abrégé*, le fasse disciple d'Anaximandre. Cependant, bien qu'il ait eu Xénophane pour Maître ; au-lieu de l'avoir suivi, il se
lia avec Aminias, ensuite avec Diochete, lequel,
dit Sotion, étoit Pythagoricien & pauvre; mais
fort honnête homme. Aussi fut-ce pour ces raisons que Parmenide s'attacha plus à lui qu'à tout
autre, jusque-là qu'il lui éleva une Chapelle
après sa mort. Parmenide, également noble &
riche, dut aux soins d'Aminias, & non aux instructions de Xénophane, le bonheur d'avoir acquis la tranquillité d'esprit.

On tient de lui ce système que la terre est
ronde, & située au centre du monde. Il croyoit
qu'il y a deux élemens, le feu & la terre, dont
le premier a la qualité d'ouvrier, & le second
lui sert de matière; que l'homme a eté premiérement formé par le soleil, qui est lui-même composé de froid & de chaud; qualités dont l'assemblage constitue l'essence de tous les êtres. Selon
ce Philosophe, l'ame & l'esprit ne font qu'une
même chose, comme le rapporte Théophraste
dans ses livres de *Physique*, où il détaille les sen-
ti-

timens de presque tous les Philosophes. Enfin il distingue une double Philosophie, l'une fondée sur la vérité, l'autre sur l'opinion. De là ce qu'il dit: *Il faut que vous connoissiez toutes choses; la simple vérité qui parle toujours sincérement, & les opinions des hommes, sur lesquelles il n'y a point de fond à faire.*

Il a expliqué en vers ses idées philosophiques à la maniere d'Hésiode, de Xénophane & d'Empedocle. Il établissoit la raison dans le jugement, & ne trouvoit pas que les sens pussent suffire pour juger sainement des choses.

Que les apparences diverses, disoit-il, ne t'entrainent jamais à juger, sans examen, sur le faux rapport des yeux, des oreilles, ou de la langue. Mais discernes toutes choses par la raison.

C'est ce qui donna à Timon occasion de dire, en parlant de Parmenide, que son *grand sens lui fit rejetter les erreurs qui s'insinuent dans l'imagination.*

Platon composa à la louange de ce Philosophe un Dialogue qu'il intitula *Parmenide*, ou *Des Idées*. Il fleurissoit vers la LXIX. Olympiade, & paroît avoir observé le premier que l'étoile du matin & celle du soir sont le même astre, écrit Phavorin dans le cinquieme livre de ses *Commentaires*. D'autres attribuent cette observation à Pythagore. Callimaque conteste au Philosophe le Poëme qu'on lui attribue.

L'his-

L'hiftoire porte qu'il donna des Loix à fes con-citoyens. Speufippe en fait foi dans fon pre-mier livre des *Philofophes*, & Phavorin, dans fon *Hiftoire Diverfe*, le répute pour le premier qui s'eft fervi du fyllogisme, appellé *Achille*.

Il y a eu un autre Parmenide, Auteur d'un traité de l'Art oratoire.

MELISSE.

MElisse de Samos & fils d'Ithagene, fut auditeur de Parmenide. Il eut aussi des entretiens sur la Philosophie avec Héraclite; qui le recommanda aux Ephésiens dont il étoit inconnu, de même qu'Hippocrate recommanda Démocrite aux Abdéritains. Ce fut un homme orné de vertus civiles, par conséquent fort chéri & estimé de ses concitoyens. Devenu Amiral, il se conduisit dans cet emploi de maniere à faire paroître encore plus la vertu qui lui étoit naturelle.

Il supposoit l'Univers infini, immuable, immobile, unique, semblable à lui-même, & dont tous les espaces sont remplis. Il n'admettoit point de mouvement réel, n'y en ayant d'autre qu'un apparent & imaginaire. Par rapport aux Dieux, il étoit d'avis qu'il n'en faut rien définir, parce qu'on ne les connoît point assez pour expliquer leur essence.

Apollodore dit qu'il florissoit vers la LXXXIV. Olympiade.

Z E N O N.

Zenon naquit à Elée, Apollodore, dans ſes *Chroniques*, le dit iſſū de Pyrithus. Quelques-uns lui donnent Parmenide pour pere; d'autres le font fils de Teleutagore par nature, & celui de Parmenide par adoption. Timon parle de lui & de Meliſſe en ces termes:

Celui, qui poſſede les forces d'une double élo- *quence* (1) *eſt à l'abri des atteintes de Zénon dont* *la critique n'épargne rien, & à couvert des conten-* *tions de Meliſſus, qui, ayant peu de fauſſes idées,* *en a corrigé beaucoup.*

Zénon étudia ſous Parmenide, qui le prit en amitié. Il étoit de haute taille, ſuivant la remarque de Platon dans le *Dialogue de Parmenide*, lequel dans celui des *Sophiſtes* lui donne le nom de *Pala-* *mede d'Elée.* Ariſtote lui fait gloire d'avoir inventé la Dialectique, & attribue l'invention de la Rhéto-rique à Empedocle. Au reſte Zénon s'eſt fort diſtingué, tant par ſa capacité dans la Philoſophie, que par ſon habileté dans la Politique. En effet on a de lui des ouvrages, pleins de jugement & d'érudition.

Heſ.

____

(1) Il s'agit, je crois, du talent de diſputer pour & contre. Voyez *Mènage.*

Heraclide, dans l'*Abrégé de Satyrus*, raconte que Zénon, résolu d'attenter à la vie du Tyran Néarque, appellé par d'autres *Diomedon*, fut pris & mis en lieu de sûreté ; qu'interrogé sur ses complices & sur les armes qu'il avoit assemblées à Lipara, il répondit, exprès pour montrer qu'il étoit abandonné & sans appui, que tous les amis du Tyran étoient ses complices ; qu'ensuite ayant nommé quelques-uns, il déclara qu'il avoit des choses à dire à l'oreille de Néarque, laquelle il saisit avec les dents & ne lâcha que par les coups dont il fut percé ; de sorte qu'il eut le même sort qu'Aristogiton, l'homicide d'un autre Tyran.

Demetrius, dans ses *Auteurs de même nom*, prétend que Zénon arracha le nez à Néarque, & Antisthene, dans ses *Successions*, assûre qu'après qu'il eut nommé ses complices, le Tyran l'interrogea s'il y avoit encore quelque coupable ; qu'à cette demande il répondit, *Oui, c'est toi-même, qui es la peste de la ville* ; qu'ensuite il adressa ces paroles à ceux qui étoient présens, *Je m'étonne de votre peu de courage, si après ce qui m'arrive, vous continuez encore de porter le joug de la Tyrannie* ; qu'enfin s'étant mordu la langue en deux, il la cracha au visage du Tyran ; que ce spectacle anima tellement le peuple, qu'il se souleva contre Néarque & l'assómma à coups de pierres. La plûpart des Auteurs s'accordent dans les circonstances de cet évenement ; mais Hermippe dit que

Zé.

Zénon fut jetté & mis en piéces dans un mortier. Cette opinion est celle que nous avons suivie dans ces vers sur le sort du Philosophe.

Affligé de la déplorable oppression d'Elée ta patrie, tu veus, courageux Zénon, en être le libérateur. Mais le Tyran, qui échappe à ta main, te saisis de la sienne, & t'écrases, par un cruel genre de supplice, dans un mortier à coups de pilon.

Zénon étoit encore illustre à d'autres égards. Semblable à Héraclite, il avoit l'ame si élevée, qu'il méprisoit les Grands. Il en donna des preuves en ce qu'il préfera à la magnificence des Athéniens Elée sa patrie, chetive ville, autrefois appellée *Hyelé* & colonie des Phocéens; mais recommandable pour la probité de ses habitans. Aussi alloit-il peu à Athenes, se tenant chez lui la plûpart du tems.

Il est le premier qui dans la dispute ait fait usage de l'argument, connu sous le nom d'*Achille*, quoi qu'en puisse dire Phavorin, qui cite avant lui Parmenide & plusieurs autres.

Il pensoit qu'il y a plusieurs mondes, & point de vuide; que l'essence de toutes choses est composée des changemens réciproques du chaud, du froid, du sec & de l'humide; que les hommes sont engendrés de la terre, & que l'ame est un mêlange des élemens dont nous avons parlé; mais en telle proportion, qu'elle ne tient pas plus de l'un que de l'autre.

âge, dit Hipparque. Ces vers font les nôtres à fon occafion.

Quel eſt le Sage, dont le ſavoir approcha jamais de celui de Démocrite, à qui rien ne fut caché? La mort s'avance, il l'arrête, il la retarde de trois jours, en reſpirant la vapeur de pains chauds.

Paſſons de la vie de ce grand homme à ſes ſentimens. Il admettoit pour principes de l'Univers les atômes & le vuide, rejettant tout le reſte comme fondé ſur des conjectures. Il croyoit qu'il y a des mondes à l'infini, qu'ils ont un commencement, & qu'ils ſont ſujets à corruption; que rien ne ſe fait de rien, ni ne s'anéantit; que les atômes ſont infinis par rapport à la grandeur & au nombre; qu'ils ſe meuvent en tourbillon, & que de là proviennent toutes les concrétions, le feu, l'eau, l'air & la terre; que ces matieres ſont des aſſemblages d'atômes; que leur ſolidité les rend impénétrables, & fait qu'ils ne peuvent être détruits; que le ſoleil & la lune ſont formés par les mouvemens & les circuits groſſis de ces maſſes agitées en tourbillon; que l'ame, qu'il dit être la même choſe que l'eſprit, eſt un compoſé de même nature; que l'intuïtion ſe fait par des objets qui tombent ſous ſon action; que tout s'opere abſolument par la raiſon du mouvement de tourbillon qui eſt le principe de la génération, & qu'il appelle *Néceſſité*; que la fin de nos actions eſt la tranquillité

d'eſd'efprit, non celle qu'on peut confondre avec la volupté, comme quelques uns l'ont mal compris; mais celle qui met l'ame dans un état de parfait repos; de manière que conftamment fatisfaite, elle n'eft troublée, ni par la crainte, ni par la fuperftition, ou par quelque autre paffion que ce foit. Cet état il le nomme la vraye fituation de l'ame, & le dif. tingue fous d'autres différens noms. Il difoit encore que les chofes faites font des fujets d'opinion, mais que leurs principes, c'eft-à-dire les atômes & le vuide, font tels par la nature (1). Voilà fa doctrine.

Thrafyllus a dreffé le catalogue de fes ouvrages, qu'il partage en quatre claffes fuivant l'ordre dans lequel on range ceux de Platon.

Ses ouvrages moraux font intitulés: *Pythagore. Le Caractere du Sage. Des Enfers. La Triple Génération*, ou *La Génération produifant trois Chofes qui comprennent toutes les Chofes humaines. De l'Humanité*, ou *De la Vertu. La Corne d'Abondance. De la Tranquillité d'efprit. Des Commentaires Moraux*. Celui, qui porte le titre, *Du bon Etat de l'Ame*, ne fe trouve point. Voilà fes ouvrages de Morale. Ses Livres de Phyfique font intitulés: *La Grande Defcription du Monde*; ouvrage que Théophrafte dit être de Leucip:

(1) Voyez *Menage*.

gent dans le vuide immenſe, juſqu'à ce qu'ils ſe
raſſemblent & forment un tourbillon, qui ſe
meut en rond de toutes les manieres poſſibles,
mais de telle ſorte que les parties, qui ſont ſemblables, ſe ſéparent pour s'unir les unes aux autres. Celles, qui ſont agitées par un mouvement équivalent, ne pouvant être également tranſ-
portées circulairement à cauſe de leur trop grand
nombre, il arrive de là que les moindres paſſent néceſſairement dans le vuide extérieur, pendant que
les autres reſtent, & que jointes enſemble, elles
forment un premier aſſemblage de corpuſcules
qui eſt ſphérique. De cet amas conjoint ſe fait
une eſpece de membrane, qui contient en elle-
même toutes ſortes de corps, leſquels étant agi-
tés en tourbillon à cauſe de la réſiſtance qui
vient du centre, il ſe fait encore une petite membrane, ſuivant le cours du tourbillon, par le
moyen des corpuſcules qui s'aſſemblent continuellement. Ainſi ſe forme la terre, lorſque les
corps, qui avoient été pouſſés dans le milieu,
demeurent unis les uns aux autres. Réciproquement l'air, comme une membrane, augmente
ſelon l'accroiſſement des corps qui viennent de
dehors, & étant agité en tourbillon, il s'approprie tout ce qu'il touche. Quelques-uns de ces
corpuſcules, deſſéchés & entrainés par le tourbillon qui agite le tout, forment par leur entre-
laſſement un aſſemblage, lequel, d'abord humide

&

& bourbeux, s'enflamme enfuite & fe transforme en autant d'aftres différens. Le cercle du foleil eft le plus éloigné, celui de la lune le plus voifin de la terre, ceux des autres aftres tiennént le milieu entre ceux-là. Les aftres s'enflamment par la rapidité de leur mouvement. Le foleil tire fon feu des aftres, la lune n'en reçoit que très peu. Tous les deux s'éclipfent, parce que la terre eft entrainée par fon mouvement vers le Midi; ce qui faiṭ que les pays feptentrionaux font pleins de neige, de brouillards & de glace. Le foleil s'éclipfe rarement; mais la lune eft continuellement fujette à ce phénomene, à caufe de l'inégalité de leurs orbes. Au refte, de même que la géneration du monde, de même auffi fes accroiffemens, fes diminutions & fes diffolutions dépendent d'une certaine néceffité, dont le Philofophe ne rend point raifon.

DE.

PROTAGORE.

PRotagore étoit fils d'Artemon, ou de Mœan-
dre, disent Apollodore, & Dion dans son
Histoire de Perse. Il nâquit à Abdere selon Héraclide du Pont, qui dans son traité des *Loix,*
avance qu'il donna des statuts aux Thuriens;
mais Eupolis, dans sa piéce intitulée, *Les Flat-*
teurs, veut qu'il prit naissance à Tejum: *Prota-*
goras de Tejum, dit-il, *est là-dedans.* Lui & Prodicus de Cée gagnoient leur vie à lire leurs ouvrages. De là vient que Platon dans son *Protago-*
ras, assûre que Prodicus avoit la voix forte.

Protagore fut disciple de Démocrite. Phavorin, dans son *Histoire Diverse,* remarque qu'on
lui donna le surnom de *Sage.* Il est le premier
qui ait soutenu qu'en toutes choses on pouvoit
disputer le pour & le contre; méthode dont il
fit usage. Il commence quelque part un discours,
où il dit que *l'homme est la manière & la mesure*
de toutes choses, de celles qui sont comme telles en
elles-mêmes, & de celles qui ne sont point, comme
différentes de ce qu'elles sont. Il disoit que
tout est vrai, & Platon, dans son *Théætete,*
observe qu'il pensoit que l'ame & les sens ne
sont qu'une même chose. Dans un autre endroit
il raisonne en ces termes: *Je n'ai rien à dire des*
Dieux.

Dieux. Quant à la question s'il y en a ou s'il n'y en a point, plusieurs raisons empêchent qu'on ne puisse le savoir, entre autres l'obscurité de la question, & la courte durée de la vie. Cette proposition lui attira la disgrace des Athéniens, qui le chasserent de leur ville, condamnerent ses œuvres à être brulées en plein Marché, & ceux, qui en avoient des copies, à les produire en Justice sur la sommation leur en faite par le Crieur public.

Il est le premier qui ait exigé cent mines de salaire, qui ait traité des parties du tems & des propriétes des saisons, qui ait introduit la dispute & inventé l'art des Sophismes. Il est encore auteur de ce genre leger de dispute qui a encore lieu aujourd'hui, & qui consiste à laisser le sens, & à disputer du mot. De là les épithetes d'*embrouillé, d'habile disputeur* que lui donne Timon. Il est aussi le premier qui ait touché à la maniere de raisonner de Socrate & au principe d'Antisthene, qui a prétendu, dit Platon dans son *Euthydeme*, prouver qu'on ne peut disputer contre ce qui est établi. Artemidore le *Dialecticien*, dans son traité contre *Chrysippe*, veut même qu'il ait été le premier qui enseigna à former des argumens sur les choses mises en question. Aristote à son tour lui attribue, dans son traité de l'*Education*, l'invention de l'engin qui sert à porter les fardeaux, étant lui-même porte-faix selon Epicure dans quelque endroit

de

de fes ouvrages, & n'ayant fait la connoiſſance
de Démocrite, ſous lequel il s'eſt rendu ſi célebre, qu'à l'occaſion d'un fagot dont ce Philoſophe lui vit lier & arranger les bâtons. Protagore diviſa, avant tout autre, le diſcours en priere,
demande, réponſe & ordre. D'autres augmentent ſa diviſion juſqu'à ſept parties, la narration,
la demande, la réponſe, l'ordre, la déclara-
tion, la priere, l'appellation, qu'il nommoit les
fondemens du diſcours. Au reſte Alcidamas ne
le diviſe qu'en affirmation, négation, interrogation & appellation.

Le premier de ſes ouvrages qu'il lut, fut le
traité des *Dieux*, dont nous venons de parler.
La lecture s'en fit par Archagoras ſon diſciple, &
fils de Théodote, à Athenes chez Euripide, ou
dans la maiſon de Megaclide ſelon quelques-uns,
ou dans le Lycée ſelon d'autres. Pythodore,
fils de Polyzele, un des quatre cens, le défera
à la Juſtice; mais Ariſtote reconnoît Euathle pour
accuſateur de Protagore.

Ceux de ſes ouvrages, qui exiſtent encore,
ſont intitulés : *De l'Art de Diſputer. De la Lutte. des Sciences. De la République. De l'Ambition.
Des Vertus. De l'Etat des Choſes conſidérées dans
leurs principes. Des Enfers. Des Choſes dont abuſent les
hommes. Des Préceptes. Jugement ſur le Gain.
Deux livres d'Objections.* On a de Platon un
Dialogue, qu'il compoſa contre ce Philoſophe.

Phi-

Philochore dit qu'il périt à bord d'un vaiſſeau, qui fit naufrage en allant en Sicile. Il ſe fonde ſur ce qu'Euripide le donne à entendre dans ſa piéce, intitulée *Ixion*. Quelques-uns rapportent que pendant un voyage il mourut en chemin à l'âge de quatre-vingt-dix ans , ou de ſoixante-&-dix ſelon Apollodore. Au reſte il en paſſa quarante à exercer la Philoſophie , & fleuriſſoit vers la LXXIV. Olympiade. Nous lui avons fait cette Epigramme :

Tu vieilliſſois déjà, Protagore, lorſque la mort te ſurprit, dit-on, à moitié chemin dans ton retour à Athenes. La ville de Cécrops a pû te chaſſer, tu as pû toi-même quitter ce lieu chéri de Minerve ; mais non te ſouſtraire au cruel empire de Pluton.

On raconte qu'un jour il demanda à Euathle ſon diſciple le ſalaire de ſes leçons , & que celui-ci lui ayant répondu qu'il n'avoit point encore vaincu, il repliqua ; *J'ai vaincu, moi. Il eſt juſte que j'en reçoive le prix. Quand tu vaincras à ton tour, fais-toi payer de même.*

Il y a en deux autres Protagorés ; l'un Aſtrologue, dont Euphorion a fait l'oraiſon funébre ; l'autre, Philoſophe Stoïcien.

DIOGENE APOLLONIATE.

Diogene, fils d'Apollothemide, nâquit à Apollonie. Il fut grand Phyſicien & fort célebre pour ſon éloquence. Antifthene le dit difciple d'Anaximene. Il étoit contemporain d'Anaxagore, & Demetrius de Phalere, dans l'*Apologie de Socrate*, raconte qu'il faillit périr à à Athenes par l'envie que lui portoient les habitans.

Voici ſes opinions. Il regardoit l'air comme l'élement général. Il croyoit qu'il y a des mondes ſans nombre & un vuide infini; que l'air produit les mondes, en ſe condenſant & ſe raréfiant; que rien ne ſe fait de rien, & que le rien ne ſauroit ſe corrompre; que la terre eſt oblongue en rondeur, & ſituée au milieu du monde; qu'elle a reçu ſa conſiſtence de la chaleur, & du froid la ſolidité de ſa circonférence. Il entre en matiere dans ſon ouvrage par ces mots: *Quiconque veut établir un ſyſtéme, doit, à mon avis, poſer un principe certain, & l'expliquer d'une maniere ſimple & ſérieuſe.*

A.

A N A X A R Q U E.

ANaxarque , natif d'Abdere, fut difciple de Diomene de Smyrne , ou felon d'autres, de Métrodore de Chio, qui difoit qu'il *ne favoit pas même qu'il ne favoit rien.* Au refte on veut que Métrodore étudia fous Neffus de Chio, pendant que d'un autre côté on prétend qu'il fréquenta l'école de Démocrite.

Anaxarque eut quelque habitude avec Alexandre, & fleuriffoit vers la CX. Olympiade. Il fe fit un ennemi dans la perfonne de Nicocréon , Tyran de Cypre. Un jour qu'il foupoit à la table d'Alexandre, ce Prince lui demanda comment il trouvoit le repas : *Sire,* répondit-il, *tout y eft réglé avec magnificence. Il n'y manque qu'une chofe; c'eft la tête d'un de vos Satrapes qu'il faudroit y fervir.* Il prononça ces paroles en jettant les yeux fur Nicocréon, qui en fut irrité & s'en fouvînt. En effet lorfqu'après la mort du Roi, Anaxarque aborda malgré lui en Cypre par la route qu'avoit prife le vaiffeau à bord duquel il étoit, Nicocréon le fit faifir, & ayant ordonné qu'on le mît dans un mortier, il y fut pilé à coups de marteaux de fer. Il fupporta ce fupplice fans s'en embarraffer, & lâcha ces mots remarquables: *Broyes, tant que tu voudras, le fac qui contient Anaxarque; ce ne*

fe.

fera jamais lui que tu broyeras. Le Tyran, dit-on,
commanda qu'oh lui coupât la langue; mais il fo
la coupa lui-même avec les dents & la lui cracha
au vifage. Voici de notre poéfie à fon occafion.

Ecrafez, Bourreaux, écrafez; redoublez vos ef-
forts. Vous ne mettrez en piéces que le fac qui
renferme Anaxarque. Pour lui, il eft déjà en re-
traite auprès de Jupiter. Bientôt il en inftruira les
Puiffances infernales, qui s'écrieront à haute voix:
Vas, barbare Exécuteur.

On appelloit ce Philofophe *Fortuné,* tant à
caufe de fa fermeté d'ame, que par rapport à fa
temperance. Ses répréhenfions étoient d'un grand
poids, jufque-là qu'il fit revenir Alexandre de
la préfomption qu'il avoit de fe croire un Dieu.
Ce Prince faignoit d'un coup qu'il s'étoit donné.
Il lui montra du doigt la bleffure & lui dit: *Ce fang*
eft du fang humain, & non celui qui anime les Dieux.

Néanmoins Plutarque affûre qu'Alexandre lui-
même tint ce propos à fes courtifans. Dans un
autre tems Anaxarque but avant le Roi, & lui
montra la coupe, en difant: *Bientôt un des Dieux*
fera frappé d'une main mortelle.

PYR-

PYRRHON.

PYrrhon, Elien de naiſſance, eut Pliſtarque pour pere, au rapport de Diocles. Apollodore, dans ſes *Chroniques*, dit qu'il fut d'abord peintre. Il devint diſciple de Dryſon, fils de Stilpon, ſelon le témoignage qu'en rend Alexandre dans ſes *Succeſſions*. Il s'attacha enſuite à Anaxarque, qu'il ſuivit par-tout; de ſorte qu'il eut occaſion de connoître les Gymnoſophiſtes dans les Indes & de converſer avec les Mages. C'eſt de là qu'il paroît avoir tiré une Philoſophie hardie, ayant introduit l'Incertitude, comme le remarque Aſcanius d'Abdere. Il ſoutenoit que rien n'eſt honnête ou honteux, juſte ou injuſte; qu'il en eſt de même de tout le reſte; que rien n'eſt tel qu'il paroît; que les hommes n'agiſſent, comme ils font, que par inſtitution & par coutume; & qu'une choſe n'eſt dans le fond pas plus celle-ci que celle-là. Sa maniere de vivre s'accordoit avec ſes diſcours; car il ne ſe détournoit pour rien, ne penſoit à éviter quoi que ce fût, & s'expoſoit à tout ce qui ſe rencontroit dans ſon chemin. Chariots, précipices, chiens & autres choſes ſemblables, tout lui étoit égal, & n'accordoit rien aux ſens. Ses amis le ſuivoient, & avoient ſoin de le garder, dit Antigone de Caryſte; mais Æne.

ſy.

fydeme veut que quoiqu'il établit le fyftême de l'Incertitude dans fes discours, il ne laiffoit pas que d'agir avec précaution. Il vécut près de quatre-vingt-dix ans.

Antigone de Caryfte, dans fon livre fur ce Philofophe, en rapporte les particularités fuivantes. „ Il mena d'abord, dit il, une vie obfcure, n'a-„ yant dans fa pauvreté d'autre reffource que „ ce qu'il gagnoit à peindre. On conferve en-„ core dans le lieu des Exercices à Elis quelques-„ uns de fes tableaux affez bien travaillés, & „ qui repréfentent des torches. Il avoit coutu-„ me de fe promener, aimoit la folitude, & fe „ montroit rarement aux perfonnes de fa maifon. „ En cela il fe régloit fur ce qu'il avoit oui dire à „ un Indien, qui reprochoit à Anaxarque qu'on „ le voioit toujours affidu à la Cour & difpofé à „ captiver les bonnes graces du Prince, au-lieu „ de fonger à réformer les mœurs. Il ne chan-„ geoit jamais de mine & de contenance, & „ s'il arrivoit qu'on le quittât pendant qu'il „ parloit encore, il ne laiffoit pas que d'a-„ chever fon discours ; ce qui paroiffoit ex-„ traordinaire, eu égard à la vivacité qu'on „ lui avoit connue dans fa jeuneffe". Antigone ajoute qu'il voyageoit fouvent fans en rien dire à perfonne, & qu'il lioit converfation avec tous ceux qu'il vouloit. Un jour qu'Anaxarque étoit tombé dans une foffe, Pyrrhon paffa

ou

outre & ne l'aida point à le tirer de là. Il én
fut blâmé; mais loué d'Anaxarque lui-même de
ce qu'il portoit l'indifférence jufqu'à ne s'émouvoir
d'aucun accident. On le furprit dans un moment
qu'il parloit en lui-même, & comme on lui en
demanda la raifon, *Je médite*, repliqua-t-il,
fur les moyens de devenir homme de bien. Dans la
difpute perfonne ne trouvoît à reprendre fur fes
réponfes, toujours exactement conformes aux
queftions propofées; auffi fe concilia-t-il par-là
l'amitié de Naufiphane lors même qu'il étoit encore bien jeune. Celui-ci difoit que dans les
fentimens, qu'on adoptoit, il falloit être fon
propre guide, mais que dans les difpofitions on
devoit fuivre celles de Pyrrhon; qu'Epicure admiroit fouvent le genre de vie de ce Philofophe;
& qu'il le queftionnoit continuellement fur fon
fujet.

Pyrrhon remplit dans fa patrie les fonctions de
grand Prêtre. On rendit même à fa confidération un décret public, par lequel les Philofophes
furent déclarés exemts de tout tribut. Grand
nombre de gens imiterent fon indifférence & le
mépris qu'il faifoit de toutes chofes. De-là le
fujet de ces beaux vers de Timon dans fon *Python* & dans fes Poéfies Satyriques.

Pyrrhon, j'ai peine à comprendre comment il te
fut jamais poffible de t'élever au-deffus des faftueu-

*ſes, vaines & frivoles opinions des Sophiſtes. Ouï,
je ne conçois pas que tu ayes pû, en t'affranchiſſant
de l'eſclavage des fauſſetés & des erreurs, te former
un ſyſtéme d'indifférence ſi parfaite, que tu ne t'es
ſoucié, ni de ſavoir ſous quel climat eſt la Grece,
ni en quoi conſiſte, ni d'où provient chaque choſe.*
Il dit de plus dans ſes *Images* :

*Apprens-moi, Pyrrhon, donnes-moi à connoître
quelle eſt cette vie aiſée, cette vie tranquille dont
tu jouïs avec joye, cette vie enfin qui te fait ſeul
gouter ſur la terre une félicité ſemblable à celle d'un
Dieu entre les hommes.*

Diocles rapporte que les Athéniens accorde-
rent le droit de bourgeoiſie de leur ville à Pyrrhon pour avoir tué Cotys, Tyran de Thrace
(1). Ce Philoſophe, obſerve Eratoſthene dans
ſon livre *de l'Opulence & de la Pauvreté*, tint
ménage avec ſa ſœur, qui faiſoit le métier de ſage-
femme. Il avoit pour elle tant de complaiſance,
qu'il portoit au Marché des poules & des cochons
de lait à vendre ſelon les occaſions. Indifférent
à tous égards, il balayoit la maiſon, avoit coutume de laver une truye & d'en nettoyer l'étable. Ayant un jour grondé ſa ſœur Philiſta, il
répondit à quelqu'un, qui lui remontroit qu'il
ou-

(1) C'eſt Python, diſciple de Platon, qui fit cette
action. *Menage* croit que ce paſſage n'eſt point de
Laerce; mais que comme d'autres endroits il s'eſt gliſſé
de la marge dans le texte.

oublioit fon fyftême, que *ce n'étoit pas d'une pe-*
tite femme que dépendoit la preuve de fon indiffé-
rence. · Une autre fois qu'il fe vit attaqué par un
chien, il le repouffa; fur quoi ayant été repris de
fa vivacité, il dit: *Il eft difficile à l'homme de*
fe dépouiller tout-à-fait de l'humanité. Il faut y
travailler de toutes fes forces, d'abord en réglant
fes actions; & fi on ne peut réuffir par cette voye,
on doit employer la raifon contre tout ce qui révolte
nos fens.

On raconte que· lui étant venu un ulcere, il
fouffrit les emplâtres corrofifs, les incifions &
les remedes cauftiques, fans froncer le fourcil.
Timon trace fon· caractere dans ce qu'il écrit à
Pytbon. Philon d'Athenes, fon ami, dit auffi qu'il
parloit fouvent de Démocrite, & qu'il admiroit
Homere, dont il citoit fréquemment ce vers:

Les hommes reffemblent aux feuilles des ar-
bres.

Il approuvoit la comparaifon que ce Poëte fait
des hommes avec les mouches & les oifeaux, &
repetoit fouvent ces autres vers: ,

Ami, tu meurs, mais pourquoi répandre des
larmes inutiles? Patrocle, cet homme bien au-deffus
de toi, a ceffé de vivre & n'eft plus.

En un mot il goûtoit tout ce que ce Poëte
a avancé fur l'incertitude des chofes humaines, fur la vanité des hommes & fur leur
puérilité.

Pofidonius rapporte que Pyrrhon, témoin de la confternation des perfonnes qui étoient avec lui dans un vaiffeau expofé à une violente tempête, leur montra tranquillement un cochon qui mangeoit à bord du vaiffeau, & leur dit que la tranquillité de cet animal devoit être celle du Sage au milieu des dangers.

Numenius eft le feul qui avance que ce Philofophe admettoit des dogmes dans fa Philofophie.

Entre autres célebres difciples de Pyrrhon, on nomme Euryloque, qui avoit le défaut d'être fi vif, qu'un jour il pourfuivit fon cuifinier jufqu'à la place publique avec la broche & les viandes qui y tenoient. Une autre fois étant embarraffé dans une difpute à Elis, il jetta fon habit & traverfa le fleuve Alphée. Il étoit, ainfi que Timon, grand ennemi des Sophiftes. Pour Philon, il fe donnoit plus au raifonnement; auffi Timon dit de lui,

Qu'il évite, les hommes & les affaires, qu'il parle avec lui même, & ne s'embarraffe point de la gloire des difputes.

Outre ceux-là, Pyrrhon eut pour difciples Hécatée d'Abdere, Timon de Phliafie, auteur des Poéfies Satyriques, duquel nous parlerons ci-après, & Naufiphane de Tejum, que la plûpart prétendent avoir été le Maître d'Epicure.

Tous ces Philofophes s'appelloient *Pyrrho-niens* du nom de Pyrrhon, dont ils avoient été

les diſciples. Eu égard au principe qu'ils ſuivoient,
on les nommoit autrement *Héſitans, Incertains, Dou-*
tans & *Recbercheurs.* Le titre de *Recbercheurs* portoit
ſur ce qu'ils cherchoient toujours la vérité ; celui
d'*Incertains*, parce qu'ils ne la trouvoient jamais ; celui de *Doutans* , parce qu'après leurs recherches, ils
perſéveroient dans leurs doutes ; celui de *Héſitans,*
parce qu'ils balançoient à ſe ranger parmi les Dogmatiſtes.   J'ai dit qu'on les appelloit *Pyrrhoniens*
du nom de Pyrrhon ; mais Theodoſius, dans ſes
Chapitres Sceptiques, trouve que le nom de *Pyrrho-*
niens ne convient point à ces Philoſophes *Incer-*
tains, parce qu'entre deux ſentimens contraires
l'ame ne penche pas plus d'un côté que d'un autre.   On ne peut pas même ſe faire une idée
de la diſpoſition de Pyrrhon pour la préferer à
d'autres, juſqu'à s'appeller de ſon nom, vû que
Pyrrhon n'eſt pas le premier inventeur du principe de l'Incertitude , & qu'il n'enſeigne aucun
dogme.   Ainſi il faut plûtôt appeller ces Philoſophes ſemblables à Pyrrhon pour les mœurs.   Il
y en a qui regardent Homere comme le premier
auteur de ce ſyſtême, parce qu'il parle plus diverſement des mêmes choſes que d'autres Ecrivains,
& ne s'attache à porter un jugement déterminé
ſur rien.   Les ſept Sages même ont dit des choſes qui s'accordent avec ce principe , comme ces
maximes, *Rien de trop, Qui répond s'expoſe à*
perdre, parce que celui, qui s'engage pour un

autre, en reçoit toujours quelque dommage. Archiloque & Euripide paroiſſent auſſi partiſans de l'Incertitude; l'un dans ces vers,

Glaucus, fils de Leptine, ſachez que les idées des hommes ſont telles que Jupiter les leur envoye tous les jours;

L'autre dans ceux-ci:

O Jupiter! quelle ſageſſe peut-on attribuer aux hommes, puiſque nous dépendons de toi, & que nous ne faiſons que ce que tu veus que nous faſſions?

Bien plus, ſuivant ceux dont nous parlons, Xenophane, Zénon d'Elée, & Démocrite ont été eux-mêmes Philoſophes ſceptiques. Xénophane dit que *Perſonne ne ſait, & ne ſaura jamais rien clairement.* Zénon anéantit le mouvement, par la raiſon que *ce qui ſe meut, ne ſe meut ni dans l'endroit où il eſt, ni dans un lieu différent de celui où il eſt.* Démocrite détruit la réalité des qualités, en diſant que c'eſt *par opinion qu'une choſe paſſe pour froide & l'autre pour chaude, & que les ſeules cauſes réelles ſont les atômes & le vuide.* Il ajoute que *nous ne connoiſſons rien des cauſes, parce que la vérité eſt profondément cachée.* Platon *laiſſe aux Dieux & aux enfans des Dieux la connoiſſance de la vérité, & recherche ſeulement ce qui eſt vraiſemblable.* Qui ſait, dit Euripide, *ſi ce que les hommes appellent vivre n'eſt pas mourir, & ſi ce qu'ils appellent mourir n'eſt pas une vie?* Empedocle veut qu'il y ait des *chofes que les hommes n'ont pas vûes, qu'ils n'ont point entendues & qu'ils ne peuvent compren-dre.* Il avoit dit auparavant *qu'on n'eft perfuadé que des chofes auxquelles chacun en particulier vient à faire réflexion.* Héraclite prétend que *nous ne devons pas rifquer des conjeftures fur des chofes au-deffus de nous.* Hippocrate s'exprime avec am-biguïté & *humainement parlant.* Long-tems aupara-vant Homere avoit foutenu *que les hommes ne font que parler & débitent des fables;* que *chacun trou-ve dans un fujet une abondante matiere de parler;* que *ce que l'un a dit d'abord, il l'entendra enfui-te dire à un autre.* Par-là il entendoit le crédit qu'ont parmi les hommes les difcours pour & contre.

Les Philofophes fceptiques renverfent donc les opinions de toutes les Seftes de Philofophie, fans fonder eux-mêmes aucun dogme, fe conten-tant d'alleguer les fentimens des autres & de n'en rien définir, pas même cela qu'ils ne décident rien. C'eft pourquoi en avertiffant *qu'ils ne dé-finiffoient rien,* ils enveloppoient là-dedans cette propofition même *qu'ils ne définiffoient rien;* car fans cela, ils auroient décidé quelque chofe. Ils difoient donc qu'ils ne faifoient qu'alleguer les fentimens des autres pour en montrer le peu de folidité, comme fi, en indiquant céla, ils en conftatoient la preuve. Ainfi ces mots, *Nous ne définiffons rien,* marquent une indécifion, com-

me

me l'expreffion de *Pas plus que* dont ils fe fervoient, de même que ce qu'ils difoient qu'*il n'y
a pas de raifon à laquelle on ne puiffe en oppofer
une autre.*

Il faut remarquer fur l'expreffion de *Pas plus
que* qu'elle s'applique quelquefois dans un fens
pofitif à certaines chofes comme fi elles étoient
femblables; par exemple, *Un pirate n'eft pas
plus méchant qu'un menteur.* Mais les Philofophes
fceptiques ne prenoient pas ce mot dans un fens
pofitif; ils le prenoient dans un fens deftructif,
comme quand on dit: *Il n'y a pas plus eu de
Scylle que de Chimere.* Ce mot *plus que* fe prend
auffi quelquefois par comparaifon, comme quand
on dit que *le miel eft plus doux que le raifin;* &
quelquefois tout enfemble affirmativement & négativement, comme dans ce raifonnement: *La
vertu eft plus utile que nuifible.* Car on affirme
qu'elle eft utile, & on nie qu'elle foit nuifible.
Mais les Sceptiques ôtent toute force à cette expreffion *Pas plus que*, en difant que tout comme
on ne peut pas plus dire qu'il y a une Providence qu'on ne peut dire qu'il n'y en a point; de
même auffi cette expreffion *Pas plus que* n'eft pas
plus qu'elle n'eft pas. Elle fignifie donc la même
chofe que ne rien définir & être indécis, comme
le dit Timon dans fon *Python*.

Pareillement ce qu'ils difent qu'*il n'y a point
de raifon à laquelle on ne puiffe en oppofer une con-
trai-

traire, emporte la même indécifion , parce que
fi les raifons de chofes contraires font équivalen‑
tes , il en doit réfulter l'ignorance de la vérité;
& cette propofition même eft, felon eux, com‑
battue par une raifon contraire , qui à fon tour,
après avoir détruit celles qui lui font oppofées, fe
détruit elle-même , à peu près comme les re‑
medes purgatifs paffent eux-mêmes avec les matie‑
res qu'ils chaffent. Quant à ce que difent les
Dogmatiftes que *cette maniere de raifonner n'eft
pas détruire la raifon, mais plûtôt la confirmer*, les
Sceptiques répondent qu'ils ne fe fervent des rai‑
fons que pour un fimple ufage, parce qu'en effet
il n'eft pas poffible qu'une raifon foit détruite par
ce qui n'eft point une raifon, tout comme, ajou‑
tent-ils, lorfque nous difons qu'il n'y a point de
lieu, nous fommes obligés de prononcer le mot
de lieu ; nous l'exprimons , non dans un fens
affirmatif, mais d'une maniere fimplement décla‑
rative. La même chofe a lieu, lorfqu'en difant
que rien ne fe fait par néceffité, nous fommes
obligés de prononcer le mot de *néceffité*. Ainfi
expliquoient ces Philofophes leurs fentimens; car
ils prétendoient que tout ce que nous voyons
n'eft pas tel dans fa nature, mais une apparence.
Ils difoient qu'ils recherchoient, non ce qui fe
peut comprendre, car la compréhenfion emporte
évidence, mais feulement ce que les fens nous
découvrent des objets; de forte que la raifon,

O 5   fe‑

selon Pyrrhon, n'eft qu'un fimple fouvenir des
apparences, ou des chofes qu'on conçoit tellement quellement : fouvenir par lequel on compare
les chofes les unes aux autres, dont on fait un
affemblage inutile & qui ne fert qu'à troubler l'efprit, comme s'exprime Ænefideme dans fon *Tableau du Pyrrhonisme.* Quant à la maniere contraire dont ils envifagent les objets, après avoir
montré par quels moyens on fe perfuade une chofe, ils employent les mêmes moyens pour en
détruire la croyance. Les chofes, qu'on fe perfuade, font, ou des chofes qui felon le rapport
des fens font toujours telles, ou qui n'arrivent
jamais, ou rarement; des chofes ordinaires, ou
différenciées par les Loix; enfin des chofes agréables, ou furprenantes : & ils faifoient voir par
des raifons, contraires à celles qui fondent la
croyance à ces divers égards, qu'il y avoit égalité dans les perfuafions oppofées.

Les Pyrrhoniens rangent fous dix claffes, fuivant la différence des objets, leurs raifons d'incertitude fur les apparences qui tombent fous la
vûe, ou fous l'entendement. Premiérement ils
alleguent la différence qui fe remarque entre les
animaux par rapport au plaifir & à la douleur, &
à ce qui eft utile ou nuifible. De là ils concluent que les mêmes objets ne produifent pas
les mêmes idées; différence qui doit entrainer
l'incertitude. Car, difent-ils, il y a des animaux

qui

qui s'engendrent fans union de fexes, comme
ceux qui vivent dans le feu, le phœnix d'Arabie
& les tignes; d'autres par l'union des fexes, comme les hommes & plufieurs autres. Pareillement
leur conftitution n'eft pas la même; ce qui fait
auffi qu'il y a de la différence dans les fens dont
ils font doüés. Le faucon a la vûe perçante, le
chien l'odorat fin. Or il faut néceffairement
qu'y ayant diverfité dans la maniere dont ils
voyent les objets, il y en ait auffi dans les idées
qu'ils s'en forment. Les chevres broutent des
branches d'arbriffeaux, les hommes les trouvent
ameres; la caille mange de la ciguë, c'eft un poifon pour les hommes ; le porc fe nourrit de
fiente ; ce qui répugne au cheval.

En fecond lieu ils alleguent la différence qui
fe remarque entre les hommes felon les tempéramens. Demophon , Maître-d'hôtel d'Alexandre, avoit chaud à l'ombre, & froid au foleil.
Ariftote dit qu'Andron d'Argos traverfoit les fables de Lybie , fans boire. L'un s'applique à
la Médecine, l'autre à l'Agriculture, celui-là au
Négoce, & ce qui eft nuifible aux uns fe trouve
être utile aux autres ; nouveau fujet d'incertitude.

En troifieme lieu ils fe fondent fur la différence des organes des fens. Une pomme paroît pâle à la vûe, douce au goût, agréable à l'odorat.
Le même objet, vû dans un miroir, change fe-

lon

lon que le miroir eſt diſpoſé. D'où il s'enſuit qu'une choſe n'eſt pas plus telle qu'elle paroît, qu'elle n'eſt telle autre.

En quatrieme lieu ils citent les différences qui ont lieu dans la diſpoſition, & en général les changemens auxquels on eſt ſujet par rapport à la ſanté, à la maladie, au ſommeil, au reveil, à la joye, à la triſteſſe, à la jeuneſſe, à la vieil-leſſe, au courage, à la crainte, au beſoin, à la réplétion, à la haine, à l'amitié, au chaud, au froid. Tout cela influe ſur l'ouverture ou le res-ſerrement des pôres des ſens; de ſorte qu'il faut que les choſes paroiſſent autrement, ſelon qu'on eſt différemment diſpoſé. Et pourquoi décide-t-on que les gens, qui ont l'eſprit troublé, ſont dans un dérangement de nature ? Qui peut dire qu'ils ſont dans ce cas, plûtôt que nous n'y ſom-mes ? Ne voyons-nous pas nous-mêmes le ſoleil comme s'il étoit arrêté ? Tithorée *le Stoïcien* ſe promenoit en dormant, & un domeſtique de Pe-riclès dormoit au haut d'un toit.

Leur cinquieme raiſon eſt priſe de l'éduca-tion, des loix, des opinions fabuleuſes, des conventions nationales & des opinions dogma-tiques, autant de ſources d'où découlent les idées de l'honnête & de ce qui eſt honteux, du vrai & du faux, des biens & des maux, des Dieux, de l'origine & de la corruption, des choſes qui paroiſſent dans le monde. De là vient que ce que

les

les uns eftiment .jufte, les autres le trouvent injufte, & que ce qui paroît un bien à ceux-ci, ·
eft un mal pour ceux-là. Les Perfes croyoient le
mariage d'un pere avec fa fille permis; les Grecs
en ont horreur. Les Maffagetes pratiquent la
communauté des femmes, comme dit Eudoxe
dans le premier livre de fon ouvrage intitulé, *Le
Tour de la Terre* ; les Grecs n'ont point cette
coutume. Les habitans de Cilicie aiment le larcin ; les Grecs le blâment. Pareillement à l'é-
gard des Dieux, les uns croyent une Providence ; les autres n'y ajoutent aucune foi. Les Egyp-
tiens embaument leurs morts ; les Romains les
brulent ; les Pæoniens les jettent dans les étangs :
nouveau fujet de fufpendre fon jugement fur la
vérité.

En fixieme lieu ils fe fondent fur le mélange
des chofes les unes avec les autres ; ce qui eft
caufe que nous n'en voyons jamais aucune fimplement & en elle-même, mais felon l'union qu'elle
a avec l'air, la lumiere, avec des chofes liquides
ou folides, avec le froid, le chaud, le mouvement, les évaporations & autres qualités femblables. Ainfi le pourpre paroît de couleur différente au foleil, à la lune & à la chandelle. Notre propre teint paroît être autre le midi que le
foir. Une pierre, que deux hommes tranfpor-
tent difficilement par l'air, fe tranfporte plus aifément par l'eau, foit que l'eau diminue fa

pe-

pefanteur , ou que l'air l'augmente.

En feptieme lieu ils s'appuyent fur la différente fituation de certaines chofes , & fur leur rélation avec les lieux où elles fe trouvent. Cela fait
que celles, qu'on croit grandes, paroiffent petites ; que celles, qui font quarrées, femblent être
rondes ; que celles, qui ont la fuperficie plâne ,
paroiffent relevées ; que celles, qui font droites,
paroiffent courbes , & que celles, qui font blanches,
fe préfentent fous une autre couleur. Ainfi le foleil
nous paroît peu de chofe à caufe de fon éloignement. Les montagnes nous paroiffent de loin comme des colomnes d'air & aifées à monter, au-lieu
que vûes de près , nous en trouvons la pente roide
& efcarpée. Le foleil nous paroît autre en fe
levant, qu'il n'eft à midi. Le même corps nous
paroît différent dans un bois que dans une plaine.
Il en eft ainfi d'une figure felon qu'elle eft différemment pofée, & du cou d'un pigeon felon qu'il
eft diverfement tourné. Comme donc on ne
peut examiner aucune chofe en faifant abftraction
du lieu qu'elle occupe, il s'enfuit qu'on en ignore auffi la nature.

Leur huitieme raifon eft tirée des diverfes
quantités, foit du froid ou du chaud, de la viteffe ou de la lenteur, de la pâleur ou d'autres
couleurs. Le vin, pris modérément, fortifie ; bû
avec excès, il trouble le cerveau. On doit en dire
autant de la nourriture & d'autres chofes femblables.

Leur

Leur neuvieme raifon confifte en ce qu'une chofe paroît extraordinaire & rare, fuivant qu'une autre eft plus ou moins ordinaire. Les tremblemens de terre ne furprennent point dans les lieux où l'on a coutume d'en fentir, & nous n'admirons point le foleil, parce que nous le voyons tous les jours. Au refte Phavorin compte cette neuvieme raifon pour la huitieme. Sextus & Ænefideme en font la dixieme; de forte que Sextus fuppute pour dixieme raifon celle que Phavorin nomme la neuvieme.

Leur dixieme raifon eft prife des rélations que les chofes ont les unes avec les autres, comme de ce qui eft leger avec ce qui eft pefant, de ce qui eft fort avec ce qui eft foible, de ce qui eft grand avec ce qui eft petit, de ce qui eft haut avec ce qui eft bas. Ainfi le côté droit n'eft pas tel par fa nature; mais par fa rélation avec le côté gauche; de forte que fi on ôte celui-ci, il n'y aura plus de côté droit. De même les qualités de pere & de frere font des chofes rélatives. On dit qu'il fait jour rélativement au foleil, & en général tout a un rapport fi direct avec l'entendement, qu'on ne fauroit connoître les chofes rélatives en elles-mêmes. Voilà les dix claffes dans lefquelles ces Philofophes rangent les raifons de leur incertitude.

Agrippa y en ajoute encore cinq autres; la différence des fentimens, le progrès qu'il faut fai-

re

re à l'infini de l'une à l'autre, les rélations mu-
tuelles, les fuppofitions arbitraires, le rapport de
la preuve avec la chofe prouvée. La différence,
qu'il y a dans les fentimens, fait voir que toutes·.
les queftions que l'on traite ordinairement, ou
qui font propofées par les Philofophes, font toujours pleines de difputes & de confufion. La raifon, prife du progrès qu'il faut faire d'une chofe
à l'autre, démontre qu'on ne peut rien affirmer,
puifque la preuve de celle-ci dépend de celle-là,
& ainfi à l'infini. Quant aux rélations mutuel-
les, on ne fauroit rien confidérer féparément; au
contraire il faut examiner une chofe conjointement avec une autre, ce qui répand de l'ignorance fur ce que l'on recherche. La raifon,
prife des fuppofitions arbitraires, porte contre
ceux qui croyent qu'il faut admettre certains premiers principes comme indubitables en eux-mêmes, & au-delà defquels on ne doit point aller;
fentiment d'autant plus abfurde, qu'il eft également permis de fuppofer des principes contraires.
Enfin la raifon, prife du rapport de la preuve
avec la chofe prouvée, porte contre ceux qui,
voulant établir une hypothefe, fe fervent d'une
raifon qui a befoin d'être confirmée par la chofe
même qu'on veut prouver, comme fi pour démontrer qu'il y a des pôres parce qu'il fe fait
des évaporations, on prenoit celles-ci pour
preuve des autres.

_ Ces

Ces Philofophes nioient toute démonftration,
tout jugement , tout caractere , toute caufe ,
mouvement, fcience, génération , & croyoient
que rien n'eft par fa nature bon ou mauvais.

Toute démonftration , difoient-ils, eft formée,
ou de chofes démontrées , ou d'autres qui ne le
font point. Si c'eft de chofes qui fe démontrent ,
elles-mêmes devront être démontrées , & ainfi
jufqu'à l'infini. Si au contraire c'eft de chofes
qui ne fe démontrent point, & que toutes, ou
quelques-unes, ou une feule, foient autres qu'on
ne les conçoit, tout le raifonnement ceffe d'être
démontré. Ils ajoutent que s'il femble qu'il y ait
des chofes qui n'ont pas befoin de démonftration ,
il eft furprenant qu'on ne voye pas qu'il faut démontrer cela même que ce font de premiers principes. Car on ne fauroit prouver qu'il y a quatre
élemens par la raifon qu'il y a quatre élemens. Outre
cela , fi on ne peut ajouter foi aux parties d'une propofition , néceffairement on doit fe refufer à la démonftration générale. Il faut donc un caractere
de vérité, afin que nous fachions que c'eft une
démonftration, & nous avons également befoin
d'une démonftration pour connoître le caractere
de vérité. Or , comme ces deux chofes dépendent
l'une de l'autre , elles font un fujet qui nous obli-
ge de fufpendre notre jugement. Et comment
parviendra-t-on à la certitude fur des chofes qui
ne font pas évidentes , fi on ignore comment
el-

elles doivent fe démontrer? On recherche, non pas ce qu'elles paroiffent être, mais ce qu'elles font en effet. Ils traitoient les Dogmatiftes d'infenfés ; car, difoient-ils, des principes, qu'on fuppofe prouvés, ne font point un fujet de recherche, mais des chofes pofées telles ; & en raifonnant de cette maniere, ou pourroit établir l'exiftence de chofes impoffibles. Ils difoient encore que ceux, qui croyoient qu'il ne faut pas juger de la vérité par les circonftances des cho·fes, ni fonder fes regles fur la nature, fe faifoient eux-mêmes des regles fur tout, fans prendre garde que ce qui paroît, eft tel par les circonftances qui l'environnent, & par la maniere dont il eft difpofé ; de forte, concluoient-ils, qu'il faut dire, ou que tout eft vrai, ou que tout eft faux. Car fi l'on avance qu'il y a feulement certaines chofes vrayes, comment les difcernera-t-on? Les fens ne peuvent être caractere de vérité pour ce qui regarde les chofes fenfibles, puifqu'ils les envifagent toutes d'une maniere égale. Il en eft de même de l'entendement par la mêmè raifon, & outre les fens & l'entendement, il n'y a aucune voye par laquelle on puiffe difcerner la vérité. Celui donc, continuent-ils, qui établit quelque chofe, ou fenfible, ou intelligible, doit premiérement fixer les opinions qu'on en a ; car les uns en ôtent une partie, les autres une autre. Il eft donc néceffaire de juger, ou par

les

les fens, ou par l'entendement. Mais tous les deux font un fujet de difpute; ainfi on ne peut difcerner la vérité entre les opinions, tant à l'égard des chofes fenfibles que par rapport aux chofes intelligibles. Or fi, vû cette contrariété qui eft dans les efprits, on eft obligé de rendre raifon à tous, on détruit la regle par laquelle toutes chofes paroiffent pouvoir être difcernées, & il faudra regarder tout comme égal.

Ils pouffent plus loin leur difpute par ce raifonnement. Une chofe vous paroît probable. Si vous dites qu'elle vous paroît probable, vous n'avez rien à oppofer à celui qui ne la trouve pas telle; car comme vous êtes croyable en difant que vous voyez une chofe de cette maniere, votre adverfaire eft auffi croyable que vous en difant qu'il ne la voit pas de même. Que fi la chofe, dont il s'agit, n'eft point probable, on n'en croira pas non plus celui qui affûrera qu'il la voit clairement & diftinctement. On ne doit pas prendre pour véritable ce dont on eft perfuadé, les hommes n'étant pas tous, ni toujours également perfuadés des mêmes chofes. La perfuafion vient fouvent d'une caufe extérieure, & eft quelquefois produite, ou par l'autorité de celui qui parle, ou par la maniere infinuante dont il s'exprime, ou par la confidération de ce qui eft agréable.

Les Pyrrhoniens détruifoient encore tout ca-

rac-

ractere de vérité, en raifonnant de cette maniere.
Ou ce caractere de vérité eft une chofe examinée,
ou non. Si c'eft une chofe qu'on n'a pas examinée,
elle ne mérite aucune créance, & ne peut contribuer
à difcerner le vrai & le faux. Si c'eft une chofe
dont a fait l'examen, elle eft du nombre des
chofes qui doivent être confidérées par parties;
de forte qu'elle fera à la fois juge & matiere de
jugement.   Ce qui fert à juger de ce caractere
de vérité devra être jugé par un autre caractere de même nature, celui-ci encore par un autre, & ainfi à l'infini.

Ajoutez à cela, difent-ils, qu'on n'eft pas même d'accord fur ce caractere de vérité, les-uns
difant que c'eft l'effet du jugement de l'homme,
les autres l'attribuant aux fens, d'autres à la raifon, d'autres encore à une Idée évidente. L'homme ne s'accorde, ni avec lui-même, ni avec les
autres, témoin la différence des Loix & des
mœurs. Les fens font trompeurs, la raifon n'a-
git pas en tous d'une maniere uniforme, les idées
évidentes doivent être jugées par l'entendement,
& l'entendement lui-même eft fujet à divers changemens de fentimens.   De là ils inferoient qu'il
n'y a point de caractere de vérité avec certitude, &
que par conféquent on ne peut connoître la vérité.

Ces Philofophes nioient auffi qu'il y eût
des fignes par lesquels on pût connoître les chofes, parce que s'il y a quelque figne pareil,

il

il doit être, ou fenfible, ou intelligible. Or, difent-ils, il n'eft pas fenfible, parce que la qualité fenfible eft une chofe générale, & le figne une
chofe particuliére. La qualité fenfible regarde
d'ailleurs la différence d'une chofe, au-lieu que
le figne a rapport à fes rélations. Ce n'eft pas
non plus une chofe intelligible; car ce devroit
être, ou un figne apparent d'une chofe apparente, ou un figne obfcur d'une chofe obfcure, ou
un figne obfcur d'une chofe apparente, ou un figne apparent d'une chofe obfcure. Or rien de
tout cela n'a lieu; par conféquent point de fignes. Il n'y en a pas d'apparent d'une chofe apparente, puifque pareille chofe n'a pas befoin de
figne. Il n'y en a point d'obfcur d'une chofe
obfcure; car une chofe, qui eft découverte par
quelque autre, doit être apparente. Il n'y en
a point d'obfcur d'une chofe apparente, parce
qu'une chofe eft apparente dès là même qu'elle
eft connoiffable. Enfin il n'y a point de figne apparent d'une chofe obfcure, parce que le
figne, regardant les rélations des chofes, eft
compris dans la chofe même dont il eft figne;
ce qui ne peut autrement avoir lieu. De ces
raifonnemens ils tiroient cette conféquence,
qu'on ne peut parvenir à connoître'rien des chofes qui ne font pas évidentes, puifqu'on dit que c'eft
par leurs fignes qu'on doit les connoître.

Pareillement ils n'admettent point de caufe à

la faveur de ce raifonnement. La caufe eft quelque chofe de rélatif. Elle a rapport à ce dont elle eft caufe : or les rélations font des objets de l'efprit qui n'ont point d'exiftence réelle; donc les caufes ne font que des idées de l'efprit. Car fi elles font effectivement caufes, elles doivent être jointes à ce dont on dit qu'elles font caufes; autrement elles n'auront point cette qualité. Et de même qu'un pere n'eft point tel, à moins que celui, dont on dit qu'il eft pere, n'exifte; de même auffi une caufe n'eft point caufe fans la réalité de ce dont on dit qu'elle eft caufe. Cette réalité n'a point lieu, n'y ayant ni genération, ni corruption, ni autre chofe femblable. De plus s'il y a des caufes, ou ce fera une chofe corporelle qui fera caufe d'une chofe corporelle; ou ce fera une chofe incorporelle qui fera caufe d'une chofe incorporelle; mais rien de cela n'a lieu, il n'y a donc point point de caufe. Une chofe corporelle ne peut être caufe d'une chofe corporelle, puifqu'elles ont toutes deux la même nature; & fi l'on dit que l'une des deux eft caufe entant que corporelle, l'autre étant pareillement corporelle, fera auffi caufe en même tems; de forte qu'on aura deux caufes fans patient. Par la même raifon une chofe incorporelle ne peut être caufe d'une chofe incorporelle, non plus qu'une chofe incorporelle ne peut l'être d'une chofe corporelle, parce que

ce

ce qui eſt incorporel ne produit pas ce qui eſt corporel. De même une choſe corporelle ne ſera point cauſe d'une choſe incorporelle, parce que dans la formation l'agent & le patient doivent être de même matiere, & que ce qui eſt incorporel ne peut être le ſujet patient d'une cauſe corporelle, ni de quelque autre cauſe matérielle & efficiente. De là ils déduiſent que ce qu'on dit des principes des choſes ne ſe ſoutient pas, parce qu'il faut néceſſairement qu'il y ait quelque choſe qui agiſſe par lui-même, & qui opere le reſte.

Ces Philoſophes nient auſſi le mouvement par la raiſon que ce qui eſt mû, ou ſe meut dans l'endroit même où il eſt, ou dans celui où il n'eſt pas. Or il ne ſe meut ni dans l'un, ni dans l'autre ; donc il n'y a point de mouvement.

Ils aboliſſent toute ſcience en diſant, ou qu'on enſeigne ce qui eſt entant qu'il eſt, ou ce qui n'eſt pas entant qu'il n'eſt pas. Le premier n'eſt point néceſſaire, puiſque chacun voit la nature des choſes qui exiſtent ; le ſecond inutile, vû que les choſes, qui n'exiſtent point, n'acquiérent rien de nouveau que l'on puiſſe enſeigner & apprendre.

Il n'y a point de génération, diſent ils ; car ce qui eſt déjà ne ſe fait point, non plus que ce qui n'eſt pas, puiſqu'il n'a point d'exiſtence actuelle.

Ils

Ils nient encore que le bien & le mal folent tels par nature, parce que s'il y a quelque chofe naturellement bonne ou mauvaife, elle doit être l'un ou l'autre pour tout le monde, comme la neige que chacun trouve froide. Or il n'y a aucun bien, ni aucun mal qui paroiffe tel à tous les hommes, donc il n'y en a point qui foit tel par nature. Car enfin ou l'on doit regarder ce qu'on appelle *bien* comme bien en général, ou il ne faut pas le confidérer comme bien réel. Le premier ne fe peut, parce que la même chofe eft envifagée comme un bien par l'un, & comme un mal par l'autre. Epicure tient que la volupté eft un bien, Antifthene l'appelle un mal. La même chofe fera donc un bien & un mal tout à la fois. Que fi on ne regarde pas ce qu'un homme appelle *bien* comme étant univerfellement tel, il faudra diftinguer les différentes opinions; ce qui n'eft pas poffible à caufe de la force égale des raifons contraires, d'ou ils concluoient que nous ignorons s'il y a quelque bien qui foit tel par nature.

Au refte on peut connoître tout le fyftême de leurs raifons par les recueils qu'ils en ont laiffés. Pyrrhon n'a rien écrit, mais on a des ouvrages de fes difciples, de Timon, d'Ænefideme, de Numenius, de Naufiphane & d'autres.

Les Philofophes dogmatiftes oppofent aux
Pyr-

Pyrrhoniens que contre leurs principes ils reçoivent des vérités & établiffent des dogmes. Ils
reçoivent des vérités par cela même qu'ils difpu-
tent, qu'ils avancent qu'on ne peut rien définir,
& que toute raifon eft combattue par des raifons
contraires. Au moins il eft vrai qu'en ceci ils
définiffent & établiffent un principe. Voici ce
qu'ils répondent à ces objections. „ Nous con-
„ venons que nous participons aux fentimens de
„ l'humanité. Nous croyons qu'il fait jour, que
„ nous vivons, & que nous recevons bien d'autres
„ chofes pareilles qui ont lieu dans la vie; mais
„ nous fufpendons notre jugement fur les cho-
„ fes que les Dogmatiftes affirment être évidentes
„ par la raifon, & nous les regardons comme incer-
„ taines. En un mot nous n'admettons que les
„ fentimens. Nous convenons que nous voy-
„ ons, nous favons que nous penfons; mais
„ nous ignorons de quelle manière nous apper-
„ cevons les objets, ou comment nous viennent
„ nos penfées. Nous difons, par maniere de
„ parler, que telle chofe eft blanche; mais non
„ par voye d'affirmation pour affûrer qu'elle eft
„ telle en effet. Quant aux expreffions que
„ *nous ne définiffons rien*, & autres termes fem-
„ blables dont nous faifons ufage, nous ne les
„ employons pas comme des principes. Ces
„ expreffions font différentes en cela des princi-
„ pes qu'établiffent les Dogmatiftes quand ils di-

Tome II. P „ fent,

„ fent, par exemple, que le monde eft fphéri-
„ que.   L'affertion eft incertaine, au-lieu que
„ nos expreffions font des aveux qui emportent
„ une certitude.   Ainfi quand°nous difons que
„ *nous ne définiffons rien*, nous ne décidons pas
„ même ce que nous exprimons".   Les Dogmatiftes leur reprochent encore qu'ils détruifent
l'effence de ·la vie, dès qu'ils en ôtent tout ce
en quoi elle confifte.   Les Pyrrhoniens leur donnent le démenti.   Ils difent qu'ils n'ôtent point
la vûe, qu'ils ignorent feulement comment elle
fe fait.   „ Nous fuppofons avec vous ce qui pa-
„ roît, ajoutent-ils ; nous doutons feulement qu'il
„ foit tel qu'il eft vû.   Nous fentons que le feu
· „ brule ; mais s'il agit ainfi par une faculté qui
„ lui eft naturelle, c'eft ce que nous ne déter-
„ minons point.   Nous voyons qu'un homme
„ fe remue & fe promene ; mais nous ignorons
„ comment s'effectue ce mouvement.   Nos rai-
„ fonnemens ne tombent donc fimplement que
„ fur l'incertitude qui eft jointe aux apparences
„ des chofes.   Quand nous difons qu'une fta-
„ tue a des dehors relevés, nous exprimons ce qui
„ paroît ; lorfqu'au contraire nous affûrons qu'elle
„ n'en a point, nous ne parlons plus de l'apparen-
„ ce, nous parlons d'autre chofe."   De là vient ce
qu'obferve Timon dans trois de fes ouvrages ;
dans fes écrits à *Python*, que *Pyrrhon n'a point
détruit l'autorité de la coutume ;* dans fes *Images*

qu'il

qu'*il prenoit l'objet tel qu'il paroiſſoit à la vûe*; &
dans ſon traité des *Sens*, qu'*il n'affirmoit pas qu'une*.
choſe étoit douce, mais qu'elle ſembloit l'être.
Ænefideme, dans ſon premier livre des *Diſcours
de Pyrrhon*, dit auſſi que ce Philoſophe ne déci-
doit rien dogmatiquement à cauſe de l'équivalen-
ce des raiſons contraires, mais qu'il s'en tenoit
aux apparences; ce qu'Ænefideme repete dans
ſon traité *contre la Philoſophie* & dans celui de *la
Recherche*. Zeuxis, ami d'Ænefideme, dans ſon
livre des *Deux ſortes de Raiſons*, Antiochus de
Laodicée, & Apellas dans ſon traité d'*Agrippa* ne
poſent auſſi d'autre ſyſtême que celui des ſeules
apparences. Ainſi dónc les Pyrrhoniens admettent pour caractere de vérité ce que les objets
préſentent à la vûe, ſelon ce qu'en dit Ænefideme.

Epicure a été du même ſentiment, & Démocrite déclare qu'il ne connoît rien aux apparences, qu'elles ne ſont point toutes réelles, &
qu'il y en a même qui n'exiſtent pas.

Les Dogmatiſtes font là-deſſus une difficulté
aux Pyrrhoniens, priſe de ce que les mêmes
apparences n'excitent pas les mêmes idées. Par
exemple, une tour peut paroître ronde, & quar-
rée. Si donc un Pyrrhonien ne décide ſur aucune de ces apparences, il demeure ſans agir; &
s'il ſe détermine pour l'une ou l'autre, il ne don

ne pas aux apparences une force égale. Ils répondent que quand les apparences excitent des idées
différentes, ils difent cela même qu'il y a diverfes apparences, & que c'eft pour cela qu'ils
font profeffion de n'admettre que ce qui paroît.

Quant à la fin qu'il faut fe propofer, les
Pyrrhoniens veulent que ce foit la tranquillité
d'efprit, qui fuit la fufpenfion du jugement à
peu près comme l'ombre accompagne un corps,
s'expriment Timon & Ænefideme. Ils avancent
que les chofes, qui dépendent de nous, ne font
pas un fujet de choix ou d'averfion, excepté celles qui excédent notre·pouvoir, & auxquelles
nous fommes foumis par une néceffité que nous
ne pouvons éviter, comme d'avoir faim & foif,
ou de fentir de la douleur; chofes contre lesquelles la raifon ne peut rien. Sur ce que les Dogmatiftes leur demandent comment un Sceptique
peut vivre, fans fe difpenfer, par exemple,
d'obéir fi on lui ordonnoit de tuer fon pere, ils
répondent qu'ils ne favent pas comment un Dog-
matifte pourroit vivre en s'abftenant des queftions,
qui ne regardent point la vie & la conduite ordinaire. Ils concluent enfin qu'ils choififfent &
évitent certaines chofes en fuivant la coutume,
& qu'ils reçoivent l'ufage des Loix. Il y en a qui
prétendent que les Pyrrhoniens établiffoient pour
fin l'exemption de paffions; d'autres, la douceur.

T J·

TIMON.

APollonide de Nicée, dont nous avons fait l'éloge dans nos Oeuvres Poétiques, affû· re, livre premier de fes *Poéfies Satyriques* dédiées à Tibere Céfar, que Timon étoit fils de Timarque & originaire de Phliafie ; qu'ayant perdu fon pere dans fa jeuneffe, il s'appliqua à la danfe ; qu'enfuite il changea de fentiment, & s'en alla à Megare auprès de Stilpon ; qu'après avoir paffé bien du tems avec lui, il retourna dans fa patrie & s'y maria ; que de là il fe rendit conjointement avec fa femme à Elis chez Pyrrhon ; qu'il s'arrê- ta dans cet endroit jufqu'à ce qu'il eût des en- fans ; & qu'il inftruifit dans la Médecine l'aîné fes fils, nommé *Xantbus*, lequel hérita de fon pere fa maniere de vivre & fes préceptes. Ti- mon, affûre Sotion, livre onzieme, fe rendit il- luftre par fon éloquence ; mais comme il man- quoit du néceffaire, il fe retira dans l'Hellef- pont & dans la Propontide. Il y enfeigna à Chalcedoine la Philofophie & l'Art Oratoire avec un fuccès qui lui mérita beaucoup de louange. Devenu plus riche, il partit de là pour Athenes, où il vécut jufqu'à fa mort, excepté qu'il demeura peu de tems à Thebes. Il fut connu & eftimé du Roi Antigone, ainfi que de Ptolomée Philadel-

phe,

phe, comme il l'avoue lui-même dans ſes Vers Iambes.

Antigone dit que Timon aimoit à boire, & ne s'occupoit pas beaucoup de la Philoſophie. Il compoſa des Poëmes, différentes ſortes de Vers, des Tragédies, des Satyres, trente Comédies, ſoixante Tragédies, outre des Poéſies libres & bouffonnés. On a auſſi de lui un livre de Poéſie logadique, où ſont contenus plus de vingt mille vers; livre dont il eſt fait mention dans Antigone de Caryſte, auteur de *la Vie de Timon.* Ses Poéſies burlesques renferment trois livres, dans lesquels, en qualité de Pyrrhonien, il ſatyriſe tous les Philoſophes Dogmatiſtes, en les parodiant à l'imitation des anciens Poëtes. Le premier de ces livres eſt un narré ſimple & clairement écrit; le ſecond & le troiſieme ſont une eſpece de Dialogue, où les queſtions ſe propoſent par Xénophane de Colophon, & auxquelles il ſemble répondre lui-même. Dans le ſecond livre il parle des Anciens, dans le troiſieme des Modernes; ce qui a donné à quelques-uns occaſion de l'appeller *Epilogueur.* Le premier livre contient les mêmes matieres que les deux autres, hormis qu'il n'y introduit qu'un perſonnage qui parle. Il commence par ces mots:

Venez, Sophiſtes, venez tous ici; vous gente vaine, & qui vous rendez ſi importune.

Il mourut, âgé de près de quatre-vingt-dix ans,

ans, felon la remarque d'Antigone, & de Sotion
dans fon livre onzieme. J'ai oui dire qu'il étoit
borgne, & qu'il fe traitoit lui-même de *Cyclope*.

Il y a eu un autre Timon, qui étoit mifan-
thrope.

Timon *le Philofophe* aimoit beaucoup les jardins & la folitude, comme le rapporte Antigone. On raconte que Jerôme *le Péripatéticien* difoit
de lui que comme parmi les Scythes on lançoit des
flèches dans la pourfuite & dans la retraite; de
même entre les Philofophes il y en avoit qui gagnoient des difciples à force de les pourfuivre,
d'autres en les fuyant, & que Timon étoit de ce
caractere.

Il avoit l'efprit fubtile & piquant, aimoit à
écrire, & excelloit fur-tout à inventer des con-
tes propres à compofer des fables pour les Poëtes
& des piéces pour le Théâtre. Il communiquoit
fes tragédies à Alexandre & à Homere *le Jeune*.
Il ne s'embarraffoit pas d'être troublé par fes domeftiques, ou par des chiens, n'ayant rien plus
à cœur que la tranquillité d'efprit. On dit
qu'Aratus lui demanda comment on pourroit faire pour avoir un *Homere* correct, & qu'il répondit qu'*il falloit tâcher d'en trouver les plus anciens
exemplaires, & non d'autres plus récens, revûs &
corrigés.* Il laiffoit trainer fes productions, qui
étoient fouvent à demi-rongées par négligence.
On conte là-deffus que l'Orateur Zopyrus, lifant

un

un de ſes ouvrages dont Timon lui montroît des endroits, lorsqu'ils vinrent à la moitié du livre, il s'en trouva une partie déchirée; ce que Timon avoit ignoré juſqu'alors, tant il étoit indifférent à cet égard. Il étoit d'une ſi heureuſe complexion, qu'il n'avoit aucun tems marqué pour prendre ſes repas.

On raconte que voyant Arcéſilas marcher, accompagné de flatteurs à droite & à gauche, il lui dit: *Que viens tu faire parmi nous, qui ſommes libres & exempts de ſervitude?* Il avoit coutume de dire de ceux qui prétendoient que les ſens s'accordent avec l'entendement dans le rapport qu'ils font des objets: *Attagas & Numenius ſont d'accord.* Ordinairement il prenoit un ton railleur. Il dit un jour à quelqu'un qui ſe faiſoit de tout un ſujet d'admiration: *Pourquoi ne vous étonnez-vous pas de ce qu'étant trois enſemble, nous n'avons que quatre yeux?* En effet lui & Dioſcoride ſon diſciple étoit chacun privé d'un œil, au-lieu que celui, à qui il parloit, en avoit deux. Arcéſilas lui demanda pour quelle raiſon il étoit venu de Thebes. *Afin*, lui repliqua-t-il, *d'avoir occaſion de me moquer de vous, qui vous êtes élevé à un ſi haut dégré.* Néanmoins il a donné, dans ſon livre intitulé, *Repas d'Arcéſilas*, des louanges à ce même Philoſophe qu'il avoit dénigré dans ſes *Poéſies burlesques*.

Menodote écrit que Timon n'eut point de
ſuc-

fucceffeur. Sa Secte finit avec fa vie, jufqu'à ce qu'elle fut renouvellée par Ptolomée de Cyrene. Au refte Hippobote & Sotion difent qu'il eut pour difciples Diofcoride de Cypre, Nicoloque de Rhodes, Euphranor de Séleucie, & Praylus de la Troade, qui fut, au rapport de Phylarque *l'Hiftorien*, fi conftant & fi patient, que malgré toute fon innocence, il fe laiffa condamner à mort comme traitre, fans avoir même prononcé un feul mot de fupplication. Euphranor forma Eubule d'Alexandrie, qui enfeigna Ptolomée, lequel dreffa Sarpedon & Héraclide. Ce dernier fut Maître d'Ænefideme de Gnoffe, auteur des huit livres fur les Raifons que les Pyrrhoniens alleguoient en faveur de leur fyftême. Ænefideme inftruifit Zeuxippe, nommé *Polites*, & celui-ci Zeuxis, furnommé *Goniope*. Zeuxis eut fous fa difcipline Antiochus de Laodicée, defcendu de Lycus, dont Ménodote de Nicomedie, Médecin Empyrique, & Théodas de Laodicée prirent les leçons. Ménodote à fon tour devint Maître d'Hérodote, fils d'Arieus natif de Tarfe, qui le fut enfuite de Sextus Empipiricus, duquel on a les dix volumes du Pyrrhonisme & autres beaux ouvrages. Enfin Sextus Saturnin eut pour difciple un nommé Cythenas, auffi Empyrique.

LIVRE X.

✳✳✳✳✳✳✳✳✳✳✳✳✳✳✳✳✳✳✳✳✳✳✳✳✳✳✳✳

EPICURE.

EPicure fut fils de Néocles & de Che-
reſtrate. La ville d'Athenes fut ſa
patrie, & le bourg de Gargette le
lieu de ſa naiſſance. 'Les Philaïdes,
ainſi que dit Métrodore dans le livre qu'il a fait
de la Nobleſſe, furent ſes ancêtres.

'Il y a des Auteurs, entre lesquels eſt Héraclide, ſelon qu'il en écrit dans l'*Abrégé de Sotion*,
qui rapportent que les Athéniens ayant envoyé
une colonie à Samos, il y fut élevé, & qu'ayant
atteint l'âge de dix ans, il vint à Athenes dans le
tems que Xénocrate enſeignoit la Philoſophie
dans l'Académie, & Ariſtote dans la Chalcide;
mais qu'après la mort d'Alexandre le Grand,

cet

EPICVRVS

Sectæ Epicureæ Auctor
Ex Cimeliarchio Clar. Viri Ericii Puteani

cette capitale de la Grece étant fous la tyrannie de Perdiccas, il revint à Colophon chez fon pere, où, ayant demeuré quelque tems & affemblé quelques écoliers, il retourna une feconde fois à Athenes pendant le gouvernement d'Anaxicrate, & qu'il profeffa la Philofophie parmi la foule & fans être diftingué, jufqu'à ce qu'enfin il fe fit Chef de cette Secte, qui fut appellée de fon nom.

Il écrit lui-même qu'il avoit quatorze ans lorsqu'il commença à s'attacher à l'étude de la Philofophie. Apollodore, un de fes Sectateurs, asfûre, dans le premier livre de *la Vie d'Epicure*, qu'il s'appliqua à cette connoiffance univerfelle des chofes par le mépris que lui donna l'ignorance des Grammairiens, qui ne lui purent jamais donner aucun éclairciffement fur tout ce qu'Héfiode avoit dit du Cahos.

Hermippus écrit qu'il fut Maître d'école, & qu'étant enfuite tombé fur les livres de Démocrite, il fe donna tout entier à la Philofophie; c'eft ce qui a fait dire de lui à Timon, *Vient enfin de Samos le dernier des Phyficiens, un Maître d'école, un effronté, & le plus miférable des hommes.*

On apprend de Philodeme Epicurien, dans le dixieme livre de fon *Abrégé des Philofophes*, qu'il eut trois freres, Néocles, Chæredême & Ariftobule, à qui il infpira le defir de s'appliquer, comme lui, à la découverte des fecrets de la

nature. Myronianus, dans ſes *Chapitres Hiſtori-
ques*, remarque que Mus, quoique ſon eſclave,
fut auſſi un des compagnons de ſon étude.

Diotime *le Stoïcien*, qui haïſſoit mal à propos
Epicure, l'a voulu faire paſſer malicieuſement
pour un voluptueux, ayant inſeré cinquante lettres, toutes remplies de laſciveté, ſous le nom
de ce Philoſophe, à qui il imputa encore ces certains billets qu'on a toujours cru être de Chryſippe. Il n'a pas été traité plus favorablement de
Poſſidonius *le Stoïcien*, de Nicolaus, & de Sotion
dans ſon douzieme livre *des Repréhenſions*, parlant de la XXIV. lettre.

Denys d'Halicarnaſſe a été auſſi de ſes envieux. Ils diſent que ſa mere & ſui alloient pur-
ger les maiſons par la force de certaines paroles;
qu'il accompagnoit ſon pere, qui montroit à
vil prix à ſire aux enfans; qu'un de ſes freres
faiſoit faire l'amour pour ſubſiſter, & que lui-
même demeuroit avec une courtiſane qui ſe
nommoit Léontie; qu'il s'étoit approprié tout ce
que Démocrite avoit écrit des atômes, auſſi-bien
que les livres d'Ariſtippe ſur *la Volupté*.

Timocrate, & Hérodote, dans ſon livre de la
Jeuneſſe d'Epicure, lui reprochent qu'il n'étoit
pas bon citoyen; qu'il avoit eu une complaiſance indigne & lâche pour Mythras, Lieutenant de
Lyſimachus, l'appellant dans ſes lettres *Apollon*,
& le traitant de Roi; qu'il avoit de même fait
les

les éloges d'Idomenée, d'Hérodote & de Timocrate, parce qu'ils avoient mis en lumiere quelques-uns de fes ouvrages qui étoient encore inconnus, & qu'il avoit eu pour eux une amitié pleine d'une flatterie exceffive; qu'il fe fervoit ordinairement dans fes *Epîtres* de certains termes,
comme à Léontie : O! *Roi Apollon*, *ma petite
Léontie*, *mon Cœur*, *avec quel excès de plaifir ne
nous fommes-noûs pas recréés à la lecture de votre
billet ?* lorfqu'il écrit à Themifta, femme de Léonte : *Je vous aime*, lui dit-il, *à tel point, que fi
vous ne me venez trouver, je fuis capable, avant
qu'il foit trois jours, d'aller avec une ardeur incroya-
ble où vos ordres, Thémifta, m'appelleront;* & à
Pythocles, jeune homme admirablement beau :
Je feche, lui mande-t-il, *d'impatience, dans l'attente de jouïr de votre aimable préfence, & je la
foubaite comme celle de quelque Divinité.*

Il ajoute encore à Themifta, fi l'on en croit
ces Ecrivains, qu'il ne s'imagine pas faire rien
d'indigne lorfqu'il fe fert de tout ce qu'il y a de
plus infinuant pour la perfuader. C'eft ce que
remarque Théodote dans fon quatrieme livre *contre Epicure*, qu'il eut un commerce avec plufieurs
autres courtifanes, mais qu'il fut particuliérement
attaché à celui qu'il conferva pour Léontie, que
Métrodore, ainfi que lui, aima éperdûment.

On prétend que dans fon livré *de la Fin* il y
a de lui ces paroles: *Je ne trouve plus rien qui*

puis-

*puisse me persuader que cela soit un bien qui
bannit les plaisirs qui flattent le goût, qui défend
ceux que l'union de deux amans fait sentir, qui
ne veut pas que l'ouïe soit charmée de l'harmonie,
& qui interdit les délicieuses émotions que les images font naître par les yeux.* Ils veulent aussi faire croire qu'il écrivit à Pythocles : *Fuyez précipi-
tamment, heureux jeune homme, toutes sortes de
discipline.*

Epictete lui reproche que sa maniere de parler
étoit efféminée & sans pudeur, & l'accable en
même tems d'injures. Timocrate, frere de Métrodore & disciple d'Epicure, s'étant séparé de
son école, a laissé dans ses livres, intitulés *de
la Joye*, qu'il vomissoit deux fois par jour à cause qu'il mangeoit trop ; que lui-même avoit échap-
pé avec beaucoup de peine à sa Philosophie noc-
turne, & au risque d'être seul avec un tel ami ;
qu'Epicure ignoroit plusieurs choses sur la Philosophie, & encore plus sur la conduite de la vie ;
que son corps avoit été si cruellement affligé par
les maladies, qu'il avoit passé plusieurs années
sans pouvoir sortir du lit, ni sans pouvoir se lever de la chaise sur laquelle on le portoit ; que
la dépense de sa table se montoit par jour à la
valeur d'une mine, monnoye Attique, comme il
le marque dans la lettre qu'il écrit à Léontie, &
dans celle qu'il adresse aux Philosophes de Mitylene, & que Métrodore & lui avoient toujours

fré-

fréquenté des femmes de la derniere débauche ; mais sur-tout Marmarie, Hedia, Erosie & Nicidia.

Ses envieux veulent que dans les trente-sept livres, qu'il a composés de *la Nature*, il y repete souvent la même chose; qu'il y censure les ouvrages des autres Philosophes, & particuliérement ceux de Nausiphanes, disant de lui mot pour mot: *Jamais Sophiste n'a parlé avec tant d'orgueil & de vanité, & jamais personne n'a mandié avec tant de bassesse le suffrage du peuple.* Et dans ses *Epîtres* contre Nausiphanes il parloit ainsi: *Ces choses lui avoient tellement fait perdre l'esprit, qu'il m'accabloit d'injures, & se vantoit d'avoir été mon Maître.* Il l'appelloit *Poumon*, comme pour montrer qu'il n'avoit aucun sentiment. Il soutenoit d'ailleurs qu'il étoit ignorant, imposteur & efféminé.

Il vouloit que les Sectateurs de Platon fussent nommés *les Flatteurs de Denys*, & qu'on lui donnât l'épithete de *Doré*, comme à *un homme plein de faste*; qu'Aristote s'étoit abymé dans le luxe; qu'après la dissipation de son bien, il avoit été contraint de se faire soldat pour subsister, & qu'il avoit été réduit jusqu'à distribuer des remedes pour de l'argent.

Il donnoit à Protagore le nom de *Porteur de mannequins*, celui de *Scribe* & *de Maître d'école de village* à Démocrite. Il traitoit Héraclite

d'y-

d'yvrogne. Au-lieu de nommer Démocrite par
son nom, il l'appelloit *Lemocrite*, qui veut dire
chassieux. Il disoit qu'Antidore étoit un enjô-
leur, que les Cyrenaïques étoient ennemis de la
Grece; que les Dialecticiens crevoient d'envie, &
qu'enfin Pyrrhon étoit un ignorant, & un homme
mal elevé.

Ceux, qui lui font ces reproches, n'ont agi
sans doute que par un excès de folie. Ce grand
homme a de fameux témoins de son équité & de
sa reconnoissance. L'excellence de son bon naturel lui a toujours fait rendre justice à tout le
monde. Sa patrie célebra cette vérité par les
statues qu'elle dressa pour éterniser sa mémoire.
Elle fut consacrée par ses amis, . dont le nombre
fut si grand, qu'à peine les villes pouvoient-el-
les les contenir, aussi bien que par ses disciples,
qui s'attacherent à lui par le charme de sa doctrine, laquelle avoit, pour ainsi dire, la douceur
des Syrenes. Il n'y eut que le seul Métrodore
de Stratonice, qui, presque accablé par l'excès
de ses bontés, suivit le parti de Carnéades.

La perpétuité de son école triompha de ses
envieux, & parmi la décadence de tant d'autres
Sectes, la sienne se conserva toujours par une
foule continuelle de disciples qui se succédoient
les uns aux autres.

Sa vertu fut marquée en d'illustres caracteres,
par la reconnoissance & la piété qu'il eut envers

ses

fes párens, & par la douceur avec laquelle il traita fes efclaves, témoin fon teftament, où il donna la liberté à ceux qui avoient cultivé la Philofophie avec lui, & particuliérement au fameux
Mus, dont nous avons déjà parlé.

Cette même vertu fut enfin généralement connue par la bonté de fon naturel, qui lui fit donner univerfellement à tout le monde des marques
d'honnêteté & de bienveillance? Sa piété envers
les Dieux & fon amour pour fa patrie ne fe dé-
mentirent jamais jufqu'à la fin de fes jours. Ce
Philofophe eut une modeftie fi extraordinaire,
qu'il ne voulut jamais fe mêler d'aucune charge
de la République.

Il eft certain néanmoins que parmi les troubles
qui affligerent la Grece, il y paffa toute fa vie,
excepté deux ou trois voyages qu'il fit fur les
confins de l'Ionie pour vifiter fes amis, qui s'af-
fembloient de tous côtés pour venir vivre avec
lui dans ce jardin qu'il avoit acheté pour prix
de quatre-vingts mines. C'eft ce que rapporte
Apollodore.

Ce fut-là que Diocles raconte, dans fon livre
de l'Incurfion, qu'ils gardoient une fobriété ad-
mirable, & fe contentoient d'une nourriture très
médiocre. ,, Un demi-feptier de vin leur fuffi-
,, foit, dit-il, & leur breuvage ordinaire n'étoit
,, que de l'eau".

Il ajoute qu'Epicure n'approuvoit pas la com-
mu-

munauté de biens entre ſes Sectateurs, contre le ſentiment de Pythagore, qui vouloit que toutes choſes fuſſent communes entre amis, parce que, diſoit notre Philoſophe, c'étoit-là plûtôt le caractere de la défiance que de l'amitié.

Il écrit lui-même dans ſes *Epîtres* qu'il étoit content d'avoir de l'eau & du pain bis. *Envoyez-moi*, dit ce Philoſophe à un de ſes amis, *un peu de fromage Cythridien, afin que je faſſe un repas plus excellent lorſque l'envie m'en prendra.* Voilà quel étoit celui qui avoit la réputation d'établir le ſouverain bien dans la volupté. Athenée fait ſon éloge dans l'Epigramme ſuivante.

Mortels, pourquoi courez-vous après tout ce qui fait le ſujet de vos peines ? Vous êtes inſatiables pour l'acquiſition des richeſſes, vous les recherchez parmi les querelles & les combats, quoique néanmoins la nature les ait bornées, & qu'elle ſoit contente de peu pour ſa conſervation ; mais vos deſirs n'ont point de bornes. Conſultez ſur cette matiere le ſage fils de Néocles; il n'eut d'autre Maître que les Muſes, ou le trepied d'Apollon.

Cette vérité ſera beaucoup mieux éclaircie dans la ſuite par ſes dogmes & par ſes propres paroles. Il s'attachoit particuliérement, ſi l'on en croit Diocles, à l'opinion d'Anaxagore entre les Anciens, quoiqu'en quelques endroits il s'é-loignât de ſes ſentimens. Il ſuivoit auſſi Archelaus, qui avoit été le Maître de Socrate.

Il

Il dit qu'il exerçoit ſes écoliers à apprendre par cœur ce qu'il avoit écrit. Apollodore a re- marqué, dans ſes *Chroniques*, qu'il écouta Lyſi- phanes & Praxiphanes; mais Epicure parle tout au contraire dans ſes *Epîtres à Eurydicus*; car il aſſûre qu'il n'eut d'autre Maître dans la Philoſo- phie que ſa propre ſpéculation, & que ni lui, ni Hermachus ne diſent point qu'il y ait jamais eu de Philoſophe appellé Leucippe, qu'Apollodore néanmoins, Sectateur d'Epicure, affirme avoir enſeigné Démocrite. Au reſte Demetrius de Magnéſie fait foi qu'il fut auditeur de Xénocrate. Sa diction eſt proportionnée à la matiere qu'il traite; auſſi Ariſtophane *le Grammairien* le reprend de ce qu'elle n'étoit point aſſez élegante; mais ſa maniere d'écrire a été ſi pure & ſi claire, que dans le livre, qu'il a compoſé de *la Rhétorique*, il a ſoutenu qu'il ne falloit exiger de cet Art que les regles de ſe faire entendre facilement.

Au-lieu de mettre pour inſcription à toutes ſes *Epîtres* ces paroles: *Soyez en ſanté; Réjouiſſez- vous; Que la Fortune vous rie; Paſſez agréablement le tems*, il recommandoit toujours *de vivre bon- nêtement.*

Il y en a, qui dans *la Vie d'Epicure*, ſoutien- nent qu'il a pris le livre, intitulé *Canon* ou *Regle*, dans le traité du *Trepied*, qu'on attribuoit à Nauſiphanes, lequel, ſelon ces mêmes Auteurs, fut ſon Maître, auſſi-bien que Pamphile *le Platoni- cien,*

cien, qui enſeignoit dans l'Iſle de Samos. Ils ajoutent qu'il commença d'étudier en Philoſophie à l'âge de douze ans, & qu'à trente-deux il l'enſeigna publiquement.

Apollodore dit qu'il nâquit la troiſieme année de la CIX. Olympiade, le ſeptieme jour du mois de Gaméléon, ſous le gouvernement de Soſigene, & ſept ans depuis la mort de Platon.

Il dreſſa ſon école dans Mitylene à trente-deux ans, & en paſſa enſuite cinq à Lampſaque. Etant retourné à Athenes, il y mourut à l'âge de ſoixante-&-douze ans, la ſeconde année de la CXXVII. Olympiade ſous l'Archontat de Pytharatus, & laiſſa la conduite de ſon école à Hermachus de Mitylene, fils d'Agemarque.

Le même Hermachus rapporte dans ſes *Epſ. très* qu'après avoir été tourmenté par de cruelles douleurs pendant quatorze jours, une rétention d'urine, cauſée par la gravelle, lui donna la la mort. ,, C'eſt dans ce tems, ajoute-t-il, que ,, s'étant fait mettre dans une cuve d'airain, ,, pleine d'eau chaude, pour donner quelque ,, intervalle à ſon mal, & qu'ayant bû un peu ,, de vin, il exhorta ſes amis à ſe ſouvenir de ,, ſes préceptes, & finit ſa vie dans cet entre- ,, tien". Voici des vers que nous avons faits ſur lui.

Réjouïſſez-vous, dit Epicure, en mourant à ſes amis; gardez mes préceptes. Puis étant entré dans

une cuve pleine d'eau chaude, il prit du vin, &
partit auffitôt après pour aller boire des eaux froi-
des de Pluton.

Telle fut la vie & la mort de ce Philofophe ;
voici fon teftament.

„ Ma derniere volonté eft que tous mes biens
„ appartiennent à Amynomaque, fils de Philo-
„ crate, à Batithe & à Timocrate, fils de De-
„ metrius, ainfi qu'il paroît par la donation que
„ je lui ai faite, dont l'acte eft inferé dans les
„ Régitres qui fe gardent dans le Temple de la
„ Mere des Dieux ; à condition néanmoins que
„ le jardin fera donné avec toutes fes commodi-
„ tés à Hermachus Mitylénien, fils d'Agemar-
„ que, à ceux qui enfeigneront avec lui, &
„ même à ceux qu'il nommera pour tenir cette
„ école, afin qu'ils y puiffent plus agréablement
„ continuer l'exercice, & que les noms de ceux,
„ qui feront appellés Philofophes de notre Sec-
„ te, foient confacrés à l'éternité.

„ Je recommande à Amynomaque, & à Ti-
„ mocrate de s'appliquer, autant qu'il leur fera
„ poffible, à la réparation & à la confervation
„ de l'école qui eft dans le jardin. Je les char-
„ ge d'obliger leurs héritiers d'avoir autant de
„ foin, qu'eux mêmes en auront eu, pour la
„ confervation du jardin & de tout ce qui en dé-
„ pend, & d'en laiffer pareillement la jouïffance

„ à

„ à tous les autres Philofophes, fucceffeurs de
„ notre opinion.

„ Amynomaque & Timocrate laifferont à Her-
„ machus 'pendant fa vie, & à ceux qui s'atta-
„ cheront avec lui à l'étude de la Philofophie,
„ la maifon que j'ai au bourg de Melite.

„ On prendra fur le revenu des biens que
„ j'ai donnés à Amynomaque & à Timocrate ,
„ felon qu'on en conviendra avec Hermachus, ce
„ qui fera néceffaire pour célebrer dans les dix
„ premiers jours du mois de Gaméléon celui
„ de notre naiffance , & ceux de mon pere, de
„ ma mere & de mes-freres ; & le vingtieme de
„ la lune de chaque mois on traitera tous ceux
„ qui nous ont fuivis dans la connoiffance de la
„ Philofophie , afin qu'ils fe fouviennent de
„ moi & de Métrodore, & qu'ils faffent auffi la
„ même chofe au mois de Poffidéon en mémoire
„ de nos freres, ainfi qu'ils nous l'ont vû ob-
„ ferver. Il faudra qu'ils s'acquittent de ce de-
„ voir dans le mois de Metagitnion en faveur
„ de Polyene.

„ Amynomaque & Timocrate prendront foin
„ de l'éducation d'Epicure, fils de Métrodore,
„ & du fils de Polyene, tandis qu'ils demeurent
„ enfemble chez Hermachus & qu'ils prennent
„ fes leçons.

„ Je veux que la fille de Métrodore foit auffi
„ fous leur conduite, & que lorfqu'elle fera en

„ à-

„âge d'être mariée, elle époufe celui d'entre les
„ Philofophes qu'Hermachus lui aura choifi. Je
„ lui recommande d'être modefte, & d'obéir en-
;, tiérement à Hermachus.

„ Amynomaque & Timocrate, après avoir
„ pris l'avis d'Hermachus, prendront du revenu
„ de mes biens ce qu'il faudra pour leur nourri-
„ ture & pour leur entretien. Il jouïra, com-
„ me eux, de la part & portion que je lui donne
„ dans ma fucceffion, parce qu'il a vieilli avec
„ nous, dans la recherche des découvertes que
„ nous avons faites fnr la nature, & que nous
„ l'avons laiffé pour notre fucceffeur à l'école
„ que nous avons établie; ainfi il ne fera rien
„ fait fans fon confeil. La fille, lors de fon
„ mariage, fera dôtée felon les biens que je.
„ laiffé. Amymomaque & Timocrate en délibe-
„ reront avec Hermachus.

„ On aura foin de Nicanor, ainfi que nous
„ avons fait. Il eft jufte que tous ceux, qui
„ ont été les compagnons de nos études, qui y
„ ont contribué de tout ce qu'ils ont pû, & qui
„ fe font fait un honneur de vieillir avec nous
„ dans la fpéculation des fciences, ne manquent
„ point, autant que nous pourrons, des cho-
„ fes qui leur font néceffaires pour le fuccès de
„ leurs découvertes. Je veux qu'Hermachus ait
;, tous mes livres.

„ S'il arrive qu'Hermachus meure avant que
„ les

„ les enfans de Métrodore foient en âge, j'or-
„ donne qu'Amynomaque & Timocrate fe char-
„ gent de leur conduite, afin que tout fe paffe
„ avec honneur, & qu'ils proportionnent la dé-
„ penfe, qu'il faudra faire pour eux, à la valeur
„ de mes biens.

„ Au refte je fouhaite qu'autant qu'il fera pos-
„ fible, toutes ces difpofitions foient exécutées de
„ point en point, conformément à ma volonté.
„ Entre mes efclaves, j'affranchis Mus, Nicias,
„ & Lycon; je donne auffi la liberté à Phédrion".

Voici une lettre qu'il écrivit à Idomenée, é-
tant près de mourir.

„ Je vous écrivois au plus heureux jour de
„ ma vie, puifque c'étoit le dernier. Je souffrois
„ tant de douleurs dans la veffie & dans les in-
„ teftins, que rien n'en pouvoit égaler la vio-
„ lence; néanmoins le souvenir de mes raifonne-
„ mens fur la Philofophie & de mes découvertes
„ fur la nature charmoit tellement mon efprit,
„ que ce m'étoit une grande confolation contre
„ les maux du corps. Je vous recommande
„ donc, au nom de cette amitié que vous avez
„ toujours eue pour moi, & de ce noble pen-
„ chant que dès votre jeuneffe vous avez eu
„ pour la Philofophie, de foutenir les enfans de
„ Métrodore". Ce fut ainfi qu'il fit fon tes-
tament.

Il eut plufieurs difciples, tous fort fages &
cé-

célebres, entre autres Métrodore, Athenée, Timocrate & Sındes de Lampſaque ; mais dont le premier fut Métrodore, qui ne l'eut pas plû-tôt connu, qu'il ne s'en ſépara jamais , hormis un ſéjour de ſix mois qu'il fit chez lui, & d'où il revint trouver le Philoſophe.

Ce Métrodore fut un parfait honnête homme, ſelon ce qu'en écrit Epicure dans ſon livre *des Choſes importantes*. Il lui rend le même témoigna-ge dans le troiſieme livre qu'il intitule *Timocrate*. Il donna en mariage ſa ſœur Batithe à Idomenée, & prit pour maitreſſe une courtiſanne d'Athenes, appellée *Léontie*. Toujours ferme contre tout ce qui peut troubler l'ame, il fut intrépide con-tre les atteintes de la mort. C'eſt ce que rap-porte de lui Epicure dans ſon premier livre, in-titulé *Métrodore*. Il mourut en la cinquantieme année de ſon âge, ſept ans avant Epicure, qui parle ſouvent dans ſon teſtament du ſoin qu'il veut qu'on ait des enfans de ce Philoſophe, com-me étant déjà mort.

Métrodore eut un frere, appellé *Timocrate*, mais d'un eſprit brouillon, & dont on a dit quel-que choſe ci-devant. Voici le catalogue des livres qu'il compoſa : *Trois contre les Médecins. Un des Sens à Timocrate. De la Magnanimité. De la Maladie d'Epicure. Contre les Dialecticiens. Neuf livres contre les Sophiſtes. Du Chemin qu'il faut tenir pour arriver à la Sageſſe. De la Vicis-*

fitude des Chofes. Des Ricbeffes. Contre Démocri-
te. De la Nobleffe.

Polyene de Lampfaque , fils d'Athénodore ,
fut encore un des difciples d'Epicure. Philodeme dit que fes mœurs avoient tant de douceur &
d'agrément, qu'il étoit univerfellement aimé.

Il y eut auffi Hermaque , fils d'Agemarque
Mitylénien, qui fuccéda à l'école d'Epicure. Il
avoit beaucoup de mérite; mais quoique né d'un
pere pauvre, cela n'empêcha pas qu'il ne s'ap-
pliquât à la Rhétorique. Voici quelques-uns de
fes livres dont on fait beaucoup de cas , outre
vingt-deux Epîtres qu'il écrivit contre Empedocles. Il fit un traité *des Sciences* contre Platon,
contre Ariftote, & mourut chez Lyfias avec la
grande réputation qu'il s'étoit acquife.

Léonte de Lampfaque & fa femme Themifta
affifterent auffi aux leçons d'Epicure dans la Philofophie. Cette femme eft la même à qui il écrivoit, comme on l'a dit plus haut. Colotes, &
Idomenée, natif de la même ville , furent auffi
du nombre de fes principaux difciples , auxquels
on peut joindre Polyftrate, qui remplaça Hermaque dans l'école fondée par Epicure, ainfi que
Denys, qui la tint après lui, & auquel fuccéda
Bafilide.

Apollodore, qu'on appelloit *le Gouverneur des*
Jardins, & qui a écrit plus de quatre cens volu-
mes, s'eft fort diftingué parmi les fectateurs du
Phi-

Philosophe, sans oublier deux Ptolomées;
Melas; Leucus; Zénon Sydonien, qui laissa
quantité d'écrits & fut auditeur d'Apollodore; Demetrius, surnommé *Lacon*; Diogene de
Tarse, dont on a une description *des Ecoles Choi-*
sies; Orion & beaucoup d'autres, que les véritables Epicuriens n'appelloient que des *Sophistes*.

Il y a eu trois autres Epicures, dont l'un fut fils
de Léonte & de Themista; l'autre, natif de
Magnésie; & le quatrième, Gladiateur de profession.

Au reste Epicure a plus écrit lui seul qu'aucun
autre des Philosophes. On compte jusqu'à trois
cens livres de sa composition, sans autre titre
que celui-ci; *Ces ouvrages renferment les sentimens*
d'Epicure. En effet ils sont tous remplis de ses
propres idées. Chrysippe a voulu l'imiter dans
la multitude de ses écrits, remarque Carnéades,
qui à cette occasion l'appelloit *le Parasite des Li-*
vres d'Epicure, parce qu'il affectoit de l'égaler
en ce qui regardoit le nombre des productions;
aussi ses œuvres font-elles pleines de redites, de
choses mal digérées & avancées avec tant de précipitation, qu'il n'avoit pas de tems de reste pour
les relire & les corriger. D'ailleurs il a tellement farci ses livres de citations, qu'il y a
beaucoup plus de travail d'autrui que du sien
propre; défaut qu'il a en commun avec Zénon
& Aristote.

Les volumes d'Epicure se montent donc à la

Q 2

quantité que nous venons de dire; mais ceux, qui par l'excellence des matieres l'emportent fur les autres, font les trente-fept qu'il a compofés fur *la Nature*; ce qu'il nous a laiffé des *Atômes*, du *Vuide*, de l'*Amour*; un *Abrégé contre les Phyficiens*; des *Doutes contre ceux de Megare*; des *Opinions certaines des Sectes*; des *Plantes*; de la *Fin*; de la *Maniere qu'il faut juger*; *Cheredeme, ou des Dieux*; *Hegefinax, ou de la Sainteté*; quatre livres des *Vies*; des *Actions juftes*; fon *Néocle dedié à Themifta*; fon *Banquet*; *Euryloque à Métrodore*; de la *Vûe*; de l'*Angle, ou de l'Extrémité de l'Atôme*; de l'*Impalpabilité du Vuide*; du *Deftin*; des *Opinions fur les Paffions à Timocrate*; des *Préfages*; de l'*Exhortation*; des *Simulachres*; de la *Faculté d'imaginer*; fon *Ariftobule*; de la *Mufique*; de la *Juftice & des autres Vertus*; des *Dons & de la Grace*; *Polymede*; trois livres, intitulés *Timocrate*; cinq qu'il appelle *Métrodore*, & deux qu'il nomme *Antidore*; *Sentimens fur les Maladies à Mitras*; *Calliftolas*; de la *Royauté*; *Anaximene*; des *Epîtres*.

Je vais tâcher de donner un abrégé de ces ouvrages & de ce qu'il y enfeigne, en rapportaut trois lettres de ce Philofophe dans lesquelles il a compris fommairement toute fa Philofophie. Je marquerai quelles ont été fes principales opinions, & s'il y a d'autres chofes effentielles dans ce qu'il a écrit, j'en ferai mention; afin que

vous

vous puiffiez vous former à tous égards une idée
de ce Philofophe, fi tant eft que je puiffe en juger.
Sa premiere lettre s'adreffe à Hérodote & roule
fur la Phyfique; la feconde à Pythocles, &
dans laquelle il parle des Corps céleftes; la troifieme, adreffée à Menœcée, concerne la Morale.
Nous commencerons par la premiere, après avoir
touché quelque chofe de la maniere dont ce Philofophe partage la Philofophie.

Il la divife en trois parties, dont la premiere
donne des regles pour bien juger, la feconde traite de la Phyfique, & la troifieme de
la Morale. Celle, qui donne des regles, fert
d'introduction à la Philofophie & eft contenue
dans un ouvrage, intitulé *Canon*. La partie
Phyfique renferme la Théorie de la Nature, &
eft rédigée en trente-fept livres & Epîtres fur *les*
Chofes naturelles. La Morale roule fur le *Choix*
de la Volonté par rapport aux Biens & aux Maux,
& eft traitée dans fon livre de *la Conduite de la*
Vie, dans fes *Epîtres* & dans fon livre *des Fins*.
On joint ordinairement la partie, qui contient
les regles, avec la partie Phyfique; combinaifon
qu'on appelle *Caractere de vérité*, *Principes* &
premiers Elemens de la Philofophie. La partie
Phyfique eft intitulée, *De la Génération*, *De la*
Corruption, & *De la Nature*. La partie Morale
eft connue fous ces noms, *Des Chofes qu'il*
faut choifir & éviter, *Des Vies & De la Fin*.

Au

Au refte les Epicuriens rejettent la Dialectique comme fuperflue, & en donnent pour raifon que ce que les Phyficiens difent fur les noms des chofes fuffit.

Epicure dit donc, dans fon livre intitulé, *Canon*, que *les Moyens de connoître la vérité, font les fens, les notions antécédentes & les paffions* (1). Les fectateurs de ce Philofophe y ajoutent *les idées* qui fe préfentent à l'efprit; & voici ce qu'Epicure lui-même dit dans fon *Abrégé à Hérodote*, & dans fes opinions principales. Les fens, dit-il, ne renferment point de raifon, ils ne confervent aucun fouvenir des chofes; car ils ne fe meuvent point eux-mêmes & ne peuvent, ni rien ajouter au mouvement qu'ils reçoivent, ni en rien diminuer. Ils ne font auffi foumis à aucune direction; car une fenfation homogene ne peut en rectifier une autre de même efpece, parce qu'elles ont une force égale; non plus qu'une fenfation hétérogene n'en peut rectifier une femblable, parce que les objets, dont elles jugent, ne font pas les mêmes. Pareillement différentes fenfations ne peuvent fe rectifier l'une l'autre, vû que dans ce que nous difons, nous avons égard à toutes. On ne peut pas même dire que la raifon conduife les fens, puifqu'elle dépend d'eux.

(1) Le mot de *paffions* fe prend ici pour *fentimens* ou *fens*.

d'eux. Ainfi la réalité des fenfations établit la certitude des fens. En effet, il eft auffi certain que nous voyons & que nous entendons, qu'il eft certain que nous fentons de la douleur; de forte qu'il faut juger des chofes, que nous n'appercevons point, par les fignes que nous en donnent celles que nous découvrons. On doit encore convenir que toutes nos idées viennent des fens, & fe forment par incidence, par analogie, reffemblance & compofition, à l'aide du raifonnement, qui y contribue en quelque forte. Les idées même des gens qui ont l'efprit troublé, & celles, qui nous naiffent dans les fonges, font réelles, puisqu'elles fe trouvent accompagnées de mouvement, & que ce qui n'exifte pas, n'en peut produire aucun.

Par ce que les Epicuriens appellent *notions antécédentes*, ils entendent une efpece de compréhenfion, foit opinion vraye, foit penfée, ou acte inné & univerfel de l'entendement, c'eft-à-dire le fouvenir d'une chofe qui s'eft fouvent repréfentée à nous extérieurement, comme dans cette propofition: *L'homme eft difpofé de cette maniere.* En même tems que le mot d'*homme* fe prononce, l'idée de la figure de l'homme fe repréfente à l'efprit en vertu des notions antécédentes, dans lesquelles les fens nous fervent de guide. Ainfi l'évidence d'une chofe eft liée avec le nom qu'elle porte originairement. En effet nous ne faurions

rions

rions rechercher une chofe, fans nous avoir formé auparavant l'idée de l'objet qui fait le fujet
de notre recherche. Par exemple, pour juger fi
une chofe, qu'on voit de loin, eft un cheval
ou un bœuf, il faut avoir premiérement l'idée de
ces deux animaux; & nous ne pourrions nommer
aucune chofe, fans en avoir auparavant acquis
l'idée par les notions antécédentes, d'où s'enfuit que ces notions font évidentes.

Il faut encore remarquer que toute opinion,
que l'on conçoit, dépend d'une chofe antécédente déjà connue comme évidente, & à laquelle
nous la rapportons, comme dans cette queſtion :
D'où favons-nous que c'eſt-là un homme ou non ?
Les Epicuriens donnent auſſi à ces opinions le
nom de *croyance*, qu'ils diſtinguent en vraye &
en fauſſe. La vraye eſt celle que quelque témoignage, ou appuye, ou ne combat; la fauſſe
n'a aucun témoignage en fa faveur, ou n'en a d'autre que contre elle. C'eſt ce qui leur a fait in-
troduire fur ce fujet l'expreſſion d'*attendre*, comme, par exemple, d'attendre qu'on ſoit proche
d'une tour pour juger de près de ce qu'elle eſt.

Il reconnoiſſent deux paſſions, auxquelles tous
les animaux font fujets; le plaifir & la douleur.
Ils difent que l'une de ces paſſions nous eſt naturelle, l'autre étrangere, & qu'elles nous fervent
à nous déterminer dans ce que nous avons à choifir & à éviter par rapport aux biens & aux maux.

Ils.

Ils diſtinguent auſſi les queſtions en celles qui regardent les choſes mêmes, & en d'autres qui concernent leurs noms. Voilà ce qu'il falloit dire ſur la maniere dont ces Philoſophes partagent la Philoſophie & ſur ce qu'ils enviſagent comme caractere de vérité.

Revenons à préſent à la lettre dont nous avons fait mention.

Epicure à Hérodote. Joye.

Comme il y a des gens, ſavant Hérodote, qui ne peuvent abſolument ſe réſoudre à examiner toutes les queſtions que nous avons traitées ſur la Nature, ni à donner leur attention aux grands ouvrages que nous avons publiés ſur ce ſujet, j'ai réduit toute la matiere en un Abrégé, afin que, pour autant qu'il m'a paru ſuffire à aider leur mémoire, il leur ſerve de moyen à ſe rappeller facilement mes opinions en général, & que par ce ſecours ils retiennent en tout tems ce qu'il y a de plus eſſentiel, ſelon le dégré auquel ils auront porté l'étude de la Nature. Ceux même, qui ont fait quelques progrès dans la contemplation de l'Univers, doivent avoir préſente à l'eſprit toute cette matiere, qui conſiſte dans ſes premiers élemens, puiſque nous avons plus ſouvent beſoin d'idées générales que d'idées particulieres. Nous nous attacherons donc à cette matie-

Q 5   re

re & à ces élemens, afin que traitant les questions principales , on se rappelle les particulieres, & qu'on s'en fasse de justes idées par le moyen d'idées générales dont on aura conservé le souvenir. D'ailleurs l'essentiel dans ce genre d'étude est de pouvoir se servir promptement de ses idées lorsqu'il faut se rappeller les élemens simples & les termes, parce qu'il est impossible que l'on traite abondamment les choses générales, si on ne sait pas réduire le tout en peu de mots & comprendre en raccourci ce qu'on a auparavant soigneusement examiné par parties. Ainsi cette méthode sera utile à tous ceux qui se seront appliqués à l'étude de la Nature; & comme cette étude contribue à divers égards à la tranquillté de la vie , il est nécessaire que je fasse un pareil Abrégé, dans lequel je traite de tous les dogmes par leurs premiers élemens.

Pour cela , il faut premiérement, Hérodote, acquerir la connoissance des choses qui dépendent de la signification des mots, afin de pouvoir juger de celles dont nous concevons quelque opinion, ou quelque doute , ou que nous cherchons à connoître , & afin qu'on ne nous mene pas jusqu'à l'infini, ou que nous-mêmes ne nous bornions point à des mots vuides de sens. Car il est nécessaire que nous soyions au fait de tous les termes qui entrent dans une notion antécédente, & que nous n'ayions besoin de la dé-

mon-

montrer à aucun égard. Par ce moyen nous pourrons l'appliquer, ou à la queſtion que nous agi-
tons, ou au doute que nous avons, ou à l'opinion que nous concevons. La même méthode
eſt néceſſaire par rapport aux jugemens qui ſe font
par les ſens, & par les idées qui viennent, tant
de l'eſprit que de tel autre caractere de vérité que
ce ſoit. Enfin il faut agir de la même maniere
touchant les paſſions de l'ame, afin que l'on puiſſe diſtinguer les choſes ſur lesquelles il faut ſuſ-
pendre ſon jugement, & celles qui ne ſont pas
évidentes. Cela étant diſtinctement compris,
voyons ce qui regarde les choſes qui ne ſont
pas connues.

Premiérement il faut croire que rien ne ſe fait
de rien; car ſi cela étoit, tout ſe feroit de tout,
& rien ne manqueroit de ſemence. De plus, ſi
les choſes, qui diſparoiſſent, ſe réduiſoient à
rien, il y a long-tems que toutes choſes ſeroient
détruites, puiſqu'elles n'auroient pû ſe réſoudre
dans celles que l'on ſuppoſe n'avoir pas eu d'exiſtence. Or l'Univers fut toujours tel qu'il eſt,
& ſera toujours dans le même état, n'y ayant
rien en quoi il puiſſe ſe changer. En effet outre l'Univers, il n'exiſte rien en quoi il puiſſe
ſe convertir & ſubir un changement. Epicure
ſoutient auſſi cette opinion dès le commencement de ſon grand *Abrégé*, & voici ce qu'il dit

dans le premier livre de fon ouvrage fur *la Nature.*

L'Univers eft corporel. Qu'il y ait des corps, c'eft ce qui tombe fous les fens, felon lefquels nous formons des conjectures, en raifonnant fur les chofes qui nous font cachées, comme on l'a dit plus haut. S'il n'y avoit point de vuide, ni de lieu, ce qu'autrement nous défignons par le nom de *Nature impalpable*, les corps n'auroient point d'endroit où ils pourroient être, ni où ils pourroient fe mouvoir, quoiqu'il fóit évident qu'ils fe meuvent. Mais hors de là, il n'y a rien qu'on puiffe concevoir, ni par penfée, ni par voye de compréhenfion, ni par analogie tirée de chofes qu'on a comprifes; rien, non de ce qui concerne les qualités ou les accidens des chofes, mais de ce qui concerne la nature des chofes en général. Epicure propofe à peu près les mêmes principes dans le premier livre de fon ouvrage fur *la Nature*, & dans le quatorzieme & le quinzieme, ainfi que dans fon grand *Abrégé*. Quant aux corps, les uns font des affemblages, les autres des corps dont ces affemblages font formés. Ceux-ci font indivifibles & immuables, à moins que toutes chofes ne s'anéantiffent en ce qui n'eft point; mais ces corps fubfifteront conftamment dans les diffolutions des affemblages, exifteront par leur nature, & ne peuvent être diffous, n'y ayant rien en quoi & de quelle maniere ils puiffent fe

ré-

réfoudre. Auffi il faut de toute néceffité que les principes des corps foient naturellement indivifibles.

, L'Univers eft infini ; car ce qui eft fini a une
extrémité, & ce qui a une extrémité eft conçu
borné par quelque chofe. Donc ce qui n'a
point d'extrémité n'a point de bornes, & ce qui
n'a nulles bornes eft infini & fans terme. Or
l'Univers eft infini à deux égards, par rapport au
nombre des corps qu'il renferme, & par rapport
à la grandeur du vuide. Car fi le vuide étoit
infini, & que le nombre des corps ne le fût pas,
les corps n'auroient nulle part de lieu où ils puffent fe fixer; & ils erreroient difperfés dans le vuide,
parce qu'ils ne rencontreroient rien qui les arrê-
tât, & ne recevroient point de répercuffion.
D'un autre côté fi le vuide étoit fini & que les corps
fuffent infinis en nombre, cette infinité de corps
empêcheroit qu'ils n'euffent d'endroit à fe placer.

Ces corps folides & indivifibles, dont fe forment & dans lefquels fe réfolvent les affemblages, font diftingués par tant de fortes de
figures, qu'on n'en peut concevoir la variété.
En effet il eft impoffible de fe repréfenter qu'il
y ait tant de conformations différentes de corps
indivifibles. Au refte, chaque efpece de figure d'atômes renferme des atômes à l'infini ; mais
ces efpeces mêmes ne font pont infinies, elles
font feulement incompréhenfibles en nombre :
car, comme Epicure l'enfeigne plus bas, il n'y

a point de divifibilité à l'infini; ce qu'il dit réfa-
tivement au changement de qualités que fubiffent
les atômes, afin qu'on ne les fuppofe pas infinis,
uniquement par rapport à leur grandeur.

Les atômes font dans un mouvement continuel, & Epicure dit plus bas qu'ils fe meuvent
avec la même viteffe, parce que le vuide laiffe fans ceffe le même paffage au plus leger,
comme au plus pefant. Les uns s'éloignent des
autres à une grande diftance, les autres tournent
enfemble lorfqu'ils font inclinés à s'entrelaffer, ou
qu'ils font arrêtés par ceux qui les entrelaffent.
Cela fe fait par le moyen du vuide, qui fépare
les atômes les uns des autres, ne pouvant lui-
même rien foutenir. Leur folidité eft caufe qu'ils
s'élancent par leur collifion, jufqu'à ce que leur
entrelaffement les remette de cette collifion. Les
atômes n'ont point de principe, parce qu'avec le
vuide ils font la caufe de toutes chofes. Epicure dit auffi plus bas qu'ils n'ont point de qualité,
excepté la figure, la grandeur & la pefanteur,
& dans le douzieme livre de fes *Elemens*, que leur
couleur change felon leur pofition. Ils n'ont pas
non plus toutes fortes de grandeurs, puifqu'il
n'y en a point dont la grandeur foit vifible.
L'atôme, ainfi conçu, donne une idée fuffifante
de la Nature.

Il y a des mondes à l'infini, foit qu'ils réffem-
blent à celui-ci, ou non; car les atômes étant

in-

infinis, comme on l'a montré, font transportés
dans le plus grand éloignement, & comme ils ne
font pas épuisés par le monde qu'ils servent à
former, n'étant tous employés ni à un seul, ni
à plusieurs mondes bornés, soit qu'ils soient semblables, soit qu'ils ne le soient pas, rien n'empêche qu'il ne puisse y avoir à l'infini des mondes conçus de cette maniere.

Il y a encore des formes, qui par la figure
ressemblent aux corps solides, & surpassent de
beaucoup par leur ténuité les choses sensibles.
Car rien n'empêche qu'il ne se forme dans l'air
de ces sortes de séparations, ou qu'il y ait des
propriétés formées par le moyen de cavités & de
ténuités, ou qu'il se fasse des émanations de
parties qui conservent la même position & le même ordre qu'elles avoient dans les solides. Ces
formes font ce que nous appellons des *images*,
dont le mouvement, qui se fait dans le vuide,
ne rencontrant rien qui l'arrête, a une telle
vélocité qu'il parcourt le plus grand espace ima-
ginable en moins de tems qu'il soit possible, parce qu'il ne reçoit ni plus ni moins de vitesse, ou
de lenteur par la répulsion & la non-répulsion (1).
Il ne faut pourtant pas croire qu'un corps, qui
est porté en bas dans un tems mesurable, par-
viens

(1) *Kühnius* remarque que les idées de cette lettre sont
fort confuses.

vienne en plufieurs endroits à la fois ; car c'eft dequoi on ne peut fe former d'idée , & pouvant venir également de quelque endroit du vuide que ce foit dans un tems fenfible, il ne fera point parti de l'endroit que nous croyons, parce que fans fuppofer même que la viteffe de fon mouvement ne rencontre point de répulfion, celle-ci ne le retarde pas. Il eft important de retenir ce principe, parce que les images, que nous voyons, tirent leur ufage de celles qui font de cette ténuité. Elle fait auffi que ces images ne peuvent être fujettes à des difficultés, prifes des ehofes qu'on voit. C'eft encore là ce qui produit leur viteffe incomparable, qui les rend propres à toutes fortes de mouvemens, afin qu'elles ne caufent que peu ou point de réfiftance dans le vuide; au-lieu qu'étant en grand nombre, ou plûtôt innombrables, elles en rencontrent d'abord quelqu'une. Il faut encore remarquer que ces images fe forment en même tems que naît la penfée, parce qu'il fe fait continuellement des écoulemens de la fuperficie des corps, lesquels ne font pas fenfibles aux fens, trop groffiers pour s'en appercevoir. Ces écoulemens confervent long-tems la pofition & l'ordre des atômes dont ils font formés , quoiqu'il y arrive quelquefois de la confufion. D'ailleurs ces affemblages fe font promptement dans l'air, parce qu'il n'eft pas néceffaire qu'ils ayent de profondeur. Outre

ces

ees manieres, il y en a encore d'autres dont fe
forment ces fortes de natures. Rien de tout cela
ne contredit les fens, fi on confidére la maniere
dont les images produifent leur effets, & comment
elles nous donnent un fentiment des objets extérieurs. Il faut fuppofer auffi que c'eft par le
moyen de quelque chofe d'extérieur que nous
voyons les formes & que nous en avons une idée
diftincte; car un objet, qui eft hors de nous, ne
peut nous imprimer l'idée de fa nature, de fa
couleur & de fa figure autrement que par l'air
qui eft entre lui & nous, & par les rayons, ou
efpeces d'écoulemens qui parviennent de nous
jufqu'à l'objet. Nous voyons donc par le moyen
des formes, qui fe détachent des objets mêmes,
de leur couleur, de leur reffemblance, & qui pé-
nétrent, à proportion de leur grandeur & avec
un mouvement extrêmement prompt, dans la vûe
ou dans la penfée. Enfuite ces formes nous ayant
donné de la même maniere l'idée d'un objet unique & continu, & confervant toujours leur conformité avec l'objet dont elles font féparées,
nourries d'ailleurs par les atômes qui les produifent, l'idée que nous avons reçue dans la penfée,
ou dans les fens, foit d'une forme, foit d'un accident, nous repréfente la forme même du folide
par le moyen des efpeces qui fe fuccédent (1).

Ii

(1) Voyez *Kühnius.*

Il y a erreur dans ce que nous concevons, s'il n'eft confirmé par un témoignage, ou s'il eft contredit par quelque autre; c'eft-à-dire, fi ce que nous concevons n'eft pas confirmé par le mouvement qui s'excite en nous-mêmes conjointement avec l'idée qui nous vient, & qui eft fufpendu dans les cas où il y a erreur. Car la reffemblance des chofes que nous voyons dans leurs images, ou en fonge, ou par les penfées qui tombent dans l'efprit, ou par le moyen de quelque autre caractere de vérité, ne feroit pas conforme aux chofes qu'on appelle exiftantes & véritables, s'il n'y en avoit pas d'autres auxquelles nous rapportons celles-là, & fur lefquelles nous jettons les yeux. Pareillement il n'y auroit point d'erreur dans ce que nous concevons, fi nous ne recevions en nous-mêmes un autre mouvement, qui eft bien conjoint avec ce que nous concevons; mais qui eft fufpendu. C'eft de ce mêlange d'une idée étrangère avec ce que nous concevons, & d'une idée fufpendue que provient l'erreur dans ce que nous concevons, & qui fait qu'il doit, ou être confirmé, ou n'être pas contredit. Au contraire, nos conceptions font vrayes, lorfqu'elles font confirmées, ou qu'elles ne font pas contredites. Il importe de bien retenir ce principe, afin qu'on ne détruife pas les caracteres de vérité entant qu'ils concernent les actions, ou que l'erreur, ayant un égal dégré d'évidence,

n'oc:

s'occafionne une confufion générale.

L'ouïe fe fait pareillement par le moyen d'un fouffle qui vient d'un objet parlant, ou refonnant, ou qui caufe quelque bruit, ou en un mot de tout ce qui peut exciter le fens de l'ouïe. Cet écoulement fe répand dans des parties fimilaires, qui confervent un certain rapport des unes avec les autres, & étendent leur faculté, comme une unité, jufqu'à ce qui reçoit le fon, d'où naît la plûpart du tems une fenfation de la chofe, qui a envoyé le fon, telle qu'elle eft; ou fi cela n'a pas lieu, on connoît feulement qu'il y a quelque chofe au dehors. Car fans une certaine fympathie tranfportée de l'objet qui refonne, il ne fe feroit point de femblable fenfation. On ne doit donc pas s'imaginer que l'air reçoit une certaine figure par la voix, ou par les chofes femblables qui frappent l'ouïe ; car il faudroit beaucoup d'effort pour que cela arrivât. C'eft la percuffion, que nous éprouvons à l'ouïe, d'une voix, laquelle fe fait par le moyen d'un écoulement de corpufcules, accompagné d'un fouffle leger, & propre à nous donner la fenfation de l'ouïe.

Il en eft de l'odorat comme de cet autre fens, puifque nous n'éprouverions aucune fenfation, s'il n'y avoit des corpufcules, qui, fe détachant des objets qui nous les communiquent, remuent les fens par la proportion qu'ils ont avec eux; ce que les uns font d'une maniere confufe &

con;

contraire, les autres avec ordre & d'une façon plus naturelle.

Outre cela, il faut croire que les atômes ne contribuent aux qualités des chofes, que nous voy. ons, que la figure, la pefanteur, la grandeur & ce qui fait néceffairement partie de la figure, parce que toute qualité eft fujette au changement; au-lieu que les atômes font immuables. En effet il faut que dans toutes les diffolutions des affemblages de matière il refte quelque chofe de folide qui ne puiffe fe diffoudre, & qui produife les changemens, non pas en anéantiffant quelque chofe, ou en faifant quelque chofe de rien; mais par des tranfpofitions dans la plûpart, & par des additions & des retranchemens dans quelques autres. Il eft donc néceffaire que les parties des corps, qui ne font point fujettes à tranfpofition, foient incorruptibles, auffi-bien que celles dont la nature n'eft point fujette à changement, mais qui ont une maffe & une figure qui leur font propres. Il faut donc que tout cela foit permanent, puifque, par exemple, dans les chofes, que nous changeons nous-mêmes de propos déliberé, on voit qu'elles confervent une certaine forme ; mais que les qualités, qui ne réfident point dans le fujet même que l'on change, n'y fubfiftent pas, & qu'au contraire elles font féparées de la totalité du corps. Les parties, qui fe maintiennent

dans

dans le fujet, ainfi changé, fuffifent pour former les différences, des compofitions, & il doit
refter quelque chofe, afin que tout ne fe corrompe
pas jufqu'à s'anéantir.

Il ne faut pas croire que les atômes renferment toutes fortes de grandeurs, car cela feroit
contredit par les chofes qui tombent fous les
fens ; mais ils renferment des changemens de
grandeur, ce qui rend auffi mieux raifon de ce
qui fe paffe par rapport aux fentimens & aux fenfations.   Il n'eft pas néceffaire encore, pour la
différence des qualités, que les atômes ayent
toutes fortes de grandeurs.   Si cela étoit, il y
auroit auffi des atômes que nous devrions appercevoir; ce qu'on ne voit pas qui ait lieu, & on
ne comprend pas non plus comment on pourroit
voir un atôme.   Il ne faut pas auffi penfer que
dans un corps terminé il y ait une infinité
d'atômes & de toute grandeur.   Ainfi non feulement on doit rejetter cette divifibilité à l'infini
qui s'étend jufqu'aux plus petites parties des corps;
ce qui va à tout exténuer, & en comprenant
tous les affemblages de matiere, à réduire à rien
les chofes qui exiftent.   Il ne faut pas non plus
fuppofer dans les corps terminés de tranfpofition
à l'infini, & qui s'étende jufqu'aux plus petites
parties, d'autant plus qu'on ne peut guères comprendre comment un corps, qu'on fuppoferoit
renfermer des atômes à l'infini ou de toute grandeur,

deur, peut être enfuite fuppofé avoir une dimen-
fion terminée. De plus, foit qu'on fuppofe (1)
cettains atômes infinis dans leur quantité, foit
qu'on mette cette infinité dans leurs quantités diverfes, cela devra toujours produire une
grandeur infinie. Cependant elle a une extrémité dans un corps terminé, & fi on ne peut la confidérer à part, on ne peut de même imaginer
ce qui fuit ; de forte qu'en allant toujours à
rebours, il faudra paffer par la penfée jufqu'à
l'infini.

Quant à ce qu'il y a de moindre dans l'atôme,
il faut confidérer qu'il n'eft ni entiérement
femblable aux parties qui reçoivent des changemens, ni entiérement différent d'elles, ayant
enfemble une certaine convenance, excepté
qu'il n'a point de parties diftantes ; mais comme,
à caufe de cette convenance, nous croyons en
féparer quelque chofe, tantôt à un égard, tan-
tot à l'autre, il agit fur nous comme s'il ne diffé-
roit point du tout du fujet. Et de même que
quand nous confidérons les objets de fuite, en
commençant par le premier, nous n'en mefu-
rons pas la grandeur en le confidérant en
lui-

---

(1) Voyez une note de *Ménage*. Nous devons avertir
que *Gaffendus* & d'autres Savans font diverfes corrections
fur cette lettre ; mais nous ne les adoptons pas toutes,
pour ne pas nous faire juges d'un fujet obfcur, d'autant
plus que les corrections ne s'accordent pas.

lui-même, ou par l'addition d'une partie à l'autre, mais par ce que chaque chofe eft en particulier, nous fervant d'une plus grande mefure pour les grandes & d'une plus petite pour les moindres, il faut penfer que la même analogie a lieu par rapport à ce qu'il y a de moindre dans l'atôme. Il différe par fa petiteffe de ce qui tombe fous les fens; mais il eft foumis à la même analogie; & quand nous difons que l'atôme a une grandeur fuivant cette analogie, nous ne parlons que de celle qui eft petite, & nous excluons celle qui s'étend en longueur. Il faut concevoir auffi les extrémités des longueurs comme étant petites & fans mélange, par où elles peuvent également fervir de mefure pour ce qui eft grand & petit, felon la maniere dont l'efprit confidére les chofes invifibles, la convenance, qu'elles ont avec les chofes qui ne font pas fujettes au changement, les rendant propres à les former jufque-là. Il ne peut fe faire de mouvement des atômes tout d'un côté, & lorfqu'on parle du haut & du bas par rapport à l'infini, il ne faut pas proprement l'appeller haut & bas, puifque ce qui eft au-deffus de notre tête, fi on le fuppofe aller jufqu'à l'infini, ne peut plus être apperçu, & que ce qui eft fuppofé au-deffous fe trouve être en même tems fupérieur & inférieur par rapport au même fujet; & cela à l'infini. Or c'eft dequoi il eft impoffible de fe former d'idée;

il

Il vaut donc mieux suppofer un mouvement à
l'infini qui aille vers le bas, quand même ce qui,
par rapport à nous, eft fupérieur toucheroit une
infinité de fois les pieds de ceux qui font au-deſ-
fus de nous, & que ce qui, par rapport à nous,
eft inférieur toucheroit la tête de ceux qui font
au-deſſous de nous; car cela n'empêche pas que
le mouvement entier des atômes ne foit conçu
en des fens oppofés l'un à l'autre à l'infini.

Les atômes ont tous une égale viteſſe dans le
vuide, où ils ne rencontrent aucun obſtacle. Les
legers ne vont pas plus lentement que ceux qui
ont plus de poids, ni les petits moins vite que
les grands, parce que n'y ayant rien qui en arrête le cours, leur viteſſe eft également proportionnée, foit que leur direction les porte vers le
haut, ou qu'elle devienne oblique par collifion, ou qu'elle tende vers le bas en conféquence de leur propre poids. Car autant qu'un atôme retient l'autre, autant celui-ci employe de
mouvement contre lui avec une action plus prompte que la penſée, jufqu'à ce qu'il n'y ait plus
rien qui lui réſiſte, foit au dehors, foit dans
fon propre poids. D'ailleurs un atôme n'a pas
plus de vélocité que l'autre dans les compofitions, parce qu'ils ont encore une viteſſe égale,
rélativement aux aſſemblages qu'ils forment, &
dans le moindre tems continué. Que s'ils ne
font pas portés dans un même lieu, & qu'ils

foient

foient fouvent repouffés, ils feront tranfportés par des tems mefurables, jufqu'à ce que la continuité de leur tranfport tombe fous les fens. Car l'opinion où l'on eft touchant ce qui eft invifible, que les efpaces de tems, qu'on peut mefurer, emportent un tranfport continu, n'eft pas véritable dans le fujet dont il s'agit, puifque tout ce que l'on confidére, ou que l'efprit peut concevoir, n'eft point exactement vrai. Après tout ceci, il eft à propos d'examiner ce qui concerne l'ame (1), rélativement aux fens & aux paffions. Par-là on achevera de s'affûrer que l'ame eft un corps, compofé de parties fort menues, & difperfées dans tout l'affemblage de matiere qui forme le corps. Elle reffemble à un mêlange d'air & de chaleur, temperé de manière qu'à quelques égards elle tient plus de la nature de l'air, & qu'à d'autres elle participe plus de la nature de la chaleur. En particulier elle eft fujette à beaucoup de changemens, à caufe de la petiteffe de ces parties dont elle eft compofée, & qui rendent auffi d'autant plus étroite l'union qu'elle a avec le corps. Les ufages de l'ame paroif-

(1) Il femble que de ce début & de ce qui fuit on pourroit conclure qu'Epicure n'a pas eu deffein de faire dans cette lettre un Syftême fuivi de fes idées, & qu'elle ne contient que des principes détachés, entre lefquels il ne faut peut-être pas chercher une auffi grande liaifon grammaticale que l'ont fait les Interprètes que nous fuivons. Les plaintes, qu'ils font fur la confufion qui regne dans ce Syftême, doivent nous fervir de juftification fur l'obfcurité de ce morceau.

Tome II.   R

roissent dans ses passions, dans la facilité de ses mouvemens, dans ses pensées & autres fonctions, dont le corps ne peut être privé sans mourir. La même chose paroît encore en ce que c'est l'ame, qui est la principale cause de la sensation. Il est bien vrai qu'elle ne la recevroit pas, si elle n'étoit revêtue du corps. Cet assemblage de matiere est nécessaire pour la lui faire éprouver; il la reçoit d'elle; mais il ne la possede pas de même, puisque lorsque l'ame quitte le corps, il est privé de sentiment. La raison en est qu'il ne le possede pas en lui-même, mais en commun avec cette autre partie que la Nature a préparée pour lui être unie, & qui, en conséquence de la vertu qu'elle en a reçue, formant par son mouvement le sentiment en elle-même, le communique au corps par l'union qu'elle a avec lui, comme je l'ai dit. Aussi, tant que l'ame est dans le corps, ou qu'il n'arrive pas de changement considérable dans les parties de celui-ci, il jouït de tous les sens; au contraire elle périt avec le corps, dont elle est revêtue, lorsqu'il vient à être dissous ou en tout, ou dans quelque partie essentielle à l'usage des sens. Ce qui reste alors de cet assemblage, soit le tout, soit quelque partie, est privé du sentiment qui se forme dans l'ame par un concours d'atômes. Pareillement cette dissolution de l'ame & du corps est cause que l'ame se disperse, perd les forces qu'el-

qu'elle avoit, auffi-bien que le mouvement & le
fentiment. Car il n'eft pas concevable qu'elle
conferve le fentiment, n'étant plus dans la même fituation qui lui donnoit les mouvemens qu'elle a à préfent, parce que les chofes, dont elle
eft environnée & revêtue, ne font pas femblables à celles par le moyen defquelles elle a maintenant fes mouvemens.

Epicure enfeigne encore la même doctrine
dans d'autres endroits, & ajoute que l'ame eft
compofée d'atômes ronds & legers, fort différens de ceux du feu ; que la partie irraifonnable
de l'ame eft difperfée dans tout le corps ; & que
la partie raifonnable réfide dans la poitrine, ce
qui eft d'autant plus évident, que c'eft-là où la
crainte & la joye fe font fentir.

Le fommeil eft l'effet de la laffitude qu'éprouvent les parties de l'ame qui font difperfées dans
le corps, ou de celles qui y font retenues, ou
y errent & tombent avec celles parmi lefquelles
elles font répandues. La vertu générative provient de toutes les parties du corps, & il faut
prendre garde à ce que dit Epicure, qu'elle n'eft
point incorporelle. Car il prend feulement le
mot d'*incorporel* comme un terme en ufage, &
non comme voulant dire qu'il y ait quelque chofe d'incorporel confidéré en lui-même, vû que
rien n'eft par lui-même incorporel, hormis le
vuide, lequel auffi ne peut ni agir, ni recevoir

d'acd'action; il ne fait que laiffer un libre cours aux corps qui s'y meuvent. De là il fuit que ceux, qui difent que l'ame eft incorporelle, s'écartent du bon fens, puifque fi cela étoit, elle ne pourroit ni avoir d'action, ni recevoir de fentiment. Or nous voyons clairement que l'un & l'autre de ces accidens ont lieu par rapport à l'ame. Si on applique tous ces raifonnemens à la nature de l'ame, aux paffions & aux fenfations, en fe fouvenant de ce qui a été dit dans le commencement, on connoîtra affez les idées qui font comprifes fous cette defcription, pour pouvoir fe conduire fûrement dans l'examen de chaque partie de ce fujet.

On ne doit pas croire que les figures, les couleurs les grandeurs, la pefanteur & les autres qualités, qu'on donne à tous les corps vifibles & connus par les fens, ayent une exiftence par eux-mêmes, puifque cela ne fe peut concevoir. On ne doit point les confidérer comme un Tout, en quel fens ils n'exiftent pas, ni comme des chofes incorporelles réfidantes dans le corps, ni comme des parties du corps. Il ne faut les envifager que comme des chofes, en vertu defquelles le corps a une effence conftante, & non pas comme fi elles y étoient néceffairement comprifes. On ne doit pas les regarder fur le même pied que s'il en réfultoit un plus grand affemblage d'atômes, ou qu'el

qu'elles fuſſent les principes de la grandeur du
Tout, ou de la petiteſſe d'une partie. Elles ne
font, comme je dis, que contribuer à ce que le
corps ait par leur moyen une eſſence conſtante.
Il faut remarquer qu'il arrive en tout cela des
additions & des interruptions; mais en ſup-
poſant que l'aſſemblage ſuive enſemble & ne
ſoit pas diviſé, parce que c'eſt en conſéquen-
ce de la réunion de ce qui compoſe le-corps,
qu'il reçoit ſa dénomination (1). Il arrive ſouvent aux corps d'être accompagnés de quelque
choſe qui n'eſt pas conſtant, qui n'a point lieu
entant qu'il ne tombe pas ſous la vûe, & qui
n'eſt point incorporel. En prenant donc ce
mot ſuivant le ſens qui y eſt le plus généralement
attaché, nous donnons à entendre que les accidens n'ont point la nature du Tout que nous appellons *Corps*, en réuniſſant tout ce qui entre
dans ſon eſſence, non plus que celle des qualités qui l'accompagnent toujours,& ſans lesquelles
on ne peut avoir aucune idée du corps. On
ne doit les conſidérer que comme des choſes qui
accompagnent l'aſſemblage du corps par une eſpece

(1) *Fougerolles* a ſauté ici une douzaine de périodes, &
y a ſubſtitué un diſcours de ſa façon. *Boileau* en a omis
une partie, en abrégeant & paraphraſant le reſte. Les
Interprêtes Latins ne diſent rien ſur le ſens de ce morceau, qui eſt d'une obſcurité ſans pareille. Ainſi on ne
doit pas ſe plaindre de celle de notre verſion; heureuſe-
ment ce ſont des idées aſſez inutiles.

ce d'addition. Quelquefois même on envifage
les qualités féparément, d'autant que les accidens
ne les fuivent pas toujours. On ne fauroit même nier que ce qui eft ainfi, n'eft ni de la nature du Tout à qui il furvient quelque chofe &
que nous nommons Corps, ni de la nature des
chofes qui l'accompagnent conftamment, ni qu'il
ne doive point être regardé comme fubfiftant
par lui-même. Car il ne faut penfer cela ni des
accidens, ni des attributs conftans; au contraire, ainfi qu'il paroît, tous les corps font des
accidens qui n'ont point de fuite néceffaire, ni
d'ordre naturel, & qui doivent être confidérés
tels que les fens fe les repréfentent. Il faut avoir
attention à ce principe, parce que nous ne devons pas rechercher la nature du tems de la maniere dont nous recherchons les autres chofes
qui font dans quelque fujet, en les rapportant
aux notions antécédentes que nous en avons en
nous-mêmes. On en doit parler felon l'effet même qui nous le fait appeller court ou long, fans
chercher là-deffus d'autres manieres de nous exprimer, comme fi elles étoient meilleures. Il
faut fe fervir de celles qui font en ufage, & ne
point dire d'autres chofes fur ce fujet, comme
fi elles étoient fignifiées par le langage ordinaire,
ainfi que font quelques-uns. Il n'y a feulement
qu'à prendre garde que dans ces expreffions nous
joignions enfemble l'idée propre du tems, &
que

que nous le mesurions. En effet ce n'est pas ici
un sujet où il s'agisse de démonstration; il ne demande que de l'attention. Par les jours, les
nuits, & leurs parties nous joignons le tems ensemble. Et comme les passions, la tranquillité,
le mouvement & le repos que nous éprouvons,
nous font joindre quelque chose d'accidentel avec
ces sentimens, de même aussi lorsque nous pensons de nouveau à ces parties de la durée, nous
leur donnons le nom de tems. Epicure enseigne la même chose dans son second livre *de la
Nature* & dans son grand *Abrégé*.

Il ajoute à ce que nous avons dit ci-devant,
qu'il faut croire que les mondes ont été produits
de tout tems, suivant toutes les sortes de compositions, semblables à celles que nous voyons,
& différentes les unes des autres par des changemens qui leur sont propres, soit grands, ou
moindres, & que pareillement toutes choses se
dissolvent, les unes promptement, les autres
plus lentement, les unes & les autres par diverses causes de différente maniere. Il paroît de là
qu'Epicure faisoit consister la corruptibilité des
mondes dans le changement de leurs parties.

En d'autres endroits il dit que la terre est portée par l'air comme dans un char. Il ajoute
qu'on ne doit pas croire que les mondes ayent
nécessairement la même configuration. Au
contraire, dans son douzieme livre *de la Nature*

il affirme qu'ils font différens, les uns étant fphé-
riques, les autres ovales & d'autres autrement
figurés, quoiqu'il ne faille pas fuppofer qu'il y
en ait de toutes fortes de formes. Epicure ne
croit pas que l'infini foit la caufe des diverfes
efpeces d'animaux, parce qu'on ne fauroit dire
dans cette fuppofition pourquoi telles femences
d'animaux, de plantes & d'autres chofes fe trouvent dans tel autre, puifqu'ils reçoivent tous la
même nourriture. Il avance les mêmes principes fur ce qui concerne la terre. Il croit auffi
que les hommes fe font beaucoup inftruits par
les circonftances des chofes qui les environnent
& par la néceffité, & que le raifonnement, s'étant
joint enfuite à cette inftruction, a examiné les
chofes plus foigneufement, faifant des découvertes plus promptes fur certaines chofes, &
plus tardives fur d'autres; de forte qu'il y en a
qu'il faut placer dans des tems fort éloignés de
l'infini, & d'autres dans des tems moins éloign-
nés. De là vient, dit-il, que les noms ne furent pas d'abord impofés aux chofes à deffein
comme ils le font, mais que les hommes, ayant
dans chaque pays leurs propres idées, les expri-
merent par un fon articulé, convenablement à
ces fentimens & à ces idées; que cette articulation fe trouva même différente felon les lieux;
qu'enfuite on convint dans chaque pays d'impofer certains noms aux chofes, afin de les faire

re connoître aux autres d'une maniere moins équivoque, & de les exprimer d'une façon plus abrégée; que ces expreſſions ſervirent à montrer des choſes, qu'on ne voyoit point, à, ceux qui ſavoient les y appliquer, & dont les unes doivent leur origine à la néceſſité, & les autres à ce qu'on a dû employer dans le discours, les mots qui étoient le plus en uſage.

Quant aux corps céleſtes, à leurs mouve-mens, leurs changemens, les éclipſes, le lever & le coucher du ſoleil, & autres phénomenes compris dans cette claſſe, on ne doit point s'ima-giner qu'ils ſe faſſent par le miniſtère de quelque Etre qui les ordonne, les arrange, & qui réunit en lui-même la béatitude & l'immortalité. Car les occupations, les ſoucis, les coleres & la joye ne ſympathiſent point avec la félicité; tout cela ne peut venir que d'infirmité, de crainte & du beſoin des choſes néceſſaires. On ne doit pas croire non plus que ce ſoient des Natures de feu, qui, jouïſſant de la félicité, ſe ſoient accor-dées à recevoir volontairement ces mouvemens. Il faut obſerver tout cet arrangement de maniere que ces ſortes d'idées ne renferment rien qui pa-roiſſe contraire à la beauté de l'arrangement, cette contrariété ne pouvant que produire beau-coup de trouble dans nos eſprits. Ainſi il faut penſer que ces mouvemens s'exécutent ſuivant des Loix établies dès l'origine du monde, & que

ce

ce font des mouvemens périodiques qui fe font néceffairement. L'étude de la Nature doit être regardée comme deftinée à nous développer les caufes des principaux phénomenes, & à nous faire envifager les chofes céleftes fous une face qui contribue à notre bonheur, nous portant à confidérer, pour en acquérir une meilleure con-noiffance, l'affinité qu'elles ont avec d'autres chofes, & nous faifant obferver que la maniere diverfe dont fe font ces mouvemens, ou dont ils peuvent fe faire, pourroit encore renfermer d'autres différences; mais qu'il nous fuffit de fa-voir que la caufe de ces mouvemens ne doit point être cherchée dans une Nature bienheu-reufe & incorruptible, qui ne fauroit renfermer aucun fujet de trouble. Il ne s'agit que de pen fer pour concevoir que cela eft ainfi. Il faut dire de plus que la connoiffance des caufes du lever & du coucher du foleil, des folftices, des éclipfes & d'autres phénomenes femblables à ceux-là, ne produit point une fcience heureufe, puifque ceux, qui les connoiffent, ne laiffent pas d'être également craintifs, quoique les uns ignorent de quelle nature font ces phénomenes, & que les autres n'en favent point les véritables caufes, outre que quand même ils les connoî-troient, ils n'en auroient pas moins de crain-te, la fimple connoiffance à cet égard ne fuffifant pas pour bannir la terreur par rapport à

l'ar-

l'arrangement de ces chofes principales. De, là
vient que nous trouvons plufieurs caufes des folftices, du coucher & du lever du foleil, des
éclipfes, & d'autres mouvemens pareils, tout
comme nous en trouvons plufieurs dans les chofes
particulieres, quoique nous ne fuppofions pas
que nous ne les avons point examinées avec l'attention qu'elles · demandent entant qu'elles concernent notre tranquillité & notre bonheur.
Ainfi, toutes les fois que nous remarquons quelque chofe de pareil parmi nous, il faut confidérer qu'il en eft de même des chofes céleftes & de
tout ce que nous ignorons, & méprifer ceux qui
prétendent favoir qu'elles ne peuvent fe faire
que d'une feule maniere, qui ne parlent point
des divers accidens qui nous paroiffent y arriver,
à caufe de l'éloignement où nous en fommes, &
qui ne favent pas même dire dans quel afpect les
phénomenes céleftes ne doivent pas nous effrayer.
En effet, fi nous croyons que ces phénomenes,
fe faifant d'une certaine manière , ne doivent
pas nous troubler, ils ne devront pas non plus
nous caufer de l'inquiétude dans la fuppofition
qu'ils peuvent fe faire de plufieurs autres manieres.

Après cela, il faut abfolument attribuer la
principale caufe · des agitations de l'efprit des
hommes à ce qu'ils croyent qu'il y a des chofes
heureufes & incorruptibles, & qu'en même tems
ils ont des volontés contraires à cette croyance,

qu'ils

qu'ils fuppofent des caufes oppofées à ces biens &
agiffent directement contre ces principes, fur-tout
en ce qu'ils croyent des peines éternelles fur la foi
des fables, foit qu'ils s'affûrent qu'ils ont quelque chofe à craindre dans la mort, comme fi
l'ame continuoit à exifter après la deftruction du
corps, foit que n'admettant point ces idées, ils
s'imaginent qu'ils fouffriront quelque autre chofe
par une perfuafion déraifonnable de l'ame, qui
fait que ceux, qui ne définiffent point ce fujet
de crainte, font auffi troublés que d'autres qui
le croyent vainement. L'exemption de trouble
confifte à fe préferver de ces opinions, & à
conferver l'idée des chofes principales & univerfellement reconnues. Auffi il faut en tout avoir
égard à ce qui eft actuellement & aux fens, à
tous en commun pour des chofes communes, à
chacun en particulier pour des chofes particulieres, & en général à l'ufage de quelque caractere
de vérité que ce foit. Si on prend garde à
tout cela, on s'appercevra d'où viennent le trouble & la crainte qu'on reffent, & on s'en délivrera, foit qu'il s'agiffe des chofes céleftes, ou
des autres fujets qui épouvantent les hommes,
& dont on faura rendre raifon. Voilà, Hérodote, ce que nous avons réduit en abrégé fur
la nature de l'Univers. Si ces confidérations
font efficaces & qu'on ait foin de les retenir, je
crois que quand même on ne s'appliqueroit pas à

tou-

toutes les parties de cette étude, on ne laiſſera pas de ſurpaſſer le reſte des hommes en force d'eſprit; car tel parviendra lui-même à pluſieurs vérités particulieres en ſuivant cette route génẻrale que nous traçons, & s'il ſe les imprime dans l'eſprit, elles l'aideront toujours dans l'occaſion. Ces conſidérations ſont auſſi telles, que ceux, qui ont déjà fait des progrès dans l'étude particuliere de la Nature, pourront en porter plus loin la connoiſſance génerale, & que ceux, qui ne ſont pas conſommés dans cette ſcience, ou qui s'y ſont adonnés ſans l'aide d'un Maître, ne laiſſeront pas, en repaſſant ce cours de vérités principales, travailler efficacement à la tranquillité de leur eſprit.

Telle eſt la lettre d'Epicure ſur la Phyſique; voici l'autre, qui roule ſur les phénomenes céleſtes.

Epicure à Pythocles. Joye.

Cléon m'a apporté votre lettre, dans laquelle vous continuez à me témoigner une amitié qui répond à celle que j'ai pour vous. Vous y raiſonnez auſſi fort bien des idées qui contribuent à rendre la vie heureuſe, & vous me demandez ſur les phénomenes céleſtes un ſyſtême abrégé que vous puiſſiez retenir facilement, parce que ce que j'ai écrit là-deſſus dans d'autres ouvrages

eſt

eſt difficile à retenir, quand même, dites·vous,
ou les porteroit toujours ſur ſoi. Je conſens à
votre demande avec plaiſir, & fonde ſur vous
de grandes eſperances. Ayant donc achevé mes
autres ouvrages, j'ai compoſé le traité que vous
ſouhaitez, & qui pourra être utile à beaucoup
d'autres, principalement à ceux qui ſont novices
dans l'étude de la Nature, & à ceux qui ſont
embarraſſés dans les ſoins que leur donnent d'autres occupations. Recevez-le, apprenez-le &
étudiez-le conjointement avec les choſes que
j'ai écrites en abrégé à Hérodote.

Premiérement il faut ſavoir que la fin, qu'on
doit ſe propoſer dans l'étude des phénomenes
céleſtes, conſidérés dans leur connexion, ou
ſéparément, eſt de conſerver notre eſprit exempt
de trouble, & d'avoir de fermes perſuaſions; ce
qui eſt auſſi la fin qu'on doit ſe propoſer dans
les autres études. Il ne faut pas vouloir forcer
l'impoſſible, ni appliquer à tout les mêmes principes, ſoit dans les choſes que nous avons trai-
tées·en parlant de la conduite de la vie, ſoit
dans celles qui concernent l'explication de la
Nature, comme, par exemple, ces principes
que l'Univers eſt compoſé de corps & d'une na·
ture impalpable, que les élemens ſont des atômes & autres pareilles, qui ſont les ſeules qu'on
puiſſe lier avec les choſes qui tombent ſous les
ſens. Il n'en eſt pas de même des phénomenes

nes céleftes, qui naiffent de plufieurs caufes qui
s'accordent également avec le jugement des fens.
Car il ne s'agit point de faire de nouvelles propofitions, ni de pofer des regles pour l'étude de
la Nature; il faut l'étudier en fuivant les phénomenes, & ce n'eft pas de doctrines particulieres
& de vaine gloire que nous avons befoin dans
la vie, mais de ce qui peut nous la faire paffer
fans trouble. Tout s'opere conftamment dans
les phénomenes céleftes de plufieurs manieres,
dont on peut également accorder l'explication
avec ce qui nous en paroît par le jugement des
fens, pourvû qu'on renonce, comme on le doit,
à des principes qui ne font fondés que fur des
vraifemblances. Et fi quelqu'un, en rejettant
une chofe, en exclut une autre qui s'accorde
également avec les phénomenes, il eft évident
qu'il s'écarte de la vraye étude de la Nature &
qu'il donne dans les fables. Il faut recevoir
auffi, pour fignes des chofes céleftes, quelques-
unes de celles que nous voyons & dont nous
pouvons examiner la nature; ce que nous ne
pouvons faire par rapport aux chofes céleftes,
que nous voyons, ne peuvent pas fe faire de
plufieurs manieres différentes. Il faut prendre
garde à chaque phénomene, & divifer les idées
qu'il réunit, les chofes, que nous voyons, ne
pouvant fervir de preuve qu'ils ne s'opérent pas
de plufieurs manieres différentes.

On

On comprend dans la notion du monde tout
ce qu'embraſſe le contour du ciel, ſavoir les aſtres, la terre & toutes les choſes viſibles.
C'eſt une partie détachée de l'infini, & terminée
par une extrémité, dont l'eſſence eſt ou rare
ou denſe, & qui, venant à ſe diſſoudre, en-
trainera la diſſolution de tout ce qu'elle contient,
ſoit que cette matiere, qui limite le monde,
ſoit en mouvement, ou en repos, & que ſa figure ſoit ronde, triangulaire ou telle autre. Car
cette configuration peut être fort différente, n'y
ayant rien dans les choſes viſibles qui forme de
difficulté à ce qu'il y ait un monde borné d'une
maniere qui ne nous ſoit pas compréhenſible.
Et on peut concevoir par la penſée que le nombre de ces mondes eſt infini, & qu'il s'en peut
faire un tel que je dis, ſoit dans le monde même, ſoit dans l'eſpace qui eſt entre les mondes,
par où il faut entendre un lieu parfaitement vuide, & non, comme le veulent quelques Auteurs, un grand eſpace, fort pur, où il n'y a
point de vuide. Ils prétendent qu'il y a des
femences qui ſe ſéparent d'un ou de pluſieurs
mondes, ou des eſpaces qui ſont entre-deux,
lesquelles s'augmentent peu à peu, ſe forment,
changent de place ſelon que cela ſe rencontre,
& reçoivent une nourriture convenable qui les
perfectionne & leur donne une conſiſtence, proportionnée à la force des fondemens qui les re-
çoi-

çoivent. Mais ce n'eſt point aſſez qu'il ſe faſſe un aſſemblage, & que cet amas ſoit accompagné d'un mouvement de tourbillon dans le vuide où l'on penſe qu'un tel monde ſe forme néceſſairement, ni qu'il prenne des accroiſſemens juſqu'à ce qu'il vienne à rencontrer un autre monde, comme dit un de ces Philoſophes qui paſſent pour Phyſiciens; car cela répugne aux phénomenes.

Le ſoleil, la lune & les autres aſtres, n'ayant point été faits pour exiſter ſéparément (1), ont été enſuite compris dans l'aſſemblage du monde entier. Pareillement la terre, la mer & toutes les eſpeces d'animaux, après avoir d'abord reçu leur forme, ſe ſont augmentés par des accroiſſemens à l'aide des mouvemens circulaires d'autres choſes compoſées de parties fort menues, ſoit d'air, ſoit de feu, ou de tous les deux enſemble; du moins les ſens nous le perſuadent ainſi.

Quant à la grandeur du ſoleil & à celle de tous les aſtres en général, elle eſt telle qu'elle nous paroît, enſeigne Epicure dans ſon livre onzieme ſur *la Nature*, où il dit que ſi l'éloignement ôte quelque choſe à la grandeur du ſoleil, il doit encore perdre beaucoup plus de ſa couleur. Nulle diſtance ne lui convenoit

mieux

(1) Voyez *Menage*.

mieux que celle où il eſt, & rélativement à
ſa grandeur naturelle, ſoit qu'on le conçoive
plus grand, ou un peu plus petit qu'il ne
ſemble être, ou tel qu'il nous paroît. D'ailleurs
on peut appliquer à cela que la grandeur apparente des feux, que nous voyons dans l'éloignement, ne différe pas beaucoup de leur grandeur
réelle. On ſe tirera aiſément des difficultés qu'il
peut y avoir ſur ce ſujet, ſi on n'admet que ce
qui eſt évident par les ſens, comme je l'ai montré dans mes ouvrages ſur *la Nature*.

Le lever & le coucher du ſoleil, de ſa lune
& des autres aſtres peuvent venir de ce qu'ils
s'allument & s'éteignent ſelon la poſition où ils
ſont. Ces phénomenes peuvent auſſi avoir d'autres cauſes, conformément à ce qui a été dit ci-
deſſus, & il n'y a rien dans les apparences qui
empêche cette ſuppoſition d'avoir lieu. Peut-
être ne ſont-ils qu'apparoître ſur la terre, &
qu'enſuite ils ſont couverts de maniere qu'on ne
peut plus les appercevoir. Cette raiſon n'eſt
pas non plus contredite par les apparences.

Les mouvemens des aſtres peuvent venir, ou
de ce que le ciel, en tournant, les entraîne avec
lui, ou bien on peut ſuppoſer que le ciel étant
en repos, les aſtres tournent par une néceſſité
à laquelle ils ont été ſoumis dès la naiſſance du
monde, & qui les fait partir de l'Orient. Il ſe
peut auſſi que la chaleur du feu, qui leur ſert de

nour-

nourriture, les attire toujours en avant, comme
dans une efpece de pâturage. On peut croire
que le foleil & la lune changent de route par
l'obliquité que le ciel contracte néceffairement en
certains tems, ou par la réfiftance de l'air, ou
par l'effet d'une matiere qui les accompagne toujours, & dont une partie s'enflamme, & l'autre
point; ou même on peut fuppofer que ce mouvement a été donné dès le commencement à ces
aftres, afin qu'ils pûffent fe mouvoir circulairement. Toutes ces fuppofitions, & celles qui y
font conformes, peuvent egalement avoir lieu,
& dans ce que nous voyons clairement il n'y a
rien qui y foit contraire. Il faut feulement avoir
égard à ce qui eft poffible, pour pouvoir l'appliquer aux chofes qu'on apperçoit d'une maniere
qui y foit conforme, & ne point craindre les
bas fyftêmes des Aftrologues.

Le déclin & le renouvellement de la lune peuvent arriver par le changement de fa fituation,
ou par des formes que prend l'air, ou par quelque
chofe qui la couvre, ou de toute autre maniere
que nous pourrons nous imaginer, en comparant
avec ce phénomene les chofes qui fe font à notre vûe, & qui ont quelque rapport avec lui, à
moins que quelqu'un ne foit là-deffus fi content
d'un feul principe, qu'il rejette tous les autres,
fans faire attention à ce que l'homme peut parvenir à connoître & à ce qui furpaffe fa connoif-
fan-

sance, non plus qu'à la raison qui lui fait rechercher des choses qu'il ne sauroit approfondir. Il se peut aussi que la lune tire sa lumiere d'elle-même, il se peut encore qu'elle l'emprunte du soleil, tout comme parmi nous il y a des choses qui (1) ont leurs propriétés d'elles mêmes, & d'autres qui ne les ont que par communication. Rien n'empêche qu'on ne suppose cela dans les phénomenes célestes, si on se souvient qu'ils peuvent se faire de plusieurs manieres différentes, si on refléchit aux hypotheses & aux diverses causes qu'appuye ce principe, & si on a soin d'éviter les fausses conséquences & les faux systêmes qui peuvent conduire à expliquer ces phénomenes d'une seule maniere.

L'apparence de visage, qu'on voit dans la lune, peut venir, ou des changemens qui arrivent dans ses parties, ou de quelque chose qui les couvre, & en général cela peut provenir de toutes les manieres dont se font des phénomenes semblables qui ont lieu parmi nous. Il n'est pas besoin d'ajouter qu'il faut suivre la même méthode dans ce qui regarde tous les phénomenes célestes; car si on établit, par rapport à quelques-uns, des principes qui combattent ceux que nous voyons être vrais, jamais on ne jouïra d'une connois-

(1) D'autres traduisent: Des choses qui tirent leur lumiere d'elles-mêmes, & des choses qui n'en ont qu'une empruntée.

noiſſance propre à tranquilliſer l'eſprit.

Quant aux éclipſes de ſoleil & de lune, on peut croire que des aſtres s'éteignent d'une maniere pareille à ce qui ſe voit parmi nous, ou parce qu'il ſe rencontre quelque choſe qui les . couvre, ſoit la terre, ſoit le ciel, ou quelque autre corps pareil. Il faut ainſi comparer entre elles les manières dont une choſe peut naturellement ſe faire, & avoir égard à ce qu'il n'eſt pas impoſſible qu'il ſe faſſe des compoſitions de certains corps. Epicure, dans ſon douzieme livre ſur *la Nature*, dit que le ſoleil s'éclipſe par l'ombre que lui fait la lune, & la lune par celle que lui fait la terre; état dont ces aſtres ſe retirent enſuite. Tel eſt auſſi le ſentiment de Diogene *l'Epicurien* dans le premier livre de ſes *Opinions Choiſies*. Il faut ajouter à cela que ces phénomenes arrivent dans des tems marqués & réguliers, tout comme certaines choſes qui ſe font communément parmi nous, & ne point admettre en ceci le concours d'une Nature divine, qu'il faut ſuppoſer exempte de cette occupation, & jouïſſant de toute ſorte de bonheur. Si on ne s'en tient à ces regles, toute la ſcience des choſes céleſtes dégenerera en vaine diſpute, comme il eſt arrivé à quelques-uns, qui, n'ayant pas ſaiſi le principe de la poſſibilité, ſont tombés dans la vaine opinion que ces phénomenes ne peuvent ſe faire que par une ſeu-

feule voye, & ont rejetté toutes les autres manieres dont ils peuvent s'exécuter, adoptant des
idées qu'ils ne peuvent concevoir clairement, &
ne faifant pas attention aux chofes que l'on voit,
afin de s'en fervir comme de fignes pour connoître les autres (1).

La différente longueur des jours & des nuits
doit s'attribuer à ce que le foleil paffe plus
promptement ou plus lentement fur la terre, ou
à ce qu'il y a des lieux plus ou moins éloignés
du foleil, ou des endroits plus bornés que d'autres, tout comme nous voyons parmi nous des
chofes qui s'exécutent avec plus de viteffe, &
d'autres avec plus de lenteur ; raifonnement
qu'on peut appliquer par conformité à ce qui fe
fait dans les phénomenes céleftes. Ceux, dont
l'opinion eft que cela ne peut fe faire que d'une
feule maniere, contredifent les phénomenes &
perdent de vûe les chofes que les hommes peuvent connoître.

Les pronoftics, qu'annoncent les aftres, naiffent, ou des accidens des faifons, comme ceux
que nous voyons arriver aux animaux, ou d'autres caufes, comme peuvent être les changemens
de

(1) Nous devons avertir ceux qui trouveront une
grande différence entre cette traduction & celle de *Boileau*, que cet Auteur paroît avoir fuivi les idées de *Gaffendus*, qui eft violemment critiqué par les autres Interprêtes.

de l'air. Ni l'une, ni l'autre de ces suppositions n'est contraire aux phénomenes ; mais à quelle cause précise il faut s'arrêter, c'est ce que nous ne savons point.

Les nuées peuvent se former, ou par des assemblages d'air, pressés les uns contre les autres, ou par les secousses des vents, ou par des atômes qui s'accrochent & sont propres à produire cet effet, ou par des amas d'exhalaisons qui partent de la terre & de la mer, ou enfin de plusieurs autres manieres semblables que la raison nous dicte. Ces nuées, soit par la pression qu'elles souffrent, soit par les changemens qu'elles éprouvent, peuvent se tourner en eau, ou en vents, selon qu'il y a pour cela des matieres amenées de lieux convenables, agitées dans l'air, & entretenues par des assemblages propres à produire de semblables effets.

Les tonnerres peuvent être occasionnés, ou par des vents renfermés dans les cavités des nuées, comme il en est de nos vases pleins d'eau bouillante, ou par le bruit du feu spiritueux qu'elles contiennent, ou par les ruptures & les séparations qui leur arrivent, ou par leur choc & l'éclat avec lequel elles se rompent, après avoir acquis une consistence cristaline. Et en général les phénomenes, que nous pouvons observer, nous conduisent à penser que celui-là peut s'operer de plusieurs manieres différentes.

Les

Les éclairs se font aussi diversement par le choc, ou par la collision des nuées, qui produit cette disposition laquelle engendre le feu, ou par l'ouverture des nuées faite par des corps spiritueux qui forment l'éclair, ou parce que les nuages poussent au dehors le feu qu'ils contiennent, soit par leur pression réciproque, soit par celle des vents, ou par la lumiere qui sort des astres, & qui ensuite, renvoyée par le mouvement des nuées & des vents, tombe au travers des nues, ou par la lumiere exténuée qui s'élance des nuées, ou parce que c'est le feu qui les assemble & cause les tonnerres. Il peut de même produire les éclairs par son mouvement, ou par l'inflammation des vents, faite suivant leur direction & la violence avec laquelle ils enveloppent tout. Les éclairs peuvent aussi se faire lorsque les vents viennent à rompre les nuées & détachent des atômes, dont la chûte excite le feu & forme l'éclair. On pourra facilement trouver plusieurs autres explications de ce phénomene, si on prend garde aux choses semblables qui arrivent sous nos yeux.

Au reste l'éclair précéde le tonnerre, parce qu'il sort de la nue sitôt que le vent s'y introduit, lequel, se trouvant ensuite renfermé, cause le bruit que nous entendons, outre que quand tous les deux viennent à s'enflammer, l'éclair parvient plûtôt jusqu'à nous, & est suivi du tonnerre, comme il arrive dans certaines choses que

nous

nous voyons de loin, & qui rendent un fon.

La foudre peut réfulter d'un grand aſſemblage de vents, de leurs chocs, de leur inflammation & de leur violente chûte ſur la terre, principalement ſur les montagnes, où les foudres ſe remarquent le plus, ou par les ruptures qui ſe font ſucceſſivement dans des lieux épais & remplis de nuées, & qui ſe trouvent enveloppées par ce feu qui s'échappe. C'eſt ainſi que le tonnerre peut encore ſe former par un grand amas de feu, mêlé d'un vent violent qui rompt les nuées dont la réciproque empêche qu'il ne continue ſon cours. Les foudres peuvent auſſi ſe faire de pluſieurs autres manieres, pourvû qu'on ne s'attache point aux fables. On les évitera, ſi on examine les choſes que l'on voit, pour en tirer des concluſions par rapport à celles qu'on ne voit pas (1).

Les tourbillons de feu peuvent être probablement produits, ou par des nuées qu'un grand vent chaſſe diverſement ſur la terre, ou par pluſieurs vents joints à une nuée qu'un autre vent extérieur pouſſe de côté, ou par un mouvement circulaire du vent qui ſe trouve preſſé par l'air qui eſt au-deſſus de lui, & qui l'empêche de trouver l'iſſue qu'il lui faut. Ce tourbillon, tombant ſur la terre, y occaſionne un mouvement

---

(1) Cette maniere de parler ſignifie toujours dans ce livre ſi des choſes, qui ſe font ſur la terre, on tire des conſéquences par rapport aux phénomenes céleſtes.

ment en rond, l'effet étant pareil au mouvement du vent qui en eft la caufe, & lorsqu'il fe jette fur la mer il y produit des tournemens.

Les tremblemens de Terre peuvent être cau-fés, ou par un vent, renfermé dans la terre, qui en agite (1) continuellement les moindres parties par où il la difpofe à un ébranlement, à quoi fe joint l'air extérieur qui s'infinue dans la Terre ; ou bien ils viennent de l'air que les vents comprimés pouffent dans les cavités de la terre, comme dans des efpeces de cavernes. Sui-vant le cours que prend ce mouvement, les tremblemens de terre peuvent auffi arriver par la chûte de certaines parties de la terre, qui, quel-quefois renvoyées, rencontrent des endroits trop condenfés. Ces mouvemens peuvent auffi fe faire de plufieurs autres manieres.

Les vents fe forment dans des tems réguliers par un affemblage infenfible de matieres qui viennent à fe réunir d'ailleurs, comme quand il fe fait un grand amas d'eau. Au refte les vents font foibles lorsqu'ils tombent en petit nombre dans plufieurs cavités où ils fe diftribuent.

La grêle fe fait lorsque les parties, qui la compofent, viennent à fe fixer fortement, quel-quefois de tous côtés par les vents qui les envi-ronnent & les partagent, quelquefois moins for-tement à caufe de quelques parties d'eau qui

(1) Voyez *Kühnius.*

qui les féparent & les éloignent en même tems
l'une de l'autre. Elle peut fe former auffi par
un brifement qui la rompt en diverfes parties,
qui viennent à fe fixer par leur affemblage. La
rondeur de fa circonférence vient de ce que fes
extrémités fe fondent de toutes parts pendant
qu'elle fe fixe, & de ce que fes parties font
également preffées par l'eau, ou par l'air qui les
environne.

On peut fuppofer que la neige fe forme par le
moyen d'une eau fubtile qui découle des nuées
par des ouvertures qui lui font proportionnées,
jointe à une preffion des nuées qui font difpofées à produire cette eau & au vent qui la difperfe. Enfuite coulant de cette maniere, elle
fe fixe par le grand froid qu'elle rencontre au
bas des nues; ou bien cette congélation fe fait
dans des nuées qui font également peu condenfées, & qui par leur collifion froiffent ces parties les unes contre les autres auffi bien qu'avec
celles d'eau qui s'y trouvent jointes, & qui, en
les éloignant, produifent la grêle; effet qui arrive principalement dans l'air. Cet affemblage de
parties, qui forment la neige peut auffi provenir
du froiffement de quelques nuées qui ont acquis
un certain dégré de congélation, quoique d'ailleurs la neige puiffe fe faire de plus d'une autre
maniere.

Le rofée vient d'un concours de parties de

l'air

On comprend dans la notion du monde tout
ce qu'embraffe le contour du ciel, favoir les aftres, la terre & toutes les chofes vifibles.
C'eft une partie détachée de l'infini, & terminée
par une extrémité, dont l'effence eft ou rare
ou denfe, & qui, venant à fe diffoudre, en-
trainera la diffolution de tout ce qu'elle contient,
foit que cette matiere, qui limite le monde,
foit en mouvement, ou en repos, & que fa figure foit ronde, triangulaire ou telle autre. Car
cette configuration peut être fort différente, n'y
ayant rien dans les chofes vifibles qui forme de
difficulté à ce qu'il y ait un monde borné d'une
maniere qui ne nous foit pas compréhenfible.
Et on peut concevoir par la penfée que le nombre de ces mondes eft infini, & qu'il s'en peut
faire un tel que je dis, foit dans le monde même, foit dans l'efpace qui eft entre les mondes,
par où il faut entendre un lieu parfaitement vuide, & non, comme le veulent quelques Auteurs, un grand efpace, fort pur, où il n'y a
point de vuide. Ils prétendent qu'il y a des
femences qui fe féparent d'un ou de plufieurs
mondes, ou des efpaces qui font entre-deux,
lesquelles s'augmentent peu à peu, fe forment,
changent de place felon que cela fe rencontre,
& reçoivent une nourriture convenable qui les
perfectionne & leur donne une confiftence, proportionnée à la force des fondemens qui les re-
çoi-

çoivent. Mais ce n'eſt point aſſez qu'il ſe faſſe un aſſemblage, & que cet amas ſoit accompagné d'un mouvement de tourbillon dans le vuide où l'on penſe qu'un tel monde ſe forme néceſſairement, ni qu'il prenne des accroiſſemens juſqu'à ce qu'il vienne à rencontrer un autre monde, comme dit un de ces Philoſophes qui paſſent pour Phyſiciens; car cela répugne aux phénomenes.

Le ſoleil, la lune & les autres aſtres, n'ayant point été faits pour exiſter ſéparément (1), ont été enſuite compris dans l'aſſemblage du monde entier. Pareillement la terre, la mer & toutes les eſpeces d'animaux, après avoir d'abord reçu leur forme, ſe ſont augmentés par des accroiſſemens à l'aide des mouvemens circulaires d'autres choſes compoſées de parties fort menues, ſoit d'air, ſoit de feu, ou de tous les deux enſemble; du moins les ſens nous le perſuadent ainſi.

Quant à la grandeur du ſoleil & à celle de tous les aſtres en général, elle eſt telle qu'elle nous paroît, enſeigne Epicure dans ſon livre onzieme ſur *la Nature*, où il dit que ſi l'éloignement ôte quelque choſe à la grandeur du ſoleil, il doit encore perdre beaucoup plus de ſa couleur. Nulle diſtance ne lui convenoit

mieux

―――――――――
(1) Voyez *Menage*.

mieux que celle où il est, & rélativement à
sa grandeur naturelle, soit qu'on le conçoive
plus grand, ou un peu plus petit qu'il ne
semble être, ou tel qu'il nous paroît. D'ailleurs
on peut appliquer à cela que la grandeur apparente des feux, que nous voyons dans l'éloignement, ne différe pas beaucoup de leur grandeur
réelle. On se tirera aisément des difficultés qu'il
peut y avoir sur-ce sujet, si on n'admet que ce
qui est évident par les sens, comme je l'ai montré dans mes ouvrages sur *la Nature*.

Le lever & le coucher du soleil, de la lune
& des autres astres peuvent venir de ce qu'ils
s'allument & s'éteignent selon la position où ils
sont. Ces phénomenes peuvent aussi avoir d'autres causes, conformément à ce qui a été dit ci-
dessus, & il n'y a rien dans les apparences qui
empêche cette supposition d'avoir lieu. Peut-
être ne font-ils qu'apparoître sur la terre, &
qu'ensuite ils sont couverts de maniere qu'on ne
peut plus les appercevoir. Cette raison n'est
pas non plus contredite par les apparences.

Les mouvemens des astres peuvent venir, ou
de ce que le ciel, en tournant, les entraine avec
lui, ou bien on peut supposer que le ciel étant
en repos, les astres tournent par une nécessité
à laquelle ils ont été soumis dès la naissance du
monde, & qui les fait partir de l'Orient. Il se
peut aussi que la chaleur du feu, qui leur sert de

nour-

nourriture, les attire toujours en avant, comme dans une espece de pâturage. On peut croire que le soleil & la lune changent de route par l'obliquité que le ciel contracte nécessairement en certains tems, ou par la résistance de l'air, ou par l'effet d'une matiere qui les accompagne toujours, & dont une partie s'enflamme, & l'autre point; ou même on peut supposer que ce mouvement a été donné dès le commencement à ces astres, afin qu'ils pûssent se mouvoir circulairement. Toutes ces suppositions, & celles qui y sont conformes, peuvent egalement avoir lieu, & dans ce que nous voyons clairement il n'y a rien qui y soit contraire. Il faut seulement avoir égard à ce qui est possible, pour pouvoir l'appliquer aux choses qu'on apperçoit d'une maniere qui y soit conforme, & ne point craindre les bas systêmes des Astrologues.

Le déclin & le renouvellement de la lune peuvent arriver par le changement de sa situation, ou par des formes que prend l'air, ou par quelque chose qui la couvre, ou de toute autre maniere que nous pourrons nous imaginer, en comparant avec ce phénomene les choses qui se font à notre vûe, & qui ont quelque rapport avec lui, à moins que quelqu'un ne soit là-dessus si content d'un seul principe, qu'il rejette tous les autres, sans faire attention à ce que l'homme peut parvenir à connoître & à ce qui surpasse sa connois-

san•

fance, non plus qu'à la raifon qui lui fait rechercher des chofes qu'il ne fauroit approfondir.
Il fe peut auffi que la lune tire fa lumiere d'elle-
même, il fe peut encore qu'elle l'emprunte du
foleil, tout comme parmi nous il y a des chofes
qui (1) ont leurs propriétés d'elles mêmes, &
d'autres qui ne les ont que par communication.
Rien n'empêche qu'on ne fuppofe cela dans les
phénomenes céleftes, fi on fe fouvient qu'ils peuvent fe faire de plufieurs manieres différentes, fi
on refléchit aux hypothefes & aux diverfes caufes qu'appuye ce principe, & fi on a foin d'éviter les fauffes conféquences & les faux fyftêmes
qui peuvent conduire à expliquer ces phénomenes d'une feule maniere.

L'apparence de vifage, qu'on voit dans la
lune, peut venir, ou des changemens qui arrivent dans fes parties, ou de quelque chofe qui
les couvre, & en général cela peut provenir de
toutes les manieres dont fe font des phénomenes
femblables qui ont lieu parmi nous. Il n'eft pas
befoin d'ajouter qu'il faut fuivre la même méthode dans ce qui regarde tous les phénomenes céleftes; car fi on établit, par rapport à quelques-
uns, des principes qui combattent ceux que nous
voyons être vrais, jamais on ne jouïra d'une con-
noif-

(1) D'autres traduifent: Des chofes qui tirent leur lumiere d'elles-mêmes, & des chofes qui n'en ont qu'une empruntée.

noiſſance propre à tranquillifer l'efprit.

Quant aux éclipfes de foleil & de lune, on peut croire que des aftres s'éteignent d'une maniere pareille à ce qui fe voit parmi nous, ou parce qu'il fe rencontre quelque chofe qui les . couvre, foit la terre, foit le ciel, ou quelque autre corps pareil. Il faut ainſi comparer entre elles les manières dont une chofe peut naturellement fe faire, & avoir égard à ce qu'il n'eſt pas impoſſible qu'il fe faſſe des compofitions de certains corps. Epicure, dans fon douzieme livre fur *la Nature*, dit que le foleil s'éclipfe par l'ombre que lui fait la lune, & Ja lune par celle que lui fait la terre; état dont ces aftres fe retirent enfuite. Tel eſt auſſi le fentiment de Diogene *l'Epicurien* dans le premier livre de fes *Opinions Choifies*. Il faut ajouter à cela que ces phénomenes arrivent dans des tems marqués & réguliers, tout comme certaines chofes qui fe font communément parmi nous, & ne point admettre en ceci le concours d'une Nature divine, qu'il faut fuppofer exempte de cette occupation, & jouïſſant de toute forte de bonheur. Si on ne s'en tient à ces regles, toute la fcience des chofes céleftes dégénerera en vaine difpute, comme il eſt arrivé à quelques-uns, qui, n'ayant pas faifi le principe de la poſſibilité, font tombés dans la vaine opinion que ces phénomenes ne peuvent fe faire que par une

feu-

douleur. Il évitera d'avoir commerce avec toute femme, dont l'ufage eft prohibé par les **Loix**,
felon ce qu'en dit Diogene dans fon *Abrégé des
Préceptes Moraux d'Epicure.*

Il ne fera point affez cruel pour accabler fes
efclaves de grands tourmens; loin de-là, il aura
pitié de leur condition, & pardonnera volontiers
à quiconque mérite de l'indulgence en confidération de fa probité. Il fera infenfible aux aiguil-
lons de l'amour, lequel, dit Diogene Liv. XII.
n'eft point envoyé du ciel fur la terre. Les plaifirs de cette paffion ne furent jamais utiles; au
contraire on eft trop heureux lorfqu'ils n'entrainent point après eux des fuites qu'on auroit fujet
de déplorer. Le Sage ne s'embarraffera nullement de fa fépulture & ne s'appliquera point à
l'Art de bien dire. Il pourra, au fentiment
d'Epicure dans fes *Doutes* & dans fes livres de
la Nature, fe marier & procréer des enfans par
confolation de fe voir renaître dans fa poftérité.
Néanmoins il arrive dans la vie des circonftances
qui peuvent difpenfer le Sage d'un pareil engage-
ment, & lui en infpirer le dégoût. Epicure
dans fon *Banquet*, lui défend de conferver la
rancune dans l'excès du vin, & dans fon premier
livre de la *Conduite de la Vie*, il lui donne
l'exclufion en ce qui regarde le maniment des
affaires de la République. Il n'afpirera point
à la Tyrannie, il n'imitera pas les Cyniques

quet dans leur façon de vivre, ni ne s'abaissera
jusqu'à mandier ses besoins, dit encore Epicure dans son deuxieme livre de *la Conduite
de la vie.* Quoiqu'il perde la vûe, ajoute-t-il dans
cet Ouvrage, il continuera de vivre sans regret. Il
convient pourtant avec Diogene dans le Livre V.
Des ses Opinions choisies que le Sage peut s'attrister
en certaines occasions. Il peut aussi arriver qu'il soit
appellé en jugement. Il laissera à la postérité des
productions de son génie; mais il s'abstiendra de
composer des panégyriques. Il amassera du
bien sans attachement, pourvoira à l'avenir sans
avarice, & se préparera à repousser courageusement les assauts de la fortune. Il ne contractera
aucune liaison d'amitié avec l'avare, & aura soin
de maintenir sa réputation, de crainte de tomber
dans le mépris. Son plus grand plaisir consiste-
ra dans les spectacles publics. Tous les vices
sont inégaux. La Santé, selon quelques uns,
est une chose précieuse, d'autres prétendent
qu'elle doit être indifferente. La Nature ne
donne point une magnanimité achevée, elle ne
s'acquiert que par la force du raisonnement.
L'amitié doit être contractée par l'utilité qu'on
en espere, de la même maniere que l'on culti-
ve la terre, pour recueillir l'effet de sa fertili-
té; cette belle habitude se soutient par les plaisirs réciproques du commerce qu'on a lié. Il y
a deux sortes de félicités, l'une est suprême,

& n'appartient qu'à Dieu, elle est toujours égale sans augmentation, ni diminution; l'autre lui est inférieure, ainsi que celle des hommes, le plus & le moins s'y trouvent toujours. Le Sage pourra avoir des Statuës dans les places publiques; mais il ne recherchera point ces sortes d'honneurs. Il n'y a que le Sage qui puisse parler avec justesse de la Musique & de la Poësie. Il ne lira point de fictions poëtiques, & n'en fera point. Il n'est point jaloux de la sagesse d'un autre. Le gain est permis au Sage dans le besoin pourvû qu'il l'acquiert par la Science. Le Sage obéira à son Prince quand l'occasion s'en présentera. Il se rejouira avec celui qui sera rentré dans le chemin de la vertu. Il pourra tenir une Ecole, pourvû que le vulgaire n'y soit point reçu. Il pourra lire quelques uns de ses écrits devant le peuple; que ce ne soit pourtant pas de son propre mouvement. Il sera fixe en ses opinions, & ne mettra point tout en doute. Il sera aussi tranquille dans le sommeil, que lorsqu'il sera éveillé. Si l'occasion se présente, le Sage mourra pour son ami. Voilà les sentimens qu'ils ont du Sage. Maintenant passons à la Lettre qu'il écrivit à Menecée.

E P I C U R E

à Menecée. Salut.

La jeuneſſe n'eſt point un obſtacle à l'étude de la Philoſophie. On ne doit point différer d'acquérir ſes connoiſſances, de même qu'on ne doit point avoir de honte de conſacrer ſes dernieres années au travail de la ſpéculation. L'Homme n'a point de tems limité, & ne doit jamais manquer de force pour guérir ſon eſprit de tous les maux qui l'affligent.

Ainſi celui, qui excuſe ſa négligence ſur ce qu'il n'a pas encore aſſez de vigueur pour cette laborieuſe application, ou parce qu'il a laiſſé échapper les momens précieux qui pouvoient le conduire à cette découverte, ne parle pas mieux que l'autre qui ne veut pas ſe tirer de l'orage des paſſions, ni des malheurs de la vie, pour en mener une plus tranquille & plus heureuſe, parce qu'il prétend que le tems de cette occupation néceſſaire n'eſt pas encore arrivé; ou qu'il s'eſt écoulé d'une maniere irreparable.

Il faut donc que les jeunes gens devancent la force de leur eſprit, & que les vieux rappellent toute celle dont ils ſont capables pour s'attacher à la Philoſophie; l'un doit faire cet effort afin qu'arrivant inſenſiblement au terme

S 7

pres-

ment en rond, l'effet étant pareil au mouvement
du vent qui en eſt la cauſe, & lorſqu'il ſe jette
ſur la mer il y produit des tournemens.

Les tremblemens de Terre peuvent être cau-
ſés, ou par un vent, renfermé dans la terre,
qui en agite (1) continuellement les moindres
parties par où il la diſpoſe à un ébranlement, à
quoi ſe joint l'air extérieur qui s'inſinue dans la
Terre ; ou bien ils viennent de l'air que les
vents comprimés pouſſent dans les cavités de la
terre, comme dans des eſpeces de cavernes. Suivant le cours que prend ce mouvement, les
tremblemens de terre peuvent auſſi arriver par la
chûte de certaines parties de la terre, qui, quelquefois renvoyées, rencontrent des endroits
trop condenſés. Ces mouvemens peuvent auſſi
ſe faire de pluſieurs autres manieres.

Les vents ſe forment dans des tems réguliers
par un aſſemblage inſenſible de matieres qui
viennent à ſe réunir d'ailleurs, comme quand il
ſe fait un grand amas d'eau. Au reſte les vents
ſont foibles lorſqu'ils tombent en petit nombre
dans pluſieurs cavités où ils ſe diſtribuent.

. La grêle ſe fait lorſque les parties, qui la
compoſent, viennent à ſe fixer fortement, quelquefois de tous côtés par les vents qui les environnent & les partagent, quelquefois moins fortement à cauſe de quelques parties d'eau

qui

(1) Voyez *Kühnius.*

qui les féparent & les éloignent en même tems l'une de l'autre. Elle peut fe former auffi par un brifement qui la rompt en diverfes parties, qui viennent à fe fixer par leur affemblage. La rondeur de fa circonférence vient de ce que fes extrémités fe fondent de toutes parts pendant qu'elle fe fixe, & de ce que fes parties font également preffées par l'eau, ou par l'air qui les environne.

On peut fuppofer que la neige fe forme par le moyen d'une eau fubtile qui découle des nuées par des ouvertures qui lui font proportionnées, jointe à une preffion des nuées qui font difpofées à produire cette eau & au vent qui la difperfe. Enfuite coulant de cette maniere, elle fe fixe par le grand froid qu'elle rencontre au bas des nues; ou bien cette congélation fe fait dans des nuées qui font également peu condenfées, & qui par leur collifion froiffent ces parties les unes contre les autres auffi bien qu'avec celles d'eau qui s'y trouvent jointes, & qui, en les éloignant, produifent la grêle; effet qui arrive principalement dans l'air. Cet affemblage de parties, qui forment la neige peut auffi provenir du froiffement de quelques nuées qui ont acquis un certain dégré de congélation, quoique d'ailleurs la neige puiffe fe faire de plus d'une autre maniere.

Le rofée vient d'un concours de parties de

le plaifir depend du fentiment, & qu'elle n'eft
rien que la privation de ce même fentiment.

C'eft une belle découverte que celle qui peut
convaincre l'efprit, que la mort ne nous concerne en aucune maniere; c'eft un heureux moyen
de paffer avec tranquillité cette vie mortelle,
fans nous fatiguer de l'incertitude des tems, qui
la doivent fuivre; & fans nous répaître de l'ef-
perance de l'immortalité.

En effet, ce n'eft point un malheur de vivre,
à celui qui eft une fois perfuadé que le moment
de fa diffolution n'eft accompagné d'aucun mal,
& c'eft être ridicule de marquer la crainte que
l'on a de la mort, non pas que fa vuë, dans
l'inftant qu'elle nous frappe, donne aucune in-
quietude; mais parce que dans l'attente de fes
coups l'efprit fe laiffe accabler par les triftes vapeurs du chagrin? Eft-il poffible que la prefen-
ce d'une chofe étant incapable d'exciter aucun
trouble en nous, nous puiffions nous affliger
avec tant d'excès par la feule penfée de fon approche?

La Mort encore un coup, qui paroit le plus
redoutable de tous les maux, n'eft qu'une chimere, parce qu'elle n'eft rien tant que la Vie
fubfifte & lorfqu'elle arrive, la vie n'eft plus:
ainfi elle n'a point d'empire ni fur les vivans ni
fur les morts; les uns ne fentent pas encore
fa fureur, & les autres qui n'exiftent plus,
font à l'abri de fes atteintes.　Les

Les ames vulgaires évitent quelquefois la mort,
parce qu'elles l'envifagent comme le plus grand
de tous les maux; elles tremblent auffi-très fouvent par le chagrin qu'elles ont de perdre tous
les plaifirs qu'elle leur arrache, & de l'éternelle
inaction où elle les jette; c'eft fans raifon que
la penfée de ne plus vivre leur donne de l'horreur, puifque la perte de la vie ôte le discerne-
ment que l'on pourroit avoir que la ceffation
d'être, enfermât en foi quelque chofe de mauvais; & de même qu'on ne choifit pas l'aliment
par fa quantité, mais par fa délicateffe, ainfi le
nombre des années ne fait pas la félicité de notre vie; c'eft la maniere dont on la paffe qui
contribue à fon agrément.

Qu'il eft ridicule d'exhorter un jeune homme
à bien vivre, & de faire comprendre à celui que
la vieilleffe approche du tombeau, qu'il doit mourir avec fermeté; ce n'eft pas que ces deux chofes ne foient infiniment eftimables d'elles - mêmes; mais c'eft que les fpéculations qui nous
font trouver des charmes daus une vie reglée,
nous menent avec intrépidité jufqu'à l'heure de
la mort,

C'eft une folie beaucoup plus grande d'appeller le non - être un bien, ou de dire que dès
l'inftant qu'on a vu la lumiere, il faut s'arracher
à la vie. Si celui qui s'exprime de cette forte
eft véritablement perfuadé de ce qu'il dit, d'où
vient

oppofent, & de ce que quelques-uns de ces aftres prennent un détour. Non feulement ceci
vient de ce que cette partie du monde eft en repos tandis que les autres tournent autour d'elle,
felon l'idée de quelques Philofophes; mais auffi
de ce que le mouvement de l'air, qui l'environne, empêche ces corps de paffer autour d'elle
comme les autres aftres. Ajoutez à cela que les
comètes ne trouveroient pas dans la fuite de matiere qui leur convienne; ce qui les fait refter
dans les lieux où on les apperçoit. On peut
encore attribuer à cela d'autres caufes, fi on fait
bien raifonner fur ce qui s'accorde avec les chofes qui tombent fous nos fens.

Il y a des étoiles errantes, entant que c'eft-là
l'ordre de leur mouvement, & il y en a de fixes.
Il fe peut qu'outre celles qui fe meuvent circulairement, il y en ait qui dès le commencement
ont'été deftinées à faire leur révolution également, tandis que d'autres font la leur d'une maniere inégale. Il fe peut auffi que l'air s'étende
plus également dans certains lieux par où paffent
les aftres, ce qui leur donne un mouvement plus
fuivi & une lumiere plus réguliere, & que dans
d'autres lieux il y ait des inégalités à cet égard
qui produifent celles qu'on voit dans certains aftres. Vouloir expliquer tout cela par une feule
caufe, pendant que les phénomenes conduifent à
en fuppofer plufieurs, eft une penfée déraifonna-

ble

ble & mal entendue de la part de ceux qui s'appliquent à une vaine Aftrologie, & rendent inutilement raifon de plufieurs chofes, tandis qu'ils
continuent à embarraffer la Divinité de cette
adminiftration.

On voit des aftres qui ne vont pas fi vite que
d'autres, foit parce qu'ils parcourent plus lentement le même cercle, ou parce que dans le
même tourbillon, qui les entraine, ils ont un
mouvement contraire, ou parce qu'en faifant la
même révolution, les uns parcourent plus de
lieux que les autres. Décider fur tout cela eft
une chofe qui ne convient qu'à ceux qui cherchent à fe fare admirer par le peuple.

Pour ce qui regarde les étoiles qu'on dit tomber du ciel, cela peut fe faire, ou par des parties qui fe détachent de ces aftres, ou par leur
choc, ou bien par la chûte de certaines matieres d'où il fort des exhalaifons, comme nous
l'avons dit fur les éclairs, cela peut auffi venir
d'un affemblage des atômes qui engendrent le
feu, ou d'un mouvement qui fe fait dans l'endroit où fe forme d'abord leur concours, ou des
vents qui s'affemblent & forment des vapeurs,
lesquelles s'enflamment dans les lieux où elles font
refferrées; ou bien ce font des matieres qui fe
franchiffent un paffage à travers de ce qui les
environne & continuent à fe mouvoir dans les
lieux où elles fe portent. Enfin cela fe peut en-

co-

core exécuter de plus de manieres qu'on ne
peut dire.

Les pronoſtics qu'on tire de certains animaux
ſont fondés ſur les accidens des faiſons; car il
n'y a point de liaiſon néceſſaire entre des animaux & l'hyver, pour qu'ils puiſſent le produire,
& on ne doit pas ſe mettre dans l'eſprit que le
départ des animaux d'un certain lieu ſoit
réglé par une Divinité, qui s'applique enſuite à remplir ces pronoſtics; en effet il
n'y a point d'animal, pour peu qu'il mérite
qu'on en faſſe cas, qui voulut s'aſſujettir à
ce ſot deſtin: à plus forte raiſon ne faut-il pas
avoir cette idée de la Nature Divine, qui jouït
d'une félicité parfaite.

Je vous exhorte donc Pythocles, à vous imprimer ces idées, afin de vous préſerver des opinions fabuleuſes, & de vous mettre en état de
bien juger de toutes les vérités qui ſont du
genre de celles que je vous ai expliquées. Etu-
diez bien ſur-tout ce qui regarde les principes de
l'Univers, l'infini & les autres vérités liées avec
celles-là, en particulier ce qui regarde les caracteres de vérité, les paſſions de l'ame, & la raiſon pourquoi nous devons nous appliquer à ces
connoiſſances. Si vous ſaiſiſſez bien ces idées
principales, vous vous appliquerez avec ſuccès
à la recherche des vérités particulieres. Quant
à ceux qui ne ſont que peu ou point du tout

con-

contens de ces principes, ils ne les ont pas bien
confidérés, non plus qu'ils ont eu de juftes idées
de la raifon pourquoi nous devons nous appliquer à ces connoiffances.

. Tels font les fentimens d'Epicure fur ce qui
regarde les chofes céleftes. Paffons à ce qu'il
enfeigne fur la conduite de la vie , & fur le
choix de la volonté par rapport aux biens & aux
maux. Commençons d'abord par dire quelle
opinion lui & fes difciples ont du Sage.

. Le Sage peut être outragé par la haine, par.
l'envie, ou par le mépris des hommes; mais il
croit qu'il dépend de lui de fe mettre au-deffus.
de tout préjudice par la force de fa raifon. La
fageffe eft un bien fi folide , qu'elle ôte à celui,
qui l'a en partage, toute difpofition à changer
d'état, & l'empêche de fortir de fon caractere,
quand même il en auroit la volonté. A la vérité
le Sage eft fujet aux paffions; mais leur impétuo-
fité ne peut rien contre fa fageffe. Il n'eft point
de toutes les complexions, ni de toutes les fortes de tempéramens. Qu'il fe fente affligé par les
maladies, mis à la torture par les douleurs, il
n'en eft pas moins heureux. Egalement officieux
envers fes amis, lui feul fait les obliger véritablement, foit qu'ils foient préfens fous fes
yeux, ou qu'il les perde de vûe dans l'abfen-
ce. Jamais on ne l'entendra pouffer des cris,
fe lamenter & fe défesperer dans le fort de la

dou-

douleur.   Il évitera d'avoir commerce avec toute femme, dont l'ufage eft prohibé par les Loix,
felon ce qu'en dit Diogene dans fon *Abrégé des*
Préceptes Moraux d'Epicure.

Il ne fera point affez cruel pour accabler fes
efclaves de grands tourmens; loin de-là, il aura
pitié de leur condition, & pardonnera volontiers
à quiconque mérite de l'indulgence en confidération de fa probité.   Il fera infenfible aux aiguil-
lons de l'amour, lequel, dit Diogene Liv. XII.
n'eft point envoyé du ciel fur la terre. Les plaifirs de cette paffion ne furent jamais utiles; au
contraire on eft trop heureux lorfqu'ils n'entrainent point après eux des fuites qu'on auroit fujet
de déplorer.   Le Sage ne s'embarraffera nullement de fa fépulture & ne s'appliquera point à
l'Art de bien dire.   Il pourra, au fentiment
d'Epicure dans fes *Doutes* & dans fes livres de
la Nature, fe marier & procréer des enfans par
confolation de fe voir renaître dans fa poftérité.
Néanmoins il arrive dans la vie des circonftances
qui peuvent difpenfer le Sage d'un pareil engage-
ment, & lui en infpirer le dégoût.   Epicure
dans fon *Banquet,* lui défend de conferver la
rancune dans l'excès du vin, & dans fon premier
livre de la *Conduite de la Vie,* il lui donne
l'exclufion en ce qui regarde le maniment des
affaires de la République.   Il n'afpirera point
à la Tyrannie, il n'imitera pas les Cyni-

quet dans leur façon de vivre, ni ne s'abaissera
jusqu'à mandier ses besoins, dit encore Epicure dans son deuxieme livre de *la Conduite
de la vie.* Quoiqu'il perde la vûe, ajoute-t-il dans
cet Ouvrage, il continuera de vivre sans regret. Il
convient pourtant avec Diogene dans le Livre V.
Des ses Opinions choisies que le Sage peut s'attrister
en certaines occasions. Il peut aussi arriver qu'il soit
appellé en jugement. Il laissera à la postérité des
productions de son génie; mais il s'abstiendra de
composer des panégyriques. Il amassera du
bien sans attachement, pourvoira à l'avenir sans
avarice, & se préparera à repousser courageusement les assauts de la fortune. Il ne contractera
aucune liaison d'amitié avec l'avare, & aura soin
de maintenir sa réputation, de crainte de tomber
dans le mépris. Son plus grand plaisir consiste-
ra dans les spectacles publics. Tous les vices
sont inégaux. La Santé, selon quelques uns,
est une chose précieuse, d'autres prétendent
qu'elle doit être indifferente. La Nature ne
donne point une magnanimité achevée, elle ne
s'acquiert que par la force du raisonnement.
L'amitié doit être contractée par l'utilité qu'on
en espere, de la même maniere que l'on culti-
ve la terre, pour recueillir l'effet de sa fertili-
té; cette belle habitude se soutient par les plaisirs réciproques du commerce qu'on a lié. Il y
a deux sortes de félicités, l'une est suprême,

& n'appartient qu'à Dieu, elle est toujours
égale sans augmentation, ni diminution; l'autre
lui est inférieure, ainsi que celle des hommes,
le plus & le moins s'y trouvent toujours. Le
Sage pourra avoir des Statuës dans les places
publiques ; mais il ne recherchera point ces
sortes d'honneurs. Il n'y a que le Sage qui puisse parler avec justesse de la Musique & de la
Poësie. Il ne lira point de fictions poëtiques,
& n'en fera point. Il n'est point jaloux de la
sagesse d'un autre. Le gain est permis au Sage
dans le besoin pourvû qu'il l'acquiert par la
Science. Le Sage obéira à son Prince quand
l'occasion s'en présentera. Il se rejouira avec celui qui sera rentré dans le chemin de la vertu.
Il pourra tenir une Ecole, pourvû que le vulgaire n'y soit point reçu. Il pourra lire quelques uns de ses écrits devant le peuple ; que ce
ne soit pourtant pas de son propre mouvement.
Il sera fixe en ses opinions, & ne mettra point
tout en doute. Il sera aussi tranquille dans le
sommeil, que lorsqu'il sera éveillé. Si l'occasion se présente, le Sage mourra pour son ami.
Voilà les sentimens qu'ils ont du Sage, Maintenant passons à la Lettre qu'il écrivit à Menecée.

EPI.

E P I C U R E.

à Menecée. Salut.

La jeuneſſe n'eſt point un obſtacle à l'étude de la Philoſophie. On ne doit point différer d'acquérir ſes connoiſſances, de même qu'on ne doit point avoir de honte de conſacrer ſes dernieres années au travail de la ſpéculation. L'Homme n'a point de tems limité, & ne doit jamais manquer de force pour guérir ſon eſprit de tous les maux qui l'affligent.

Ainſi celui, qui excuſe ſa négligence ſur ce qu'il n'a pas encore aſſez de vigueur pour cette laborieuſe application, ou parce qu'il a laiſſé échapper les momens précieux qui pouvoient le conduire à cette découverte, ne parle pas mieux que l'autre qui ne veut pas ſe tirer de l'orage des paſſions, ni des malheurs de la vie, pour en mener une plus tranquille & plus heureuſe, parce qu'il prétend que le tems de cette occupation néceſſaire n'eſt pas encore arrivé; ou qu'il s'eſt écoulé d'une maniere irreparable.

Il faut donc que les jeunes gens devancent la force de leur eſprit, & que les vieux rappellent toute celle dont ils ſont capables pour s'attacher à la Philoſophie; l'un doit faire cet effort afin qu'arrivant inſenſiblement au terme

pres-

il eſt encore perſécuté par le ſouvenir du paſſé, & par la crainte de l'avenir; auſſi ce Philoſophe préfere les plaiſirs de la partie intelligente à toutes les voluptés du corps.

Il prouve que la volupté eſt la fin de tout, parce que les bêtes ne voyent pas plutôt la lumiere, que ſans aucun raiſonnement, & par le ſeul inſtinct de la nature, elles cherchent le plaiſir & fuyent la douleur; c'eſt une choſe tellement propre aux hommes dès le moment de leur naiſſance, d'éviter le mal, qu'Hercules même ſentant les ardeurs de la chemiſe qui le brûloit, ne put refuſer des larmes à ſa douleur, & fit retentir de ſes plaintes les cimes élevées des montagnes d'Eubée.

Il croit que les vertus n'ont rien qui les faſſe ſouhaiter, par raport à elles-mêmes, & que c'eſt par le plaiſir qui revient de leur acquiſition; ainſi la medecine n'eſt utile que par la ſanté qu'elle procure; c'eſt ce que dit Diogenes dans ſon ſecond livre des Epictetes. Epicure ajoute auſſi qu'il n'y a que la vertu qui ſoit inſéparable du plaiſir, que toutes les autres choſes qui y ſont attachées, ne ſont que des accidens qui s'évanouiſſent.

Mettons la derniere main à cet ouvrage, & à la vie de ce Philoſophe, joignons y les opinions qu'il tenoit certaines, & que la fin de notre travail ſoit le commencement de la béatitude.

MAXI-

M A X I M E S

D'E P I C U R E.

I.

CE qui eſt bienheureux & immortel ne s'em-
baraſſe de rien, il ne fatigue point les
autres, la colere eſt indigne de ſa grandeur, &
les bienfaits ne ſont point du caractere de ſa ma-
jeſté, parce que toutes ces choſes ne ſont que le
propre de la foibleſſe.

II.

La Mort n'eſt rien à notre egard ; ce qui eſt
une fois diſſolu n'a point de ſentiment, & cette
privation de ſentiment fait que nous ne ſommes
plus rien.

III.

Tout ce que le plaiſir a de plus charmant,
n'eſt autre choſe que la privation de la douleur,
par tout où il ſe trouve il n'y a jamais de mal ni
de triſteſſe.

IV

Si le corps eſt attaqué d'une douleur violente,
le mal ceſſe bientôt; ſi au contraire elle devient
languiſſante par le tems de ſa durée, il en reçoit
ſans doute quelque plaiſir ; auſſi la plûpart des

ma-

maladies qui font longues, ont des intervalles qui nous flattent plus que les maux que nous endurons, ne nous inquietent.

V.

Il est impossible de vivre agréablement sans la prudence, sans l'honêteté & sans la justice. La vie de celui qui pratique l'excellence de ces vertus se passe toujours dans le plaisir, de sorte que l'homme, qui est assez malheureux pour n'être ni prudent, ni honnête, ni juste, est privé de tout ce qui pouvoit faire la félicité de ses jours.

VI.

Entant que le Commandement & la Royauté mettent à l'abri des mauvais desseins des hommes, c'est un bien selon la Nature, de quelque maniere qu'on y parvienne.

VII.

Plusieurs se sont imaginés que la Royauté & le Commandement pouvoient leur assurer des amis; s'ils ont trouvé par cette route le calme & la sûreté de leur vie, ils sont sans doute parvenus à ce véritable bien, que la nature nous enseigne, mais si au contraire ils ont toujours été dans l'agitation & dans la peine, ils ont été déchus de ce même bien, qui lui est si conforme, & qu'ils s'imaginoient trouver dans la suprême autorité.

VIII.

VIII.

Toute forte de volupté n'eft point un mal en foi, celle-là feulement eft un mal qui eft fuivie de douleurs beaucoup plus violentes que fes plaifirs n'ont d'agrément.

IX.

Si elle pouvoit fe raffembler toute en elle, & qu'elle renfermât dans fa durée la perfection des délices, elle feroit toujours fans inquiétude, & il n'y auroit pour lors point de différence entre les voluptés.

X.

Si tout ce qui flatte les hommes dans la lafciveté de leurs plaifirs, arrachoit en même tems de leur efprit la terreur qu'ils conçoivent des chofes qui font au deffus d'eux, la crainte des Dieux, & les allarmes que donne la penfée de la mort, & qu'ils y trouvaffent le fecret de favoir defirer ce qui leur eft néceffaire pour bien vivre; j'aurois tort de les reprendre, puifqu'ils feroient au comble de tous les plaifirs, & que rien ne troubleroit en aucune maniere la tranquillité de leur fituation.

XI.

Si tout ce que nous regardons dans les Cieux comme des miracles ne nous épouvantoit point, fi nous pouvions affez réfléchir pour ne point craindre la mort, parce qu'elle ne nous concerne point, fi enfin nos connoiffances alloient jufqu'à

fa-

favoir quelle eft la véritable fin des maux & des
biens, l'étude & la fpéculation de la Phyfique
nous feroient inutiles.

XII.

C'eft une chofe impoffible que celui qui trem-
ble à la vuë des prodiges de la Nature, & qui
s'allarme de tous les évenemens de la vie, puis-
fe être jamais exempt de peur, il faut qu'il pé-
netre la vafte étendue des chofes & qu'il guériffe
fon efprit des impreffions ridicules des fables,
on ne peut fans les découvertes de la Phyfique,
goûter de véritables plaifirs.

XIII.

Que fert-il de ne point craindre les hommes,
fi l'on doute de la maniere dont tout fe fait dans
les cieux, fur la terre & dans l'immenfité de ce
grand Tout.

XIV.

Les hommes ne pouvant nous procurer qu'une
certaine tranquillité, c'en eft une confidérable
que celle qui naît de la force d'efprit & du re-
noncement aux foucis.

XV.

Les biens qui font tels par la nature, font en
petit nombre & aifés à acquerir, mais les vains
defirs font infatiables.

XVI.

Le Sage ne peut jamais avoir qu'une fortune
très médiocre; mais s'il n'eft pas confidérable

par

par les biens qui dépendent d'elle , l'élevation
de fon efprit , & l'excellence de fes confeils
le mettent au-deffus des autres; ce font eux qui
font les mobiles des plus fameux évenemens
de la vie.

XVII.

Le Jufte eft celui de tous les hommes qui vît
fans trouble & fans defordre; l'injufte au contraire eft toujours dans l'agitation.

XVIII.

La volupté du corps , qui n'eft rien autre
chofe que la fuite de cette douleur, qui arrive
parce qu'il manque quelque chofe à la nature , ne peut jamais être augmentée ; elle eft
feulement diverfifiée felon les circonftances différentes.

XIX.

Cette volupté que l'efprit fe propofe pour la
fin de fa félicité, dépend entierement de la maniere dont on fe défait de ces fortes d'opinions
chimériques, & de tout ce qui peut avoir quelque affinité avec elles parce qu'elles font le trouble de l'efprit.

XX.

S'il étoit poffible que l'homme pût toujours
vivre, le plaifir qu'il auroit ne feroit pas plus
grand que celui qu'il goûte dans l'efpace limité
de fa vie, s'il pouvoit affez élever fa raifon pour
en bien confidérer les bornes.

T 4

XXI.

XXI.

Si le plaifir du corps devoit être fans bornes, le tems qu'on en jouit le feroit auffi.

XXII.

Celui qui confidere la fin du corps & les bornes de fa durée & qui fe délivre des craintes de l'avenir, rend par ce moyen la vie parfaitement heureufe; de forte que l'homme fatisfait de fa maniere de vivre, n'a point befoin pour fa félicité, de l'infinité des tems, il n'est pas même privé de plaifir, quoiqu'il s'apperçoive que fa condition mortelle le conduit infenfiblement au tombeau, puifqu'il y trouve ce qui termine heureufement fa courfe.

XXIII.

Celui qui a découvert de quelle maniere la nature a tout borné pour vivre, a connu, fans doute, le moyen de bannir la douleur qui fe fait fentir au corps quand il lui manque quelque chofe, & fait l'heureux fecret de bien regler le cours de fa vie; de forte qu'il n'a que faire de chercher fa félicité dans toutes les chofes dont l'acquifition eft pleine d'incertitudes & de dangers.

XXIV.

Il faut avoir un principe d'évidence au quel on rapporte fes jugemens, fans quoi il s'y mêlera toujours de la confufion.

XXV.

XXV.

Si vous rejettez tous les fens vous n'aurez aucun moyen de discerner la vérité d'avec le menfonge.

XXVI.

Si vous en rejettez quelqu'un, & que vous ne diftinguiez pas entre ce que vous croyez avec quelque doute, & ce qui eft effectivement felon les fens, les mouvemens de l'ame, & les idées, vous n'aurez aucun caractere de vérité, & ne pourez vous fier aux autres fens.

XXVII.

Si vous admettez comme certain ce qui eft douteux & que vous ne rejettiez pas ce qui eft faux, vous ferez dans une perpetuelle incertitude.

XXVIII.

Si vous ne rapportez pas tout à la fin de la Nature vos actions contrediront vos raifonnemens.

XXIX.

Entre toutes les chofes que la fageffe nous donne pour vivre heureufement, il n'y en a point de fi confidérable que celle d'un véritable ami. C'eft un des biens qui nous procure le plus de tranquillité dans la médiocrité.

XXX.

Celui qui eft fortement perfuadé qu'il n'y a rien dans la vie de plus folide que l'amitié, a

fçui

fçu l'art d'affermir fon efprit contre la crainte
que donne la durée, ou l'éternité de la douleur.

XXXI.

Il y a deux fortes de voluptés, celles que la
Nature infpire, & celles qui font fuperfluës ; il
y en a d'autres qui pour être naturelles, ne font
néanmoins d'aucune utilité; & il y en a qui ne
font point conformes au penchant naturel que
nous avons, & que la nature n'exige en aucune
maniere; elles fatisfont feulement les chimeres
que l'opinion fe forme.

XXXII.

Lorsque nous n'obtenons point les voluptés
naturelles qui n'ôtent pas la douleur on doit penfer qu'elles ne font pas néceffaires & corriger
l'envie qu'on en peut avoir en confidérant la peine qu'elles coûtent à acquerir.

XXXIII.

Si là-deffus on fe livre à des defirs violens,
cela ne vient pas de la nature de ces plaifirs,
mais de la vaine opinion qu'on s'en fait.

XXXIV.

Le droit n'eft autre chofe que cette utilité
qu'on a reconnue d'un confentement univerfel,
pour la caufe de la Juftice que les hommes ont
gardée entre eux; c'eft par elle que fans offen-
fer, & fans être offenfés, ils ont vécu à l'abri
de l'infulte.

XXXV.

XXXV.

On n'eſt ni juſte envers les hommes, ni injuſte envers les animaux, qui par leur férocité
n'ont pu vivre avec l'homme ſans l'attaquer, &
ſans en être attaqués à leur tour. Il en eſt de
même de ces Nations avec qui on n'a pu con-
traƈter d'alliance pour empêcher les offenſes
réciproques.

XXXVI.

La juſtice n'eſt rien en ſoi, la ſocieté des hommes en a fait naitre l'utilité dans les pays où
les peuples ſont convenus de certaines conditions,
pour vivre ſans offenſer, & ſans être offenſés.

XXXVII.

L'Injuſtice n'eſt point un mal en ſoi, elle eſt
ſeulement un mal en cela, qu'elle nous tient
dans une crainte continuelle, par le remords
dont la conſcience eſt inquietée, & qu'elle nous
fait aprehender que nos crimes ne viennent à la
connoiſſance de ceux qui ont droit de les
punir.

XXXVIII.

Il eſt impoſſible que celui qui a violé, à l'in-
ſçu des hommes, les conventions qui ont été faites, pour empêcher qu'on ne faſſe du mal, ou
qu'on n'en reçoive, puiſſe s'aſſurer que ſon crime ſera toujours caché; car quoi qu'il n'ait point
été découvert en mille occaſions, il peut toujours douter que cela puiſſe durer juſqu'à la mort.

XXXIX.

XXXIX.

Tous les hommes ont le même droit général parce que par tout il eſt fondé ſur l'utilité, mais il y a des pays où la même choſe particuliere ne paſſe pas pour juſte.

XL.

Tout ce que l'expérience montre d'utile à la République pour l'uſage réciproque des choſes de la vie, doit être cenſé juſte pourvû que chacun y trouve ſon avantage; de ſorte que ſi quelqu'un fait une loi, qui par la ſuite n'apporte aucune utilité, elle n'eſt point juſte de ſa nature.

XLI.

Si la loi qui a été établie eſt quelque fois ſans utilité, pourvû que dans d'autres occaſions elle ſoit avantageuſe à la République, elle ne laiſſera pas d'être eſtimée juſte, & particulierement par ceux qui conſiderent les choſes en général, & qui ne ſe plaiſent point à ne rien confondre par un vain diſcours.

XLII.

Lorſque les circonſtances demeurant les mêmes, une choſe qu'on a cruë juſte ne répond point à l'idée qu'on s'en étoit faite, elle n'étoit point juſte; mais ſi par quelque changement de circonſtance elle ceſſe d'être utile il faut dire qu'elle n'eſt plus juſte quoiqu'elle l'ait été tant qu'elle fut utile.

XLIII.

XLIII.

Celui qui par le conſeil de la prudence a.entrepris de chercher de l'apui dans les choſes qui nous ſont étrangeres, s'eſt borné à celles qui ſont poſſibles, mais il ne s'eſt point arrêté à la recherche des impoſſibles, il a même négligé beaucoup de celles qu'on peut avoir, & a rejetté toutes les autres dont la jouiſſance n'étoit point néceſſaire.

XLIV.

Ceux qui ont été aſſez heureux pour vivre avec des hommes de même tempérament, & de même opinion, ont trouvé de la ſureté dans leur ſocieté; cette diſpoſition réciproque d'humeurs, & des eſprits a été le gage ſolide de leur union, elle a fait la félicité de leur vie, ils ont eu les uns pour les autres une étroite amitié, & n'ont point regardé leur ſéparation comme un ſort déplorable.

POSIDONIUS.

Posidonius étoit né à Apamée en Syrie, il demeuroit à Rhode, où il fit commerce & enseigna la Philosophie, il avoit eu pour maitre Panetius, homme fort versé dans les Lettres, comme le rapporte Strabon livre XIV.

Posidonius fit une Voyage à Rome, ce fut là où Ciceron prit ses Leçons. C'étoit un homme universel, il professoit la Philosophie, il savoit les Mathématiques, la Musique, la Géographie, la Rhetorique, & possedoit l'Histoire.

Ciceron avoit beaucoup d'estime & d'amitié pour son maître, entre autres rapports qu'il fait de lui, il nous a conservé un trait, qui prouve qu'il étoit Stoicien, & dont il dit *dans ses Pensées* que Pompée le lui avoit souvent raconté, qu'à son retour de Syrie passant par Rhode, où étoit Posidonius, il eut le dessein d'aller entendre un Philosophe de cette réputation, étant venu à la porte de la maison on lui défendit, contre la coutume ordinaire, de frapper, le portier jeune homme lui apprit, que Posidonius étoit incommodé de la Goutte; mais cela ne put empêcher Pompée de rendre visite au Philosophe. Après avoir été introduit, il lui fit toutes sortes de civilités & lui témoigna quelle

pei-

ΠΟΣΕΙΔΩΝΙΟΥ

POSIDONIVS
Stoicus Rhodi Ciceronis Præceptor
Apud Cardinalem Farnesium in marmore

peine il reſſentoit de ne pouvoir l'entendre. *Vous le pouvez*, reprit Poſidonius: *& il ne ſera pas dit qu'une douleur corporelle ſoit cauſe qu'un auſſi grand homme ait inutilement pris la peine de ſe rendre chez moi.*

Enſuite ce Philoſophe dans ſon lit, commença à diſcourir avec gravité & éloquence, ſur ce principe, *Qu'il n'y a de bon que ce qui eſt bonnête*: & qu'à diverſes repriſes, dans le moment où la douleur s'élançoit avec plus de force: *Douleur*, s'ecrioit-il; *tu as beau faire; quelque importune que tu ſois, je n'avouerai jamais que tu ſois un mal.*

Ciceron nous apprend encore *dans ſes Entretiens ſur la nature des Dieux livre II.*, que Poſidonius étoit l'inventeur d'une Sphere artificielle, qui montroit tous les mouvemens nocturnes & diurnes que le Soleil, la Lune & les cinq autres Planetes font au Ciel.

Il nous inſtruit auſſi de ce que ſon maître avoit écrit, ſavoir, cinq lſvres *Des Prédictions.* cinq livres *De la nature des Dieu.*

FIN DU TOME SECOND.

Lightning Source UK Ltd.
Milton Keynes UK
UKHW010003230119
336029UK00006B/386/P